3e édition

Boîte à outils

Nouvelle grammaire

Christine Bonenfant
avec la collaboration d'André G. Turcotte

MODULO

Nous reconnaissons l'aide financière du gouvernement du Canada par l'entremise du Programme d'Aide au Développement de l'Industrie de l'Édition (PADIÉ) pour nos activités d'édition.

Catalogage avant publication de Bibliothèque et Archives nationales du Québec et Bibliothèque et Archives Canada

Bonenfant, Christine, 1953-

    Boite à outils : grammaire

    3e éd.

    (Odyssée)

    Comprend des réf. bibliogr. et un index.

    Pour les étudiants du niveau collégial.

    ISBN 978-2-89650-022-2

    1. Français (Langue) – Grammaire. 2. Français (Langue) – Grammaire - Problèmes et exercices. 3. Français (Langue) – Composition et exercices. 4. Lecture – Compréhension – Problèmes et exercices. I. Turcotte, André G. II. Titre. III. Collection : Odyssée (Mont-Royal, Québec).

PC2112.B66 2008   448.2   C2008-940075-5

*La collection **Odyssée** est dirigée par André G. Turcotte, professeur au collège Édouard-Montpetit. Elle s'adresse aux étudiants du collégial inscrits aux cours de français, langue et littérature.*

Équipe de production

Éditeur : Sylvain Garneau

Chargée de projet : Renée Théorêt

Révision linguistique : Monique Tanguay

Correction d'épreuves : Monelle Gélinas, Monique Tanguay, Marie Théorêt

Typographie : Carole Deslandes

Maquette et montage : Interscript

Maquette de la couverture : Marguerite Gouin

Couverture : Claude Morin (*Du mot aimer*, aquarelle sur papier Arches, 1998)

MODULO

Groupe Modulo est membre de l'Association nationale des éditeurs de livres.

Boite à outils, 3e édition

Nouvelle grammaire

© Modulo, 2008

233, avenue Dunbar

Mont-Royal (Québec)

Canada H3P 2H4

Téléphone : 514 738-9818 / 1 888 738-9818

Télécopieur : 514 738-5838 / 1 888 273-5247

Site Internet : www.groupemodulo.com

Dépôt légal — Bibliothèque et Archives nationales du Québec, 2008

Bibliothèque et Archives Canada, 2008

ISBN 978-2-89650-022-2

Imprimé au Canada

1 2 3 4 5 12 11 10 09 08

■ Remerciements

Eh oui ! nouvelle orthographe oblige, la *boite* de *Boite à outils* a perdu son accent circonflexe ! Il faut bien vivre avec son temps. Dans cette troisième édition de la *Boite à outils*, les mots ayant une nouvelle graphie sont signalés dans le texte et l'ancienne graphie est inscrite dans la marge.

La préparation de cette troisième édition a été source d'une grande satisfaction. En effet, après avoir utilisé l'édition précédente pendant près de quatre ans, j'ai constaté que le contenu du manuel gagnerait à être allégé et sa présentation, simplifiée — et c'est le but que j'ai eu la chance de poursuivre en concevant la présente édition. J'en profite d'ailleurs pour remercier mes collègues du collège de Bois-de-Boulogne pour leurs commentaires et leurs suggestions, et particulièrement Simon Fortin, qui m'a souvent éclairée sur des questions concernant la nouvelle grammaire.

Je ne saurais dire combien j'ai apprécié, une fois de plus, le dévouement, la gentillesse et le professionnalisme de l'équipe de Modulo, équipe dirigée par Lucie Robidas et Sylvain Garneau. Les encouragements et le soutien constant de ces derniers m'ont été précieux. André G. Turcotte, collaborateur de la première heure, a contribué, comme toujours, grâce à sa science, à son expérience et à sa rigueur, à la qualité indéniable de l'ouvrage et je lui en suis, encore une fois, très reconnaissante. Renée Théorêt, chargée de projet, a également accompli un travail remarquable, en conservant son humour et son sourire en toutes circonstances, et en trouvant toujours une solution à chaque nouveau problème qui se présentait. Je suis redevable aussi à Monique Tanguay et à Monelle Gélinas pour la grande qualité de leur travail. Enfin, je tiens à remercier l'équipe de production qui a réussi à concevoir un nouveau livre aussi beau que le précédent — et qui plaira autant aux élèves qu'aux professeur(e)s, j'en suis certaine !

Table des matières

Devenir l'architecte de son texte

L'ouvrage que vous venez d'ouvrir présente la grammaire non comme une fin en soi, mais comme un ensemble d'outils dont tout le monde, y compris vous-même, peut apprendre à se servir. Cette troisième édition de la *Boite à outils* intègre les modèles que proposent les plus récentes approches linguistiques pour mieux comprendre la structure de la phrase.

La *Boite à outils* vise avant tout à vous rendre autonome — et vous le deviendrez lorsque vous comprendrez mieux comment une phrase est structurée, quels rapports entretiennent les groupes de mots entre eux et comment ces rapports déterminent les accords à effectuer. *Comprendre* est le mot-clé. Ne laissez pas les règles vous rebuter : tentez plutôt d'en saisir la logique. Souvenez-vous : les règles, qu'elles concernent la syntaxe ou les accords à faire, sont des outils, non une fin en soi. Parce que nous croyons que comprendre aide à apprendre, nous avons conçu cet ouvrage en vous expliquant, chaque fois que cela était possible, le pourquoi de certaines règles, l'importance de les appliquer, leurs liens avec d'autres règles et la façon dont elles contribuent à rendre un texte plus clair, plus cohérent, mieux structuré. Voilà pourquoi, au long de ces pages, nous vous interpellons et vous invitons à réfléchir, à analyser, à comprendre.

Cet ouvrage est né du désir de prolonger, par le livre, l'enseignement et le dialogue, de faire en sorte que le lecteur se sente soutenu de façon tangible dans sa démarche d'apprentissage. Il s'adresse à tous ceux qui ont décidé de se prendre en main et de régler une fois pour toutes leurs principales difficultés en français écrit.

Vous trouverez dans chaque chapitre de l'ouvrage les rubriques « Testez-vous », « Conseils pour la rédaction » et « À retenir ». Les nombreux « Testez-vous » et leur corrigé à la fin de l'ouvrage vous permettront de vérifier, au fil de la lecture, votre compréhension des notions expliquées. Les précieux « Conseils pour la rédaction » vous signaleront quelques pièges à éviter lorsque vous écrivez. Enfin, la rubrique « À retenir » clôt chaque chapitre en proposant une synthèse de ce dernier.

Les deux premières parties de la *Boite à outils* traitent de la syntaxe, ou structure de la phrase, et des classes de mots. Dans ces deux parties, tous les chapitres comportent une section intitulée « Le coin des curieux » : y sont regroupés des renseignements, des règles ou des explications qui, bien qu'ils ne soient pas indispensables à l'étude d'un chapitre, le complètent et l'enrichissent. La troisième partie est consacrée à la cohérence textuelle ainsi qu'à la compréhension de texte et à la rédaction.

Voilà ! Il ne vous reste plus qu'à ouvrir cette *Boite à outils*, à y plonger les yeux et l'esprit... et à devenir les architectes de vos propres textes !

Pour communiquer avec l'auteure

Si vous voulez communiquer vos commentaires à l'auteure de la *Boite à outils*, vous pouvez le faire en consultant notre catalogue électronique sur notre site web :

www.groupemodulo.com

Partie 1

La phrase

Il est un produit de l'esprit humain dont la savante architecture, la beauté et le raffinement méritent notre admiration : la langue. Avez-vous déjà seulement songé aux innombrables opérations mentales que la construction d'une seule phrase exige ?

Puisque la plupart d'entre nous composent des phrases depuis la tendre enfance, ces opérations leur sont familières. Cependant, celles-ci étant nombreuses et complexes, il arrive que la syntaxe, chez certains, laisse à désirer : il faut alors revoir certains principes qui régissent la construction des phrases.

AUTRE GRAPHIE
boîte

La première partie de la *Boite à outils, 3ᵉ édition* s'attarde aux aspects à considérer pour faire de toute phrase un énoncé complet et bien structuré. Nous évoquons d'abord le modèle de base de la phrase, auquel nous pouvons comparer la plupart des phrases que nous écrivons. À partir de ce modèle, nous décrivons les divers procédés qu'offre la syntaxe française pour construire des phrases dont le type et les formes varient. Nous explorons également les divers modes de jonction des phrases syntaxiques : la coordination, la juxtaposition, l'insertion et la subordination.

Dans les phrases, ce sont des groupes de mots qui remplissent diverses fonctions, notamment celles de sujet et de prédicat. Les rapports qu'entretiennent les cinq groupes de mots entre eux, de même que les fonctions qu'ils remplissent, déterminent les accords à faire. Quant à la ponctuation, elle permet, entre autres, d'organiser les groupes de mots et les phrases syntaxiques à l'intérieur de la phrase graphique.

Savoir écrire, savoir rédiger des phrases complètes et correctes n'est pas sorcier en soi, vous le constaterez en parcourant les chapitres qui suivent. Quelquefois, il suffit simplement de se rappeler quelques principes de base en syntaxe ; d'autres fois, de faire appel à la logique et, évidemment, à la précision de la pensée.

1

La phrase
et ses constituants

Objectifs

Au terme de ce chapitre, vous devriez pouvoir répondre aux questions suivantes :

▥ Que trouve-t-on dans le modèle de base d'une phrase ?

▥ Les phrases sont-elles toutes construites selon le modèle de base ?

▥ Comment se servir du modèle de base pour analyser ses propres phrases ?

Quoi de plus frustrant, en recevant son travail corrigé, que d'apercevoir qu'il est couvert de rouge ? Bien qu'elles soient destinées à éclairer l'élève sur la nature de ses erreurs, des remarques telles que « phrase incomplète » ou « phrase mal construite » ne font parfois que décourager celui ou celle qui avait « senti » que son texte était bien rédigé, ses phrases correctement structurées, son message clairement exprimé.

AUTRES GRAPHIES

maîtriser
connaître

La construction des phrases, ce qu'on appelle la **syntaxe**, n'est pas aussi difficile à maitriser qu'on le croit. Il faut simplement se donner la peine de connaitre les éléments de base de la phrase et de comprendre que plusieurs phrases, malgré leurs différences apparentes, sont souvent construites à partir d'un même modèle, le **modèle de base**.

1.1   Qu'est-ce qu'une phrase?

- Une phrase présente une idée, une information, à l'aide de groupes de mots organisés selon une structure déterminée par des règles.

  Un individu louche rôde dans les parages.

  La phrase obéit à plusieurs règles de construction spécifiques qui déterminent la position des groupes de mots, les relations des groupes de mots entre eux, la ponctuation, etc. Une phrase non conforme à ces règles est dite agrammaticale[1].

- Les groupes de mots de la phrase forment un tout, c'est-à-dire quelque chose d'achevé, sur les plans de la construction (plan syntaxique) et du sens (plan sémantique).

  *Parce que trop de soupçons pèsent sur lui. (phrase inachevée, incomplète)

1.2   Un modèle de base de la phrase

La langue française, riche et précise, offre une grande variété de mots, d'expressions, de tournures, de formulations que l'on peut insérer dans des structures de phrases infiniment variées elles aussi. Le problème qui se pose, au moment d'une analyse un peu plus approfondie de la phrase, est donc celui-ci : quels points de repère peut-on utiliser pour écrire des phrases correctement structurées ?

L'architecte, lorsqu'il trace les plans d'une maison, a bien un plan type auquel il peut se référer. Pourquoi pas le rédacteur d'un texte ? La langue française s'est donné elle aussi un modèle auquel le rédacteur peut comparer ses propres phrases : le **modèle de base**. Celui-ci permet de trouver des points communs à des phrases diversifiées et, en même temps, de mettre en relief ce qui les différencie. Observons les phrases suivantes.

  Cet assassin possédait-il un trombone ?

  Quel trombone possédait cet assassin !

  Cet assassin ne possédait pas de trombone.

  C'est un trombone que possédait cet assassin.

Ces phrases sont différentes : l'ordre des mots n'est pas toujours le même, et certains mots n'apparaissent que dans certaines phrases. Cependant, elles ont

---

1. Dans cet ouvrage, toutes les phrases agrammaticales sont précédées d'un astérisque.

une parenté évidente parce qu'on retrouve dans chacune d'elles des groupes de mots semblables : *cet assassin*, *possédait*, *trombone*. Si l'on forme une phrase avec ces groupes de mots, on obtient la phrase suivante, conforme au modèle de base.

> *Cet assassin possédait un trombone.*

Les constituants du modèle de base

Le sujet et le prédicat : constituants obligatoires

La phrase correcte sur les plans sémantique et syntaxique comprend habituellement deux ensembles principaux : le **sujet**, c'est-à-dire ce dont on parle, et le **prédicat**, c'est-à-dire ce qu'on dit du sujet. Ce sont les constituants obligatoires de la phrase.

Cet assassin possédait un trombone.

Qu'entend-on exactement par « constituants » ? Ce sont des mots ou groupes de mots qui fonctionnent comme des unités, c'est-à-dire comme un tout. Dans les phrases suivantes, le nom, le pronom et le groupe de mots en caractères gras sont tous des constituants : ils forment chacun une unité, un groupe nominal (GN), qui est le sujet de la phrase, c'est-à-dire ce dont on parle.

Charlotte *a pratiqué une autopsie.*

Il *a pratiqué une autopsie.*

Le médecin légiste *a pratiqué une autopsie.*

Dans les phrases suivantes, chacun des groupes de mots en caractères gras, formés d'un verbe et de son complément, forme une unité, un groupe verbal (GV) et constitue le prédicat de la phrase, c'est-à-dire ce qu'on dit du sujet.

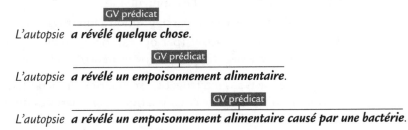

L'autopsie **a révélé quelque chose**.

L'autopsie **a révélé un empoisonnement alimentaire**.

L'autopsie **a révélé un empoisonnement alimentaire causé par une bactérie**.

Le sujet et le prédicat sont appelés **constituants obligatoires** parce qu'ils ne peuvent être ni supprimés ni déplacés en tête ou en fin de phrase. Voyez par vous-même :

Sujet non supprimable	*ø a révélé quelque chose.
Prédicat non supprimable	*L'autopsie ø.
Constituants qui ne peuvent être déplacés en tête ou en fin de phrase	prédicat / sujet *A révélé quelque chose l'autopsie.

Le complément de phrase : constituant facultatif

Les constituants obligatoires se distinguent d'un constituant facultatif de la phrase, le complément de phrase (CP), que l'on peut supprimer ou déplacer au début ou au milieu de la phrase. Le complément de phrase apporte des précisions sur ce qui est exprimé dans la phrase (le temps, la cause, le but, etc.). Il peut prendre la forme, entre autres, d'un groupe prépositionnel (GPrép) ou d'un groupe adverbial (GAdv).

Phrase de départ	GN sujet / GV prédicat / GPrép CP La souris s'est sauvée à la vue du chat.
CP déplacé	**À la vue du chat**, la souris s'est sauvée. La souris, **à la vue du chat**, s'est sauvée.
CP supprimé	La souris s'est sauvée ø.

▓ Les caractéristiques du modèle de base

Le modèle de base de la phrase, à partir duquel sont construites nombre de phrases en français, possède donc les caractéristiques suivantes.

1 Il contient les deux constituants obligatoires : sujet et prédicat ; il peut aussi contenir un constituant facultatif, le complément de phrase.

2 Ses deux constituants obligatoires sont présentés dans l'ordre sujet-prédicat.

Les exemples de la page précédente révèlent trois autres caractéristiques du modèle de base.

3 Il contient un seul verbe conjugué.

4 Il est de type déclaratif (par opposition à interrogatif, exclamatif ou impératif).

5 Il est à la forme active (par opposition à passive), à la forme positive (par opposition à négative) et à la forme neutre (par opposition à emphatique).

Les phrases de types interrogatif, exclamatif et impératif, de même que celles de formes passive, négative et emphatique, sont dérivées du modèle de base ; elles sont traitées au chapitre suivant.

Testez-vous   1.1

Corrigé p. 287

Relevez les constituants obligatoires et les constituants facultatifs dans les phrases suivantes. Soulignez le sujet de deux traits, le prédicat d'un trait et placez le complément de phrase entre parenthèses.

1 Le soir, avant de se coucher, Max lit quelques pages d'un roman policier.

2 En raison d'un grand besoin d'évasion, Sabine se délecte de polars.

1.3 La répétition du modèle de base dans une même phrase

Il arrive qu'en cherchant à comprendre la structure d'une phrase nous soyons aux prises avec une difficulté particulière : le rapport sujet / prédicat ne saute pas aux yeux. Voyons la phrase suivante.

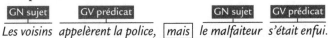

De qui parle-t-on dans cette phrase ? Des *voisins* et du *malfaiteur*. On a donc deux sujets. On dit des voisins qu'ils appelèrent la police et du malfaiteur, qu'il s'était enfui, ce qui révèle la présence de deux prédicats. La phrase comporte ainsi deux ensembles sujet / prédicat, chacun conforme au modèle de base. La présence du coordonnant *mais* signifie que les éléments coordonnés sont de même niveau syntaxique.

Voyons une autre phrase, qui présente elle aussi deux sujets et deux prédicats, mais d'une façon très différente de la phrase précédente.

Ici, nous sommes en présence d'une structure sujet / prédicat à **l'intérieur** de laquelle se trouve insérée (enchâssée), à l'aide du subordonnant *qu'*, une autre structure sujet / prédicat. Celle-ci est dite de niveau syntaxique inférieur parce qu'elle est introduite par un subordonnant.

Les deux exemples présentés nous obligent à distinguer l'aspect graphique de la phrase de son aspect syntaxique.

- La **phrase graphique** correspond à l'idée habituelle que nous nous faisons d'une phrase : elle commence par une majuscule et se termine par un point (ou un point d'interrogation, ou un point d'exclamation, ou des points de suspension).

   Que ce crime est horrible !

   Sont-ils vraiment coupables d'un tel délit ?

- La **phrase syntaxique** est définie d'un point de vue essentiellement syntaxique, c'est-à-dire en tenant compte de sa **structure**. Chaque ensemble de mots formant une unité syntaxique correctement construite qui peut être considérée comme une phrase constitue une phrase syntaxique. Cette phrase est habituellement composée des constituants sujet et prédicat. On représente la phrase syntaxique par le symbole **P**.

   ^{P1}[*Les voisins appelèrent la police*]^{P1}, [*mais*] ^{P2}[*le malfaiteur s'était enfui*]^{P2}.

   ^{P1}[*L'assassin révéla* ^{P2}[*qu'il connaissait la victime*]^{P2}]^{P1}.

La jonction de phrases syntaxiques peut prendre trois formes : celle d'une phrase matrice enchâssant une subordonnée, celle de phrases coordonnées ou celle de phrases juxtaposées.

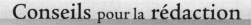

Conseils pour la rédaction

À la recherche des verbes conjugués

Le découpage de la phrase graphique en phrases syntaxiques permet de mieux analyser la phrase et de corriger ses erreurs syntaxiques.

Vous l'avez sans doute remarqué, il y a habituellement autant de phrases syntaxiques qu'il y a de verbes conjugués dans la phrase graphique. Lorsque vous analysez vos phrases, trouvez d'abord les verbes conjugués.

Phrase matrice et phrase subordonnée enchâssée

La phrase matrice est une phrase syntaxique à l'intérieur de laquelle est enchâssée une autre phrase syntaxique, appelée phrase subordonnée.

^{P1mat}[*L'assassin révéla* ^{P2sub}[*qu'il connaissait la victime*]^{P2}]^{P1}.

P1mat est la phrase matrice dans laquelle est enchâssée **P2sub**, la phrase subordonnée. La phrase matrice est une phrase **autonome**, c'est-à-dire complète en elle-même, alors que la subordonnée ne l'est pas.

Ces deux structures n'appartiennent donc pas au même niveau hiérarchique. La seconde structure, **P2**, est ici complément du verbe *révéla* et unie à ce verbe par le subordonnant *qu'*. Puisque le verbe *révéla* appartient au premier niveau de la phrase, on l'appelle **verbe principal**. Représentons cela à l'aide du schéma suivant.

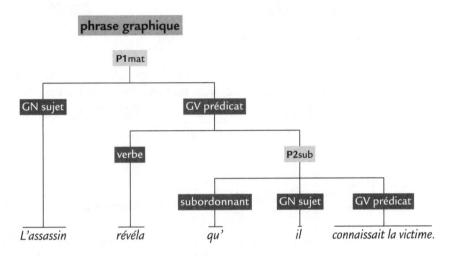

Le schéma fait clairement ressortir le sujet et le prédicat du premier niveau hiérarchique de la phrase : *l'assassin* (sujet) *révéla qu'il connaissait la victime* (prédicat). Cette phrase contient aussi une subordonnée de deuxième niveau dont la structure se rapproche de celle du modèle de base. C'est en quelque sorte le phénomène des poupées russes : des phrases s'emboitent les unes dans les autres — elles n'appartiennent donc pas au même niveau syntaxique. Rappelons qu'une phrase subordonnée n'appartient jamais au premier niveau hiérarchique.

AUTRE GRAPHIE
s'emboîtent

Phrases coordonnées ou juxtaposées

La phrase syntaxique peut être coordonnée ou juxtaposée à une autre phrase syntaxique ; les deux phrases syntaxiques sont alors de même niveau.

• La coordination de phrases syntaxiques se fait avec les conjonctions de coordination (*mais*, *ou*, *et*, etc.) et les adverbes de coordination (*puis*, *c'est-à-dire*, etc.).

> **P1**[*La juge fit son entrée*]**P1**, [*puis*] **P2**[*la cour se leva*]**P2**.

La représentation arborescente de cette phrase illustre que les deux phrases coordonnées sont de même niveau syntaxique.

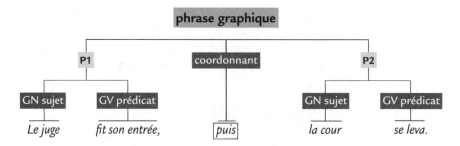

- La juxtaposition de phrases syntaxiques s'effectue à l'aide des signes de ponctuation suivants : la virgule, le point-virgule et le deux-points.

Testez-vous   1.2

Corrigé p. 287

Voici trois phrases. Soulignez les verbes conjugués et encadrez les coordonnants. Délimitez les phrases syntaxiques à l'aide de crochets, comme nous venons de le faire, en prenant soin d'indiquer, s'il y a lieu, s'il s'agit de phrases matrices avec phrases subordonnées enchâssées.

1. Le témoin espérait que le procureur ne l'interrogerait pas sur l'épineuse question des pots-de-vin.
2. Les journalistes étaient venus en grand nombre, car la cause avait suscité un vif intérêt au sein de la population.
3. L'avocate de la défense déclara qu'elle porterait la cause en appel et que son client serait acquitté.

1.4   Phrases non comparables au modèle de base : phrases à construction particulière

Certaines phrases ne peuvent être comparées au modèle de base, ne peuvent en être issues, car leurs caractéristiques diffèrent trop de celles de ce modèle.

La phrase impersonnelle

Elle contient le sujet impersonnel *il*, qui ne représente ni une personne ni une chose, et un verbe impersonnel.

Il faut fournir un alibi à la police.

Il s'agit de la quatrième effraction en deux semaines dans le quartier.

Ce soir-là, il pleuvait et il ventait très fort.

La phrase à présentatif

Elle est formée à partir de l'un des *présentatifs* suivants :

- *voici, voilà*
- *il y a* (peut être utilisé à des temps différents : *il y avait / il y eut / il y a eu / il y aura*...)
- *c'est*

Le pronom *c'* du présentatif *c'est* n'a pas d'antécédent. Comparez les deux phrases suivantes.

*La femme commença à témoigner ; **c'était** le silence complet dans la salle d'audience.*
(*c'* n'a pas d'antécédent ; il s'agit d'une phrase à présentatif.)

***La femme** déclina son identité ; **c'était** une veuve, pauvre et malade.*
(*c'* a pour antécédent *La femme* ; cette phrase est conforme au modèle de base.)

Ces **présentatifs** sont habituellement placés en début de phrase et suivis d'un ou de plusieurs compléments.

***Voici** l'article de loi auquel le juge a fait référence.*

***Il y avait** un pyromane sur les lieux de l'incendie.*

***Ce fut** une longue enquête pour trouver le coupable.*

La phrase infinitive

Elle est formée autour d'un **verbe à l'infinitif** et elle est dépourvue de sujet explicite.

*Pourquoi ne pas tout **révéler** à la police ? Enfin, **sortir** de prison !*

La phrase non verbale

Elle est généralement réduite à un groupe de mots dont le noyau est autre chose qu'un verbe.

Au voleur ! En effet. Quel vol audacieux !

La phrase non verbale n'exclut pas la présence d'un verbe, mais celui-ci ne sera pas le noyau du groupe constituant la phrase.

Incroyable, cette histoire que tu viens de raconter !

Le noyau de la phrase est *histoire*, mot auquel on a donné un complément sous forme de subordonnée relative (qui contient, évidemment, un verbe).

Testez-vous 1.3

Corrigé p. 287

Dites si les phrases suivantes sont des phrases conformes au modèle de base ou des phrases à construction particulière. Dans le cas des constructions particulières, soulignez l'élément de la phrase qui permet de déterminer à quelle construction on a affaire.

1 Le matin du crime, l'accusé aurait mangé du gruau ou un œuf.

2 Il y avait pourtant des miettes de pain grillé sur la table.

3 Interdiction de diffuser quelque information que ce soit pendant le procès.

4 Priver ainsi le public d'information !

5 Il faudrait réécouter la version du premier témoin.

Le Coin des curieux

Complément de phrase ou complément de verbe ?

Il n'est pas toujours simple de différencier le complément de phrase (qui complète l'ensemble formé par le sujet et le prédicat) du complément de verbe (qui fait partie du prédicat). Il importe toutefois de savoir les distinguer : le CP est mobile dans la phrase, et quand il est déplacé au début ou au milieu de celle-ci, il doit être détaché à l'aide de la virgule ; le complément du verbe, lui, n'est pas mobile et doit demeurer dans le groupe verbal, près du verbe qu'il complète. Voici comment utiliser quatre manipulations syntaxiques pour distinguer ces compléments.

Le déplacement

Quand ils se rendirent à la maison de leurs victimes,
le cambrioleur et son acolyte se pensèrent dans un véritable palais.

Vérifions si nous avons bien repéré le complément de phrase en le déplaçant.

> *Le cambrioleur et son acolyte se pensèrent dans un véritable palais*
> ***quand ils se rendirent à la maison de leurs victimes.***

•••

•••

> *Le cambrioleur et son acolyte, **quand ils se rendirent à la maison de leurs victimes**, se pensèrent dans un véritable palais.*

Il s'agit bien d'un complément de phrase puisqu'il est mobile.

L'effacement

Puisque le complément de phrase peut aussi être supprimé, effaçons-le. La phrase garde-t-elle tout son sens ? Oui !

> *Le cambrioleur et son acolyte se pensèrent dans un véritable palais.*

Les groupes de mots *à la maison de leurs victimes* et *dans un véritable palais,* quant à eux, bien qu'ils désignent des lieux, ne peuvent pas être supprimés : ce sont des compléments indirects, qui appartiennent au groupe verbal.

> * *Quand ils se rendirent ø, le cambrioleur et son acolyte se pensèrent ø.*

L'addition : le dédoublement

Le dédoublement est une manipulation syntaxique qui sert exclusivement à identifier le complément de phrase.

> *L'individu avait commis ce crime au mois de juin.*

> *L'individu avait commis ce crime, **et cela s'est passé** au mois de juin.*

Comparez à la phrase suivante où l'on ne peut utiliser le dédoublement pour le complément indirect du verbe.

> *Il s'est livré à la police.* → **Il s'est livré, **et cela** à la police.* (CI)

Le remplacement : la pronominalisation

Le complément de phrase n'est pas pronominalisable, sauf celui indiquant le lieu, qui est pronominalisable par *y*. À l'opposé, le complément indirect du verbe est pronominalisable par *lui, leur, en* et *y*.

> *Les jurés pourront enfin revoir leur famille **la semaine prochaine**.*
> (Pronominalisation impossible : il s'agit d'un CP.)

> *Les jurés se rencontrent **ici**.* → *Les jurés s'**y** rencontrent.*
> (Pronominalisation par *y* : il s'agit d'un CP.)

> *Nous revenons **du procès**.* → *Nous **en** revenons.*
> (Pronominalisation par *en* : il s'agit d'un CI.)

À retenir

Le modèle de base de la phrase

- Deux constituants obligatoires : sujet et prédicat
- Constituant facultatif : CP
- Type déclaratif
- Formes active, positive et neutre

- Dans l'ordre sujet-prédicat
- Un seul verbe conjugué
- Prédicat : toujours formé d'un GV
- Sujet : souvent formé d'un GN

$$\underbrace{\text{Deux individus louches}}_{\text{sujet}} \quad \underbrace{\text{l'avaient accosté}}_{\text{prédicat}} \quad \underbrace{\text{cette nuit-là.}}_{\text{CP}}$$

Répétition du modèle de base dans une même phrase

Chaque fois que l'on rencontre la structure sujet-prédicat, on est en présence d'une phrase syntaxique (P) ; il peut s'agir d'une phrase simple P , d'une phrase matrice (Pmat) dans laquelle est enchâssée une subordonnée, ou de la subordonnée elle-même (Psub).

une phrase graphique

trois phrases syntaxiques P

P1mat[*Le chat a griffé le voleur,* [*qui essayait de prendre la fuite*]P2 ,]P1 [*il s'est rendormi*]P3 .

- P2sub est enchâssée dans P1mat à l'aide d'un subordonnant.
- P3 est jointe à P1mat à l'aide d'un coordonnant.

- P1mat et P3 sont de 1er niveau ; elles sont autonomes.
- P2sub est de 2e niveau ; elle n'est pas autonome.

Phrases à construction particulière

Impersonnelle	À présentatif	Infinitive	Non verbale
Il faut courir.	*Voici les menottes.*	*Arrêter quelqu'un.*	*Un crime impardonnable.*

2

Les types et les formes de phrases

Objectifs

Au terme de ce chapitre, vous devriez pouvoir répondre aux questions suivantes :

- Comment faire varier le type de phrase selon que l'on veut...

    ... transmettre une information ?

    ... exprimer un sentiment ?

    ... faire agir quelqu'un ?

    ... obtenir un renseignement ?

- Comment faire varier la forme de phrase selon que l'on veut...

    ... nier quelque chose ?

    ... insister sur le fait que le sujet subit l'action ?

    ... mettre l'accent sur un élément ?

Nous avons vu dans le chapitre précédent que les phrases conformes au modèle de base sont de type déclaratif et de formes positive, active et neutre. Beaucoup de phrases sont dérivées du modèle de base parce qu'elles ont subi des transformations de type et de forme. Une phrase a toujours un seul type et trois formes.

AUTRE GRAPHIE

interpeller

Le choix du type de phrase dépend de l'intention de l'émetteur, celui qui parle ou qui écrit. Ainsi, selon que vous désirez communiquer une information, exprimer des émotions, faire agir le lecteur ou l'interpeler dans une interview, quel type de phrase, selon vous, conviendrait le mieux ? Déclaratif ? exclamatif ? impératif ? interrogatif ? Par ailleurs, quelle forme de phrase choisiriez-vous, positive ou négative, active ou passive, neutre ou emphatique, si vous énonciez des règlements, si vous rédigiez une procédure, si vous désiriez mettre en évidence certains éléments d'information ?

2.1 Les quatre types de phrases

Il existe quatre types de phrases : la phrase déclarative, la phrase exclamative, la phrase impérative et la phrase interrogative. **Une phrase adopte un seul type**, selon l'intention de celui qui parle ou qui écrit. Il est important de savoir à quel type appartiennent les phrases que vous rédigez afin de respecter la syntaxe et la ponctuation propres à chaque type.

■ La phrase déclarative

- Elle sert à communiquer de l'information (fait, opinion, jugement, etc.) ; elle se termine souvent par un point.

  Cet auteur a remporté un prestigieux prix pour son second roman jeunesse.

- Elle caractérise le modèle de base, et c'est à partir d'elle que l'on décrit les trois autres types de phrases.

■ La phrase exclamative

- Elle sert à exprimer avec une force particulière un sentiment, une émotion (surprise, joie, colère, etc.).

- Elle contient un marqueur d'exclamation (*comme, combien, que, que de, quel, ce que*, etc.) ; ce marqueur est le signe distinctif de la phrase exclamative.

La phrase exclamative se termine toujours par un point d'exclamation.

Voici les transformations qui permettent de créer une phrase exclamative à partir d'une phrase conforme au modèle de base.

Phrase déclarative (conforme au modèle de base)	Phrase exclamative (après transformation)
Ce récit est invraisemblable.	***Comme** ce récit est invraisemblable !* (Addition d'un marqueur exclamatif, qui porte sur l'adjectif *invraisemblable*.)
Les pages de ce roman recèlent des expériences inoubliables.	***Que d'**expériences inoubliables recèlent les pages de ce roman !* (Remplacement du déterminant *des* par le marqueur exclamatif *que de*, qui porte sur le groupe complément, et déplacement du complément du verbe en tête de phrase et du sujet après le verbe.)

Testez-vous   2.1

Corrigé p. 287

Transformez les phrases suivantes en phrases exclamatives. Le marqueur exclamatif doit porter sur le groupe de mots en caractères gras.

1. Le petit Jules a reçu **trois albums** pour Noël.
2. **Des heures de plaisir** l'attendaient pendant les vacances.

La phrase impérative

- Elle sert à exprimer un ordre, un conseil, un commandement, une prière, un souhait, une invitation.

La phrase impérative se termine habituellement par un point.

Voici les transformations qui permettent de créer une phrase impérative à partir d'une phrase conforme au modèle de base.

Phrase déclarative (conforme au modèle de base)	Phrase impérative (après transformation)
Tu lis cette histoire touchante.	*Lis cette histoire touchante.* (Effacement du sujet.)
Vous la lui lisez.	*Lisez-**la-lui**.* (Effacement du sujet et déplacement des pronoms compléments du verbe.)
Carmen lira ce récit.	***Que** Carmen lise ce récit.* (Addition de *que* devant le sujet ; notez que le verbe est au subjonctif présent.)

Lorsque la phrase impérative contient des pronoms personnels compléments, leur place par rapport au verbe et la façon de les joindre à celui-ci varient selon que la phrase est positive ou négative (voir p. 23).

Dans une **phrase impérative à la forme positive**, les pronoms compléments se placent **après** le verbe et se joignent à lui par un trait d'union.

> *Donne-**les-moi**.*

Dans une **phrase impérative à la forme négative**, les pronoms compléments se placent devant le verbe.

> *Ne **me les** donne pas.*

Testez-vous   2.2

Corrigé p. 287

Transformez les phrases suivantes en phrases impératives.

1 Tu me la racontes.

2 Vous ne me racontez pas d'histoires.

3 Vous ne leur racontez pas cette histoire.

La phrase interrogative

- Elle permet d'interroger, c'est-à-dire de poser une question, de demander un renseignement.
- Elle contient une marque d'interrogation (inversion du sujet et du verbe, présence d'un marqueur interrogatif comme *qui, que, quand, combien, comment, où, pourquoi, est-ce que, quel, lequel,* etc.), qui constitue le signe distinctif de la phrase interrogative.

La phrase interrogative se termine toujours par un point d'interrogation. Elle est structurée différemment selon que l'interrogation est totale ou partielle.

La phrase à interrogation totale

L'**interrogation totale** porte sur la phrase entière ; on y répond par *oui* ou *non* (ou par *peut-être, sans doute, je ne sais pas,* etc.).

Voici les transformations qui permettent de créer une phrase interrogative totale à partir d'une phrase conforme au modèle de base.

Phrase déclarative (conforme au modèle de base)	Phrase interrogative totale (après transformation)
Tu as lu le dernier livre de cette auteure.	***Est-ce que*** *tu as lu le dernier livre de cette auteure ?* (Addition du marqueur interrogatif *est-ce que.*)
Tu aimes inventer des histoires pour ton frère cadet.	*Aimes-**tu** inventer des histoires pour ton frère cadet ?* (Déplacement du pronom sujet après le verbe, auquel il est joint par un trait d'union.)
Juliana a adapté ce roman pour le cinéma.	*Juliana a-t-**elle** adapté ce roman pour le cinéma ?* (Reprise du sujet par un pronom placé après le verbe et joint à ce dernier par un trait d'union ; si le verbe est à un temps composé, le pronom se place entre l'auxiliaire et le participe passé.)

AUTRE GRAPHIE
entraîne

Lorsque la reprise ou l'inversion du sujet entraine la rencontre de deux voyelles, on ajoute un *t* de prononciation, précédé et suivi d'un trait d'union, entre le verbe et le pronom qui le suit (*Aime-**t**-elle ce roman ?*).

La phrase à interrogation partielle

L'**interrogation partielle** porte sur une partie de la phrase seulement (le sujet, le complément du verbe, le complément de phrase, l'attribut, etc.) ; elle appelle une réponse qui ne porte que sur cette partie.

Dans les exemples qui suivent, la transformation effectuée touche toujours le **groupe de mots** sur lequel porte l'interrogation partielle.

Phrase déclarative (conforme au modèle de base)	Phrase interrogative partielle (après transformation)
J.K. Rowling *a écrit la série de romans avec Harry Potter comme héros.*	**Qui** *a écrit la série de romans avec Harry Potter comme héros ?* (Remplacement du sujet par un pronom interrogatif.)
*L'auteure n'écrit pas son nom au complet dans ses livres **par crainte que les garçons refusent de lire un roman écrit par une femme**.*	**Pourquoi** *l'auteure n'écrit-**elle** pas son nom au complet dans ses livres ?* (Remplacement du CP par un marqueur interrogatif et déplacement de celui-ci au début de la phrase ; addition d'un pronom de reprise du sujet.)
*Ce romancier a remis **le plaisir de la lecture** à l'ordre du jour.*	**Qu'est-ce que** *ce romancier a remis à l'ordre du jour ?* (Remplacement du complément du verbe par le marqueur interrogatif *qu'est-ce que* et déplacement de celui-ci au début de la phrase.)

L'ordre des mots dans la phrase interrogative

- **La phrase commençant par un marqueur interrogatif**
  - Lorsque la phrase commence par ***est-ce que*** ou que le marqueur interrogatif est suivi par *est-ce que*, l'ordre habituel des mots ou des groupes de mots (sujet / verbe/complément) ne change pas.

    Est-ce que *cette auteure a déjà visité votre école ?*

    Quand est-ce que *cette auteure a visité votre école ?*

  - Lorsque la phrase commence par ***pourquoi*** et que le sujet n'est pas un pronom, le sujet se place devant le verbe et est repris par un pronom placé après le verbe.

    Pourquoi Xavier *refuse-t-**il** de nous accompagner au Salon du livre ?*

– Lorsque la phrase commence par un autre marqueur interrogatif que *pourquoi* ou *est-ce que*, le sujet se place après ou avant le verbe ; dans ce dernier cas, le sujet est repris par un pronom placé après le verbe.

Comment *finit le récit ?* ou **Comment** *le récit finit-**il** ?*

- **La phrase ne commençant pas par un marqueur interrogatif**

    – Le pronom personnel sujet se place après le verbe et s'y joint par un trait d'union.

    *Dédicaceriez-**vous** ce livre à ma petite sœur Léa ?*

    – Le groupe nominal sujet est repris par un pronom placé après le verbe et joint à celui-ci par un trait d'union.

    *Pierre dédicacerait-**il** ce livre à Maria ?*

Conseils pour la rédaction

La construction de phrases interrogatives

Voici quelques remarques qui vous aideront à mieux construire vos phrases interrogatives.

Différence entre l'oral et l'écrit

À l'oral, on place parfois le marqueur interrogatif à la fin de la phrase.

*Cet album a été illustré **par qui** ?*

Dans la langue écrite, toutefois, le marqueur interrogatif doit être placé en tête de phrase.

Par qui *cet album a-t-il été illustré ?*

Un voisin indésirable

On ne doit pas encadrer les marqueurs interrogatifs par des marqueurs emphatiques tels *c'est... qui, c'est... que*.

C'est pourquoi que *vous désirez traduire ce conte ?*

Pourquoi *désirez-vous traduire ce conte ?*

Un marqueur interrogatif ne peut pas non plus être suivi de *que, qui, ce que, ce qui, c'est que* ni de *c'est qui*.

Comment qu*'elle trouve son inspiration ?*

Comment *trouve-t-elle son inspiration ?*

•••

Confusion entre *comment* et *combien*

Lorsqu'on désire obtenir une information de quantité, on utilise *combien*.

AUTRE GRAPHIE
coûte

> ***Comment*** *cet album* coûte *-t-il ?*
>
> ***Combien*** *cet album* coûte *-t-il ?*

Le pronom de reprise

Le pronom de reprise placé après le verbe dans la phrase interrogative doit être de la même personne et du même nombre que le sujet.

> ***Ce roman*** *la décevra-t-**elle** ?*
>
> ***Ce roman*** *la décevra-t-**il** ?*

Marque interrogative superflue

Une ou deux marques interrogatives suffisent pour transformer la phrase déclarative en phrase interrogative. L'ajout d'une troisième devient une erreur.

> ***Pourquoi est-ce que*** *les gens aiment-**ils** tant se faire raconter des histoires ?*
> (trois marques)
>
> ***Pourquoi*** *les gens aiment-**ils** tant se faire raconter des histoires ?* (deux marques)

Testez-vous   2.3

Corrigé p. 287

Transformez les phrases suivantes en phrases interrogatives.

1. Vous avez dépensé vingt dollars pour ce livre.
2. Elle va à la bibliothèque.

2.2   Les formes de phrases

Chaque phrase, quel que soit son type, présente une combinaison de **trois formes**. Le modèle de base, de type déclaratif, est de formes positive, active et neutre. Nous allons définir chacune de ces formes, puis expliquer comment elles peuvent être transformées en formes négative, passive et emphatique.

La phrase positive ou négative

La **phrase positive** affirme une proposition.

> *Cet homme est à la fois vétérinaire et auteur de livres jeunesse.*

La **phrase négative** nie une proposition. Elle est également utilisée pour exprimer une atténuation (*Cette intrigue n'est pas captivante.*) ou une réfutation (*Non, le héros n'est pas brave.*). Combinée au type impératif, elle sert à exprimer une interdiction (*N'ouvrez pas votre livre.*) ; combinée au type interrogatif, elle exprime une demande de confirmation (*Ne trouvez-vous pas ce récit un peu long ?*).

La phrase négative comporte un marqueur de négation, habituellement formé de **deux éléments**, soit l'adverbe de négation *ne* et un autre mot négatif (adverbe, déterminant ou pronom) auquel il est combiné : *pas, plus, jamais, aucun, personne, rien...*

> *__Rien n'__a été dit au sujet de cet auteur anonyme qui __ne__ désire __pas__ révéler son identité.*

La création d'une phrase négative à partir d'une phrase positive

Voici les transformations qui permettent de créer une phrase négative à partir d'une phrase conforme au modèle de base.

Phrase positive (conforme au modèle de base)	Phrase négative (après transformation)
Philippe a lu ce conte de Perrault.	*Philippe __n'__a __pas__ lu ce conte de Perrault.* (Addition des adverbes *ne* et *pas*, qui encadrent l'auxiliaire du verbe.)
La gardienne a lu un conte de fées à l'enfant.	*La gardienne __n'__a lu __aucun__ conte de fées à l'enfant.* (Addition de l'adverbe *ne*, placé devant l'auxiliaire du verbe, et remplacement du déterminant *un* par le déterminant négatif *aucun*.)
J'ai prêté ce recueil de contes à quelqu'un.	*Je __n'__ai prêté ce recueil de contes à __personne__.* (Addition de l'adverbe *ne*, placé devant le verbe, et remplacement du pronom *quelqu'un* par le pronom négatif *personne*.)

Conseils pour la rédaction

L'art de la négation

Les principales erreurs commises dans l'emploi de la négation sont faciles à éviter : il suffit d'être vigilant et de faire preuve de logique.

1 On doit toujours utiliser le premier élément de négation, l'adverbe *ne*. Attention, notamment, aux liaisons qui laissent croire que cet adverbe est présent.

•••

*On a **pas** réussi à terminer la lecture de ce récit à temps.*

***Rien** a été dit au sujet de cette nouvelle parution.*

*Que de beaux livres ! Pourtant, **aucun** a plu à la critique.*

***Personne** a entendu parler de ce roman.*

2 Dans le cas d'un verbe à l'impératif, on doit veiller à ce que les deux éléments de la négation encadrent le verbe, ou le verbe et son complément s'il s'agit d'un pronom.

*Ouvre pas ce livre. **N'ouvre pas** ce livre.*

*Ouvre-le pas. **Ne l'ouvre pas.***

3 Il faut éviter d'ajouter un troisième élément de négation.

*Je **ne** vois **pas personne** dans la bibliothèque.*

*Il **n'a pas** reçu **aucun** nouveau livre.*

4 À la forme négative, on doit remplacer les déterminants *du, de la, de l', un, une* et *des* par *de* ou *d'* avec tous les verbes sauf *être*.

*Elle n'a pas **des** romans jeunesse dans sa bibliothèque.*

*Elle n'a pas choisi **de** bons auteurs.*

5 Certains marqueurs de négation ont une forme correspondante précise quand la phrase est positive. Voici une liste de marqueurs exprimant la forme négative de certains mots ou expressions.

Marqueurs de négation	Mots ou expressions équivalents, à la forme positive
ne... rien	quelque chose
ne... jamais	toujours, souvent, quelquefois, parfois, de temps en temps, de temps à autre
ne... personne	quelqu'un
ne... aucun (**ou** pas un)	quelques-uns, tous, quelques
ne... nulle part	quelque part
ne... plus	encore (**ou** toujours **pris dans le sens de** encore)
non plus + ne... pas	aussi
ne... pas encore	déjà

6 La négation peut parfois être formée de *ne* seulement, comme cela se produit avec les verbes *cesser*, *oser*, *pouvoir* suivis d'un infinitif complément et *savoir* exprimant une incertitude.

> Elle **ne pouvait** refermer ce livre captivant.

7 La **locution *ne*... *que*** n'exprime pas la négation, mais la restriction ; elle signifie « seulement ».

> Adèle **n'**aime **que** les romans à l'eau de rose.

8 Le ***ne* explétif**, mot sans fonction logique dans la phrase, est souvent utilisé dans une subordonnée qui dépend d'un verbe de crainte employé à la forme affirmative.

> Son père **a peur** qu'il **ne** fasse un cauchemar après avoir lu ce livre.

On l'emploie aussi dans une subordonnée comparative exprimant une inégalité si le verbe principal de la phrase est positif.

> Cette aventure est **plus troublante** que vous **ne** le prétendez.

Testez-vous 2.4

Corrigé p. 287

Transformez les phrases suivantes en phrases négatives.

1 J'ai entendu quelqu'un renier ses lectures de jeunesse.

2 Nous aussi, nous avons oublié notre premier Salon du livre.

3 Téléphone-lui au sujet de ce livre ; parle-lui-en lorsque tu le verras.

La phrase active ou passive

Dans la **phrase active**, le sujet fait l'action exprimée par le verbe.

> Plusieurs universités offrent des cours de littérature jeunesse.

Dans la **phrase passive** :

- le sujet subit l'action exprimée par le verbe ;
- le verbe est toujours formé de l'auxiliaire *être* et d'un participe passé ; lorsque le complément du verbe passif est exprimé, les prépositions *de* et *par* introduisent ce complément, qui fait l'action exprimée par le verbe.

> Des cours de littérature jeunesse **sont offerts par** plusieurs universités.

La création d'une phrase passive à partir d'une phrase active

Voici les transformations qui permettent de créer une phrase passive à partir d'une phrase conforme au modèle de base.

Phrase active (conforme au modèle de base)	Phrase passive (après transformation)
Hergé a inventé le personnage de Tintin.	*Le personnage de Tintin a été inventé par Hergé.* (Déplacement du sujet et du complément direct du verbe : le premier devient complément du verbe passif, le second devient sujet ; remplacement du verbe à la forme active par le verbe à la forme passive formé de l'auxiliaire *être* et du participe passé ; addition de la préposition *par*.)

On notera les caractéristiques suivantes de la phrase passive.

1 Seuls les verbes qui ont un complément direct peuvent devenir passifs.

Hergé (sujet) *a inventé* **Tintin** (CD).

Tintin (sujet) *a été inventé par* **Hergé** (compl. de verbe passif).

La phrase suivante ne peut pas être transformée à la forme passive parce que *à l'illustratrice* est un complément indirect.

On a demandé à l'illustratrice de mettre un cache-nez au personnage.

*L'illustratrice a été demandée de mettre un cache-nez au personnage.

2 C'est l'auxiliaire *être* du verbe passif qui indique à quel temps est la forme passive.

Ainsi, le verbe de la phrase active étant au passé composé (*a inventé*), l'auxiliaire *être* du verbe passif devra être au passé composé (*a été inventé*).

3 Le complément du verbe passif peut ne pas être exprimé, et ce, pour diverses raisons, la plus fréquente étant qu'il n'est pas nécessaire de le nommer.

Les aventures de Tintin ont été traduites dans presque toutes les langues.

4 Lorsque le complément du verbe passif n'est pas exprimé, on peut quand même transformer la phrase passive en phrase active.

On a *traduit les aventures de Tintin dans presque toutes les langues.*

5 Le complément du verbe passif ne peut pas être déplacé en début de phrase.

*Par cet écrivain le cours a été dispensé.

Conseils pour la rédaction

Quand utiliser la phrase passive

La phrase passive, utilisée notamment dans les domaines juridique, publicitaire et journalistique, est généralement plus lourde et moins vivante que la phrase active, car elle contient nécessairement plus d'auxiliaires et de participes. Comparez :

> *Le cours a été donné par cet écrivain et l'expérience a été appréciée de tous.*

> *Cet écrivain a donné le cours et tous ont apprécié l'expérience.*

Cela dit, la phrase passive est très utile lorsqu'on veut insister sur le fait que le sujet subit l'action.

Testez-vous   2.5

Corrigé p. 288

Transformez les phrases suivantes en phrases passives.

1. Les frères Grimm et Charles Perrault ont offert aux enfants du monde entier des contes merveilleux, inoubliables.
2. Cet organisme de promotion de la lecture a accueilli plusieurs nouveaux membres.

La phrase neutre ou emphatique

La **phrase neutre** ne met aucun élément en évidence.

> *Ce recueil de nouvelles s'adresse aux adolescents.*

La **phrase emphatique** sert habituellement à insister sur un élément de la phrase (sujet, complément, attribut). Cet élément peut être mis en évidence de deux façons :

- Il peut être placé au début de la phrase et encadré par un marqueur emphatique.

  > ***C'est** aux adolescents **que** s'adresse ce recueil de nouvelles.*

- Il peut être détaché du reste de la phrase à l'aide d'une virgule et placé au début ou à la fin de celle-ci ; ce mot ou groupe de mots est alors repris par un pronom.

  > ***Ce recueil de nouvelles**, **il** s'adresse aux adolescents.*

  > *Je **l'**aime, **ce livre**. **Il** me passionne, **ce récit**.*

*Ça me passionne, **ce genre de récits***.
(La reprise d'un groupe nominal sujet se fait avec *ce*, *cela* ou *ça* plutôt qu'avec le pronom *il* quand on a affaire à un sens générique.)

La création d'une phrase emphatique à partir d'une phrase neutre

Voici comment on peut transformer des phrases conformes au modèle de base en phrases emphatiques en utilisant différents marqueurs.

L'élément mis en relief est indiqué entre parenthèses à la fin de chaque phrase emphatique.

Phrase neutre (conforme au modèle de base)	Phrase emphatique (après transformation)
*Sami a rencontré cet auteur **au Salon du livre**.*	***C'est** au Salon du livre **que** Sami a rencontré cet auteur.* (CP)
***Cette femme** est la plus connue des auteures jeunesse.*	***C'est** cette femme **qui** est la plus connue des auteures jeunesse.* (sujet)
***La science-fiction** passionne Félix.*	***Ce qui** passionne Félix, **c'est** la science-fiction.* (sujet)
*Jérôme aime **la lecture**.*	***Ce que** Jérôme aime, **c'est** la lecture.* (CD)
*Elle raffole des **bandes dessinées**.*	***Ce dont** elle raffole, **c'est** des bandes dessinées.* (CI)
*Les jeunes lecteurs aspirent **à vivre des aventures exaltantes**.*	***Ce à quoi** aspirent les jeunes lecteurs, **c'est** vivre des aventures exaltantes.* (CI)
***Ce recueil de nouvelles** s'adresse aux adolescents.*	***Il** s'adresse aux adolescents, **ce recueil de nouvelles**.* (sujet)

Conseils pour la rédaction

Évitez les abus !

La forme emphatique est couramment utilisée dans la langue parlée et dans les textes personnels. Le rédacteur qui désire communiquer objectivement de l'information privilégiera plutôt la forme neutre.

Il faut par ailleurs garder à l'esprit que l'abus de la forme emphatique nuit à l'intention de communication du rédacteur, car l'effet recherché (la mise en évidence) n'a alors plus… d'effet ! Imaginez un texte rédigé ainsi : ***Ce que** j'aime le plus dans ce récit, **c'est ce que** le personnage principal raconte au sujet de **ce qui** est le plus important dans sa vie…*

•••

AUTRE GRAPHIE
précédera

La virgule

La virgule doit suivre le groupe de mots détaché en tête de phrase s'il est repris par un pronom. Elle précédera le groupe détaché à la fin de la phrase s'il est annoncé par un pronom.

>*Ce roman*, *je **l'**ai acheté hier.* / *Je **l'**ai acheté hier*, *ce roman*.

La virgule doit aussi précéder *c'est* lorsqu'on a recours aux marqueurs *ce que... c'est*, *ce qui... c'est* ou *ce dont... c'est*.

>*Ce qui nous a touchés, dans ce conte*, *c'est le personnage du vieillard*.

On ne doit pas confondre le marqueur interrogatif *qu'est-ce qui* avec le marqueur emphatique *ce qui... c'est*.

>**Qu'est-ce qui étonne Jules*, *c'est qu'il existe aussi des contes pour adultes*.
>*Ce qui étonne Jules*, *c'est qu'il existe aussi des contes pour adultes*.

Testez-vous   2.6

Corrigé p. 288

Transformez les phrases suivantes en phrases emphatiques. Mettez en évidence les groupes de mots en caractères gras en tenant compte des indications données entre parenthèses.

1 Katia écrit des livres pour les enfants **parce qu'elle adore aller jouer dans sa tête**. (mise en évidence du CP à l'aide de l'encadrement par un marqueur emphatique)

2 Elle puise **ses sujets d'histoires** dans tout ce qui l'entoure. (mise en évidence du CD à l'aide du détachement et de l'utilisation d'un pronom de reprise)

Le Coin des curieux

Le type et les formes d'une phrase syntaxique

La phrase graphique peut contenir plusieurs phrases syntaxiques. L'analyse d'une phrase peut donc s'effectuer à plus d'un niveau. Il en va de même lorsqu'on veut déterminer le type et les formes d'une phrase. Voyons un exemple.

>*Enfin seul, Ludovic retourna à la lecture de son roman qui, malheureusement, ne finissait pas bien.*

Cette phrase est déclarative, active, neutre. Mais est-elle positive ou négative? Il y a en effet un marqueur de négation; toutefois, il ne concerne que le deuxième verbe. Comment trancher? Procédons à la première étape de toute analyse.

Identifions le sujet de premier niveau de la phrase graphique : *Enfin seul, Ludovic*. Cherchons le prédicat de premier niveau : *retourna à la lecture de son roman qui, malheureusement, ne finissait pas bien*. Le verbe principal *retourna* étant positif, on peut dire que la phrase graphique est positive.

Approfondissons notre analyse, car il s'agit d'une phrase complexe formée d'une matrice dans laquelle est enchâssée une subordonnée.

P1mat [*Enfin seul, Ludovic retourna à la lecture de son roman*

P2sub [*qui, malheureusement, ne finissait pas bien*] P2 P1.

On dira de la matrice qu'elle est positive, car son verbe (*retourna*) est de forme positive. Cependant, la subordonnée est négative, car son verbe (*finissait*) est enca-dré par le marqueur de négation *ne... pas*.

Ce commentaire vaut pour l'analyse de toute phrase graphique formée de phrases syntaxiques jointes par enchâssement, coordination ou juxtaposition. Qu'il s'agisse d'une matrice et d'une subordonnée comme dans le cas ci-dessus, ou de phrases syntaxiques coordonnées ou juxtaposées, le type et les formes de chacune peuvent être analysés de façon distincte.

Distinguer *type* de phrase et *valeur* de la phrase

La notion de **type de phrase** renvoie à la syntaxe, à la façon dont une phrase est construite, alors que la **valeur de la phrase** renvoie à l'intention de l'émetteur, elle relève du sens.

Ainsi, la phrase *Rends-moi mon livre* est de type impératif parce qu'elle contient un verbe à l'impératif et que le sujet du verbe est absent (mais sous-entendu).

Si l'ordre est toutefois exprimé avec impatience (*Rends-moi mon livre !*), on peut mettre un point d'exclamation ; on aura ainsi une phrase impérative à **valeur exclamative**. N'oublions pas que c'est la présence d'un marqueur exclamatif ou d'une marque d'interrogation qui rend une phrase exclamative ou interrogative. On peut aussi utiliser une phrase déclarative à **valeur impérative** pour inciter quelqu'un à agir : *Tu dois me rendre mon livre*.

Dans le même ordre d'idées, lorsque les **phrases à construction particulière** contien-nent des marques d'interrogation, d'exclamation, de négation ou d'emphase, elles demeurent des phrases à construction particulière ; on dira simplement de ces phrases qu'elles ont une valeur interrogative, exclamative, négative ou emphatique.

> *Quel bijou que ce roman !*
> (phrase non verbale qui a une valeur exclamative)

> *Ne pas oublier que la bibliothèque ferme ses portes à 21 heures.*
> (phrase infinitive qui a une valeur négative)

À retenir

Le type et les formes d'une phrase

- **Une phrase est d'un *type*.**

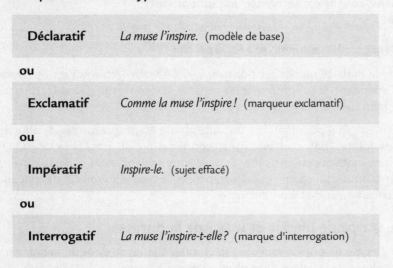

Déclaratif   *La muse l'inspire.* (modèle de base)

ou

Exclamatif   *Comme la muse l'inspire !* (marqueur exclamatif)

ou

Impératif   *Inspire-le.* (sujet effacé)

ou

Interrogatif   *La muse l'inspire-t-elle ?* (marque d'interrogation)

- **Une phrase possède trois *formes*.**

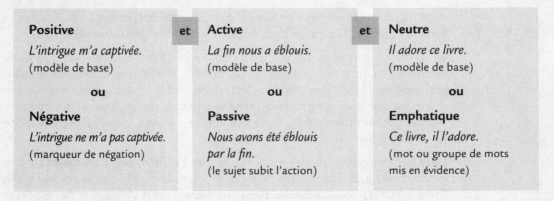

Positive	**et**	**Active**	**et**	**Neutre**
L'intrigue m'a captivée. (modèle de base)		*La fin nous a éblouis.* (modèle de base)		*Il adore ce livre.* (modèle de base)
ou		**ou**		**ou**
Négative		**Passive**		**Emphatique**
L'intrigue ne m'a pas captivée. (marqueur de négation)		*Nous avons été éblouis par la fin.* (le sujet subit l'action)		*Ce livre, il l'adore.* (mot ou groupe de mots mis en évidence)

- **Le modèle de base de la phrase peut être transformé de multiples façons, selon des procédés propres à chaque type ou à chaque forme de phrase.**

3

La jonction de phrases syntaxiques

Objectifs

Au terme de ce chapitre, vous devriez pouvoir répondre aux questions suivantes :

▪ Comment choisir le coordonnant, le subordonnant ou le signe de ponctuation approprié pour joindre des phrases syntaxiques et exprimer le lien logique qui les unit ?

▪ Comment enchâsser correctement une subordonnée en choisissant le mode et le temps de verbe appropriés ?

AUTRE GRAPHIE
enchaîner

Lorsqu'on écrit, on doit relier les phrases entre elles. On peut les enchaîner au moyen de la coordination, de la juxtaposition ou de l'insertion, ou encore les enchâsser par la subordination.

Dans le court texte qui suit, le lien entre les phrases laisse à désirer.

J'aimerais bien aller au Festival de poésie de Trois-Rivières. Le temps est mauvais. Je suis trop fatigué pour prendre la route. Je resterai bien au chaud à la maison. Je commencerai la lecture de la biographie de Victor Hugo. J'ai acheté cette biographie hier.

Toutes ces phrases sont bien formées, mais le texte est décousu. D'une façon imagée, on pourrait dire que, pour que le tout se tienne mieux, il faudrait clouer, embouveter, coller, en un mot bien assembler toutes les parties.

Des signes de ponctuation et des mots servent à joindre les phrases. Ils ne sont pas choisis au hasard, car ils indiquent, plus ou moins explicitement, la relation de sens qu'entretiennent les phrases entre elles. Dans ce chapitre, nous verrons en détail tous les mécanismes permettant de joindre des phrases syntaxiques.

3.1   Les divers modes d'enchainement

AUTRES GRAPHIES

enchaînement
enchaîner

Il y a plusieurs façons d'enchainer les phrases syntaxiques entre elles : la coordination, la juxtaposition et l'insertion. Voyons cela en détail.

La coordination

Comment fonctionne la coordination

La coordination consiste à joindre des phrases syntaxiques ou des groupes de mots au moyen d'un coordonnant, c'est-à-dire d'une conjonction de coordination (*et*) ou d'un adverbe de coordination (*puis*). Elle relève d'une règle unique mais fondamentale : les éléments coordonnés doivent être de même niveau syntaxique, et remplir la même fonction syntaxique dans le cas des phrases subordonnées. Dans l'exemple suivant, chacune des deux phrases syntaxiques appartient au même niveau syntaxique.

P1mat[*La poésie se compare à un diamant*]P1, car P2[*elle en a l'éclat et la pureté*].

Voyons quelques autres cas de coordination.

- Une phrase matrice et une phrase syntaxique sans subordonnée

  P1mat[*Gabrielle récita son poème lentement* P2sub[*parce qu'elle était calme*]P2]P1,
  mais P3[*la cloche l'interrompit brusquement*]P3.

- Deux matrices

  P1mat[*Xavier avait copié un poème* P2sub[*parce qu'il était en panne d'inspiration*]P2]P1,
  par conséquent P3mat[*le professeur exigea* P4sub[*qu'il le mémorise au complet
  pour le lendemain*]P4]P3.

- Deux subordonnées de même fonction

En présence de subordonnées coordonnées, on doit s'assurer qu'elles remplissent la même fonction. Voyons quelques cas.

- Deux subordonnées complétives compléments d'un même verbe (*attendre*)

  P1mat[*Nous attendions avec impatience* P2sub[*que le tour de Joël
  arrive*]P2 et P3sub[*qu'il lise enfin son poème dédié à son... chat*]P3]P1 !

- Deux subordonnées compléments de phrase

  P1mat[P2sub[*Lorsqu'ils sont allés à Paris*]P2 et P3sub[*qu'ils ont effectué
  ce pèlerinage des lieux fréquentés par les poètes de l'après-guerre*]P3 ,
  nos amis ont vécu une expérience inoubliable]P1.

On remarquera que la coordination ne peut se faire qu'entre deux phrases syntaxiques **autonomes**, ou entre deux phrases syntaxiques **non autonomes** qui ont la même fonction.

Les coordonnants

On appelle **coordonnant** le mot ou la locution qui relie des éléments par coordination. Ce rôle est assumé par les conjonctions de coordination (*mais, ou, et, car, ni, or, ou bien*) et les adverbes de coordination (*puis, ensuite, c'est-à-dire, donc, en effet, de plus, par contre, par conséquent*, etc.). Pour leur utilisation, consultez le chapitre 12 sur les mots invariables (p. 201 à 216).

Parce qu'ils sont des mots porteurs de sens, les coordonnants sont aussi appelés **marqueurs de relation**. Il faut donc les choisir en tenant compte du rapport sémantique qu'ils établissent. Ainsi, les conjonctions de coordination peuvent exprimer l'addition, l'alternative, la cause et la justification ; les adverbes de coordination expriment, entre autres, la succession temporelle, l'opposition, l'addition et la conséquence.

Conseils pour la **rédaction**

La coordination de phrases syntaxiques comportant des éléments identiques

Il existe une tendance naturelle, dans la coordination (comme dans la juxtaposition), à ne pas répéter des éléments identiques (verbe, sujet, complément). Considérons les deux phrases suivantes que l'on veut coordonner.

> *Pascal affectionne les poèmes de Nelligan.*
> *Pascal relit sans cesse les poèmes de Nelligan.*

La coordination de ces phrases peut s'effectuer au moins de deux façons :

> *Pascal affectionne ø **et** ø relit sans cesse les poèmes de Nelligan.*
> (effacement du complément du premier verbe et du sujet du second verbe)

> *Pascal affectionne les poèmes de Nelligan **et** ø **les** relit sans cesse.*
> (effacement du deuxième sujet et remplacement du complément du second verbe par un pronom)

Les deux phrases qui suivent comportent cependant des erreurs de coordination.

> **Samuel a découvert ø **et** ø a beaucoup parlé de l'œuvre de Baudelaire.*
> **Sur cette photo, le poète est jeune **et** ø les cheveux bouclés.*

•••

Dans la première phrase, on a coordonné deux verbes qui ne se construisent pas de la même façon : *découvrir* (qui se construit avec un CD) et *parler* (qui se construit avec un CI). On écrira plutôt :

> *Samuel a découvert l'œuvre de Baudelaire **et ø en** a beaucoup parlé.*

Dans la seconde phrase, on a coordonné un attribut (*jeune*) et un CD (*cheveux bouclés*). On écrira plutôt :

> *Sur cette photo, le poète est jeune **et ø a** les cheveux bouclés.*

La juxtaposition

La juxtaposition consiste à relier deux phrases syntaxiques de même niveau, étroitement liées par le sens, par un des signes de ponctuation suivants : la virgule, le point-virgule ou le deux-points.

On pourrait dire de la juxtaposition que c'est une forme particulière de coordination, puisqu'un signe de ponctuation remplace le coordonnant ou marqueur de relation. Toutefois, en l'absence d'un coordonnant, le sens de la relation entre les deux phrases juxtaposées reste implicite.

- La **virgule** signale l'addition, la succession.

  > *La première équipe a présenté l'écrivaine Anne Hébert, a lu quelques extraits du* Tombeau des Rois *en tentant de les expliquer, a conclu en citant la première phrase bouleversante de la nouvelle* Le Torrent.

  Les virgules, ici, marquent la succession des actions.

- Le **point-virgule** peut marquer un rapport d'opposition, de comparaison ou de complémentarité.

  > *La plupart ont apprécié l'exposé ; d'autres auraient souhaité qu'il soit plus étoffé.*

  Le point-virgule, ici, marque l'opposition. On pourrait ajouter *cependant*.

- Le **deux-points** sert à marquer un rapport logique entre deux phrases : une explication, une cause, une conséquence.

  > *J'ai adoré ce poème : la lecture qu'en a faite Luc était magistrale.*

  Le deux-points, ici, annonce la cause. On pourrait le remplacer par *parce que*.

L'insertion

L'insertion consiste à introduire une phrase syntaxique dans une autre sans l'aide d'un marqueur de relation. La phrase ainsi introduite peut être une phrase incise ou une phrase incidente.

La phrase incise

La phrase incise indique à qui est attribué une citation ou un discours rapporté de façon directe. Elle comporte un verbe de parole (*dire*, *déclarer*, *s'écrier*, etc.) et la désignation de l'émetteur des paroles rapportées. Elle peut comporter un adverbe modifiant le verbe et caractérisant la façon dont les paroles sont dites. La phrase incise peut s'insérer au milieu de la citation entre deux virgules ; si elle est placée après la citation, elle est détachée par une virgule. Dans tous les cas, il y a inversion du sujet et du verbe.

> « *Les petits,* **insiste cette éducatrice**, *sont réceptifs à la poésie.* »

> « *Vous connaissez sans doute ces œuvres* », **répliqua avec enthousiasme la libraire**.

La phrase incidente

La phrase incidente est utilisée lorsque l'émetteur exprime un commentaire sur ce qu'il est en train de dire, ce commentaire pouvant être une explication, un point de vue, une opinion, etc. L'incidente est signalée par la virgule, des parenthèses ou des tirets.

> *Pour apprécier un poème à sa juste valeur, il est préférable — **nous dirions même indispensable** — d'en faire la lecture à haute voix.*

> *Sophie lui suggéra de lire les calligrammes d'Apollinaire,* **c'était super***.*

Testez-vous   3.1

Corrigé p. 288

Relevez, dans chacune des phrases suivantes, le(s) mode(s) de jonction précis utilisé(s) pour relier les phrases syntaxiques.

1 Le poète, de même que tout écrivain, croyons-nous, s'offre un luxe rare : le temps. Il se donne le temps de regarder le monde pour en rendre compte ; il s'accorde le temps nécessaire pour le refaire.

2 Il a lu attentivement le poème. « C'est bouleversant ! » s'est-il ensuite exclamé.

3.2 La subordination

On entend par « subordination » le phénomène d'enchâssement d'une phrase syntaxique dans une autre. La phrase enchâssée, la subordonnée, fonctionne comme un groupe de mots et remplit donc une fonction syntaxique au sein de la phrase enchâssante. On dit de la subordonnée qu'elle est une phrase syntaxique **non autonome** parce qu'elle est incluse dans la matrice.

Dans l'exemple suivant, la subordonnée *qui vivent de leur plume* est complément du nom *écrivains*.

P1mat [*Les écrivains* **P2sub** [*qui* vivent de leur plume] **P2** *sont peu nombreux*] **P1** .

La subordonnée peut constituer elle-même une phrase enchâssante pour une autre subordonnée.

P1mat [*Elle m'appellera* **P2sub** [*quand* le récital **P3sub** [*dont* tu parles] **P3** *sera présenté*] **P2**] **P1** .

La subordonnée est souvent enchâssée dans le sujet ou dans le prédicat de la phrase, mais elle peut aussi être sujet elle-même ou encore complément de phrase. Dans l'exemple qui suit, elle est sujet.

P1mat [**P2sub** [*Que* la poésie revête une telle importance à ses yeux] **P2** *ne devrait pas*

vous étonner] **P1** .

Il existe cinq sortes de subordonnées, chacune ayant sa fonction propre à l'intérieur de la phrase syntaxique dans laquelle elle s'enchâsse : la relative, la complétive, la circonstancielle, l'infinitive et la participiale.

La subordonnée relative

La subordonnée relative est le plus souvent une phrase enchâssée dans un groupe nominal (GN) par l'intermédiaire d'un pronom relatif. Elle remplit donc la fonction de complément du nom (ou du pronom si le noyau du groupe nominal est un pronom).

> *Le lancement* **que nous préparons** *aura lieu un mardi. Celui* **qui a eu lieu la semaine dernière** *a remporté un franc succès,* **que nous voulons répéter**.

* La subordonnée relative et la phrase dans laquelle elle est enchâssée résultent de la combinaison de deux phrases ; les mots de la seconde phrase identiques à ceux de la première sont remplacés par un pronom relatif qui a une double responsabilité.

P1	*Le lancement aura lieu un mardi.*
P2	*Nous préparons ce lancement.*
Phrase	*Le lancement* **que nous préparons** *aura lieu un mardi.*

Dans cet exemple, le pronom *que* relie la subordonnée relative au nom *lancement* qu'elle complète (il est donc subordonnant); de plus, il a la fonction syntaxique du mot qu'il remplace dans la subordonnée, soit complément direct du verbe *préparons*.

- La subordonnée relative peut habituellement être supprimée (avec une perte de sens) mais non déplacée.

> *Ces thèmes **que tu exploites** sont universels.*
>
> *Ces thèmes **ø** sont universels.*
>
> ***Que tu exploites** ces thèmes sont universels.*

Le pronom relatif et son antécédent

Le pronom relatif a un antécédent dans la phrase, c'est-à-dire qu'il fait référence à un élément déjà mentionné et qu'il le remplace; il a le même genre et le même nombre que cet antécédent. Habituellement, cet antécédent est placé immédiatement avant le pronom relatif.

Lorsque le pronom relatif n'a pas d'antécédent, ou encore lorsque cet antécédent est une phrase syntaxique ou une idée, on le fait précéder du pronom démonstratif neutre *ce*.

antécédent

*Elle explique ce **que signifie le mot «pilonnage».***

relative complément de *ce*

antécédent

*Irma était en lice pour ce prix, ce **qui nous a réjouis**.*

relative complément de *ce*

Dans les proverbes, il arrive également que le pronom relatif n'ait pas d'antécédent. Dans ces cas, on peut quand même attribuer un antécédent au pronom.

> ***Qui** m'aime me suive. (Que **la personne** qui m'aime me suive.)*

La relative déterminative et la relative explicative

La relative déterminative Comparez les deux phrases suivantes.

> *Les auteurs sont assurés d'une bonne couverture médiatique.*
>
> *Les auteurs **qui gagnent le Goncourt** sont assurés d'une bonne couverture médiatique.*

Dans la seconde phrase, seuls les auteurs qui gagnent le Goncourt peuvent compter sur une large publicité. La subordonnée, ici, ne fait pas que compléter un nom:

elle détermine le sens du mot *auteurs*, en restreint le sens. Elle apporte donc une précision essentielle au nom qu'elle complète, et la supprimer aurait des conséquences fâcheuses pour le sens de la phrase.

La relative explicative La relative explicative n'apporte pas une précision essentielle au nom qu'elle complète. C'est pourquoi elle peut être supprimée sans que le sens de la phrase en soit affecté, malgré la perte d'information. Voyons les phrases suivantes.

> *Ce recueil de nouvelles a reçu une excellente critique.*
>
> *Ce recueil de nouvelles,* **qui a été publié l'an dernier**, *a reçu une excellente critique.*

On constatera que la subordonnée explicative ne restreint en rien le sens du nom qu'elle complète, *recueil*, ni ne sert à déterminer de quel recueil il est question. La mention de la date de publication n'est qu'une information accessoire.

Conseils pour la rédaction

1. Le choix du pronom relatif dépend de deux critères :
   - L'antécédent du pronom a-t-il le trait animé ou non animé (voir le chapitre 7) ?
   - Quelle est la fonction syntaxique du pronom dans la subordonnée relative (voir le chapitre 10) ?

2. Il faut éviter de confondre deux subordonnées, l'une relative et l'autre complétive, qui ont en commun le subordonnant *que* et la fonction de complément du nom.

   > *Tant d'expériences* **que** *nous vivons sont empreintes de poésie !*
   > (*que* remplace *tant d'expériences* et est complément du verbe *vivons*)

   > *La pensée* **que** *de pareils thèmes m'aient échappé continue de me hanter.*
   > (*que* ne remplace rien et n'a pas de fonction dans la subordonnée ;
   > il n'est pas pronom)

3. La relative explicative se trouve détachée du reste de la phrase : elle est précédée d'une virgule si elle se trouve en fin de phrase et encadrée de deux virgules si elle se trouve en milieu de phrase.

Testez-vous   3.2

Corrigé p. 288

1 Créez, à partir des phrases P1 et P2, une nouvelle phrase comportant une subordonnée relative.

a) P1   La librairie ne vend pas ce type d'ouvrage.

P2   Vous pensez à cette librairie.

b) P1   L'auteure est prolifique.

P2   Je parle de cette auteure.

2 Qui, dans la phrase suivante, a beaucoup de talent : tous les cégépiens ou seulement ceux qui participent chaque année à l'atelier d'écriture ?

Les cégépiens qui participent chaque année à cet atelier d'écriture ont beaucoup de talent.

La subordonnée complétive

Toutes les subordonnées complétives sont introduites par un subordonnant ; elles remplissent le plus souvent la fonction de complément, d'où leur nom. Il existe trois grandes familles de subordonnées complétives : les complétives en **que**, les interrogatives indirectes et les exclamatives indirectes.

La subordonnée complétive en *que*

Comme son nom l'indique, l'enchâssement de cette complétive s'effectue par l'intermédiaire de la conjonction de subordination **que**. Bien qu'elle puisse être sujet de la phrase ou attribut du sujet, la complétive en *que* remplit le plus souvent la fonction de complément, soit d'un verbe, soit d'un nom, soit d'un adjectif.

Dans les exemples qui suivent, nous avons identifié le sujet et le prédicat de premier niveau de chaque phrase.

- Sujet de la phrase :

Que vous écriviez un nouveau roman si vite m'étonne.

- Complément direct du verbe :

*Les lecteurs du Salon du livre ont apprécié **que vous les rencontriez**.*

- Complément indirect du verbe :

  sujet   prédicat

  *Je me souviens **que cet ouvrage avait paru en roman-feuilleton**.*

- Complément de l'adjectif :

  sujet   prédicat

  *Ses admirateurs sont déçus **qu'elle ne puisse pas être présente**.*

- Complément d'un nom (souvent abstrait) :

  sujet   prédicat

  *Le fait **qu'elle ait accordé une entrevue** en a surpris plus d'un.*

  sujet   prédicat

  *La crainte **que les mauvaises critiques ne pleuvent** le paralyse.*

- Complément d'un verbe impersonnel :

  sujet   prédicat

  *Il faut **que tous les titres soient bien visibles**.*

- Attribut du sujet :

  sujet   prédicat

  *Son intention est **que le roman soit publié à la rentrée**.*

La subordonnée complétive interrogative indirecte

Cette subordonnée est complément d'un verbe lié au thème de l'information, du savoir : on *cherche* de l'information, on *demande* un renseignement, on *examine* une donnée, on *sait* ou l'on *ignore* quelque chose, on *apprend* ou l'on *se rappelle* quelque chose, ou encore on *se demande* quelque chose à soi-même.

*Je veux savoir **si ce livre est intéressant**.*

L'autre critère qui permet de reconnaitre cette subordonnée est le subordonnant *si* ou un des marqueurs interrogatifs suivants.

- Un déterminant interrogatif :

  *J'ignore à **quelle** maison d'édition il s'est adressé.*

- Un pronom interrogatif :

  *On a longtemps cherché à **qui** pouvait être attribué ce texte.*

- Un adverbe interrogatif :

  *Nous nous demandons **quand** vous remettrez la version définitive du roman.*

Quelquefois, le marqueur interrogatif est *ce que*, formé du pronom démonstratif *ce* ayant le trait non animé et d'un pronom relatif (*que*, *quoi*, *dont*) :

> *On ne sait pas encore **ce que** le public pensera de cette œuvre.*

Conseils pour la rédaction

Particularités d'emploi de la subordonnée complétive interrogative indirecte

Il importe de reconnaitre la complétive interrogative indirecte pour éviter trois types d'erreurs.

1. La subordonnée complétive interrogative indirecte se termine par un point, non par un point d'interrogation. Lorsque la phrase dans laquelle s'enchâsse cette subordonnée est déclarative, elle doit se terminer par un point.

   > ***Qui** voulez-vous voir ? / Je me demande **qui vous voulez voir**.*

2. Dans la subordonnée complétive interrogative indirecte, on ne peut pas employer *est-ce que*, *qu'est-ce que* ni *qu'est-ce qui*, ces marqueurs étant réservés à l'interrogation directe.

   > *Je me demande **où il a trouvé son inspiration**.*
   >
   > **Je me demande où **est-ce qu'**il a trouvé son inspiration.*

3. On ne doit pas utiliser une subordonnée interrogative indirecte après une préposition.

   > **Il ne se souvenait pas **de comment** c'était arrivé.*
   >
   > *Il ne se souvenait pas **de la façon dont** c'était arrivé.*

La subordonnée complétive exclamative indirecte

Cette subordonnée s'enchâsse dans le prédicat de la phrase, où elle remplit la fonction de complément du verbe. Elle exprime une valeur d'intensité. Son subordonnant est un marqueur d'intensité, c'est-à-dire un déterminant exclamatif (*quel*), un adverbe exclamatif (*combien*, *si*) ou une locution exclamative (*ce que*). Selon le degré d'intensité exprimé dans la phrase matrice, on termine la phrase par un point ou un point d'exclamation.

> *J'ai compris **combien l'étape de réécriture était capitale dans toute entreprise littéraire**.*
>
> *Vous ne saurez jamais **quel bonheur ce livre m'a procuré** !*

Corrigé p. 288

Testez-vous   3.3

Une complétive est enchâssée dans chacune des phrases suivantes. Dites s'il s'agit d'une complétive en *que*, d'une interrogative indirecte ou d'une exclamative indirecte, et indiquez sa fonction.

1 Emma s'étonnait qu'il fût si difficile d'écrire la première phrase d'un roman.

2 Que cela fût si ardu la découragea momentanément.

3 Elle se demandait si elle devait reprendre le premier chapitre.

La subordonnée circonstancielle

La plupart des subordonnées circonstancielles sont introduites par une conjonction de subordination ; celle-ci instaure explicitement entre les phrases jointes un rapport sémantique. Parmi les subordonnées circonstancielles, on distingue celle qui fonctionne comme complément de phrase et celle qui remplit principalement la fonction de modificateur, la subordonnée corrélative.

La subordonnée circonstancielle complément de phrase

La subordonnée circonstancielle est une phrase syntaxique enchâssée dans une autre phrase syntaxique (habituellement la matrice) dont elle devient le CP. Elle peut donc être effacée et déplacée.

CP   sujet   prédicat

***Après que vous aurez lu ces poèmes**, je vous parlerai de leur auteure.*
(après que exprime le temps)

Les valeurs qu'exprime la subordonnée circonstancielle complément de phrase

Le tableau ci-dessous présente les principaux rapports logiques que cette subordonnée entretient avec la matrice. Vous trouverez d'autres conjonctions de subordination aux pages 208 et 209 du chapitre 12.

Rapport sémantique	Exemples
Le temps	*Cet auteur a un site Internet bien pourvu* **maintenant que** *ses ouvrages sont diffusés dans d'autres pays.*
Le but	*Cet organisme a été créé* **pour qu'** *on puisse promouvoir et diffuser les œuvres littéraires québécoises.*

•••

···

La comparaison	*Léa va souvent à la bibliothèque* **comme** *le fait tout bon lecteur.*
La cause	*Les visiteurs sont venus nombreux* **vu que** *le Salon réunit plus de* **deux-cents** *auteurs.*
La condition	*Toute personne peut participer à ce concours* **à condition qu'** *elle n'ait jamais remporté de prix littéraire.*
L'opposition	*Certains préfèrent les auteurs à succès* **tandis que** *d'autres les rejettent.*
La conséquence	*Il a lu deux romans cette semaine,* **de sorte qu'** *il est maintenant à court de lecture.* Notez que le CP de conséquence ne peut pas être déplacé.
L'hypothèse	**Si** *vous alliez à cet atelier d'écriture, vous pourriez en apprendre beaucoup.*
La justification	**Étant donné que** *son nom se prononce difficilement, elle a opté pour un nom de plume.*
La concession	**Même si** *ce recueil de poèmes a été descendu par la critique, il connaît un succès fort honorable.*

AUTRE GRAPHIE
deux cents

AUTRE GRAPHIE
connaît

La subordonnée circonstancielle corrélative

La circonstancielle corrélative est introduite le plus souvent par la conjonction de subordination *que* reliée à un mot de la matrice. Ce mot est soit un adverbe modificateur ou un déterminant indiquant un degré, soit l'adjectif *tel*. La circonstancielle corrélative s'enchâsse dans n'importe quel groupe de la phrase comportant un de ces mots. Elle joue le rôle de modificateur du noyau du groupe dans lequel se trouve l'adverbe, le déterminant ou l'adjectif corrélatif.

> *Ils ont reçu* **tant d'** *éloges* **qu'** *ils sont émus.*
> (modificateur du nom *éloges*)
> *Nous aimons* **tant** *votre livre* **que** *nous le diffuserons en Europe.*
> (modificateur du verbe *aimons*)
> *Elle est* **si** *heureuse de son travail* **qu'** *elle lui offre de traduire ses futurs albums.*
> (modificateur de l'adjectif *heureuse*)
> *Cet illustrateur travaille* **tellement** *vite* **que** *le livre a paru un mois plus tôt que* **prévu**. (modificateur de l'adverbe *vite*)

La subordonnée corrélative, à l'instar des autres éléments modificateurs de la phrase, peut être supprimée mais non déplacée.

Ils ont reçu ø [des] éloges ø.

*Qu'ils sont émus ils ont reçu tant d'éloges.

Les valeurs qu'exprime la subordonnée circonstancielle corrélative

- La comparaison (égalité, supériorité ou infériorité) :

  *Ce chapitre est **mieux** réussi **que vous ne le prévoyiez**.*
  D'autres locutions expriment la comparaison : *moins... que, plus... que, autant... que, davantage... que, autant que, mieux que, tel que,* etc.

- La conséquence :

  *Le ton de cet article est **tellement** sec **qu'il froissera peut-être certains lecteurs**.*
  D'autres locutions expriment la conséquence : *tel... que, si... que, assez... pour que, tant... que, suffisamment... pour que,* etc.

Conseils pour la rédaction

La coordination de subordonnées

Voici ce qu'il importe de retenir au sujet de l'emploi de certaines conjonctions de subordination.

- Lorsque deux subordonnées sont coordonnées, les conjonctions *quand*, *comme* (non comparatif) et *si* (de condition) ne sont habituellement pas répétées mais remplacées par *que*, ce qui permet à la phrase de gagner en légèreté.

  ***Quand** nous avons regardé ce documentaire consacré à la poésie* et ***que** nous avons entendu Michel réciter ses poèmes, nous avons été émus.*

- La conjonction *que* et les marqueurs d'interrogation indirecte se répètent nécessairement.

  *Ève souhaite **que** l'on voie rapidement les figures de style du poème* et ***que** l'on s'attarde davantage au message qu'il contient.*

  *À l'examen, le professeur vérifiera **si** nous savons distinguer les différents courants littéraires* et ***si** nous pouvons analyser un texte littéraire.*

- À l'inverse, on s'abstiendra d'ajouter un *que* après *et* lorsqu'il n'y a pas de *que* ou d'élément correspondant dans la phrase matrice.

  *Il savait **pourquoi** la professeure leur avait présenté ce film* et *leur avait demandé de faire le lien avec leur cours sur la poésie.*

• • •

•••

- Les conjonctions simples et complexes se terminant par *que* (*lors**que***, *parce **que***) ne sont habituellement pas répétées mais réduites à *que*.

  > ***Puisque*** *nous sommes seuls* et ***que*** *vous êtes discrète, je vous dirai tout.*

  > ***Bien qu'*** *il aime l'école* et ***qu'*** *il ait de nombreux talents, Michel est souvent dans la lune.*

- Les conjonctions *quand*, *comme* et *pourquoi* ne sont jamais suivies de *que*.

  > **Nous ignorons pourquoi qu'il a refusé.*

Testez-vous   3.4

Corrigé p. 288

La subordonnée enchâssée dans chacune des phrases suivantes est-elle une circonstancielle complément de phrase ou une circonstancielle corrélative ? Précisez le rapport sémantique que chacune exprime.

1 Cette jeune auteure-compositrice écrit des chansons plus rapidement qu'elle ne compose de la musique.

2 Les thèmes de prédilection de nombre d'écrivains se ressemblent, quoique ces thèmes soient traités différemment.

3 Beaucoup de grands classiques littéraires sont portés à l'écran, de sorte que ces œuvres touchent un vaste public.

▌ La subordonnée infinitive

Cette subordonnée est une phrase dont l'enchâssement ne requiert pas de subordonnant. Elle est formée d'un verbe à l'infinitif ayant son sujet propre.

> *Vous verrez **ces livres se vendre comme des petits pains chauds**.*

Elle s'enchâsse habituellement dans le prédicat de la phrase, où elle remplit la fonction de complément du verbe. Dans l'exemple ci-dessus, elle est complément du verbe *verrez*.

Lorsque le verbe à l'infinitif n'a pas de sujet propre, on dira simplement qu'il forme un groupe verbal infinitif, GVinf (voir le chapitre 4, p. 61) :

> GVinf
> *Il a osé révéler son identité.*

La subordonnée participiale

Cette subordonnée est formée d'un verbe au participe présent ou passé ayant son sujet propre. Comme l'infinitive, elle n'est pas introduite par un subordonnant ; par contre, elle est habituellement détachée du reste de la phrase à l'aide de la virgule. Elle est généralement complément de phrase, mais ne jouit pas de la même mobilité que les autres compléments de phrase.

> ***Luc ayant égaré son recueil de nouvelles**, Paul ne pouvait pas le lui emprunter.*
>
> ***L'année terminée**, Emma et Rosalie échangeaient leurs romans préférés.*

Lorsque le participe présent n'a pas son propre sujet, on dira simplement qu'il forme un groupe verbal participe, GVpart (voir le chapitre 4, p. 61).

> `GVpart`
> *Souffrant d'insomnie, elle écrivait la nuit.*

Quant au participe passé sans sujet propre et sans auxiliaire, c'est un groupe adjectival (GAdj).

> `GAdj`
> *Il évitait la presse, fatigué des entrevues.*

Modes et temps verbaux dans la subordination

Lorsqu'une subordonnée est enchâssée dans une phrase, il y a deux verbes. Il est important de comprendre que le choix du mode et du temps de la subordonnée est souvent déterminé par le verbe de la phrase enchâssante, appelé « verbe principal », ou encore par la conjonction de subordination qui introduit la subordonnée. Le chapitre sur les verbes, p. 173 à 199, vous éclairera quant aux bons choix à faire.

Le Coin des curieux

La subordonnée complétive interrogative indirecte

On l'a vu, le subordonnant introduisant la complétive interrogative est *si* ou un marqueur interrogatif. Plusieurs élèves ont de la difficulté à différencier la phrase interrogative de la subordonnée interrogative indirecte. Voici quelques exemples d'expressions interrogatives qui changent en passant de l'une à l'autre. Notez l'absence du point d'interrogation à la fin de la subordonnée interrogative indirecte.

•••

...

Phrase interrogative	Subordonnée interrogative indirecte
Est-ce que Max a rencontré son auteur préféré ?	Je me demande **si** Max a rencontré son auteur préféré.
Qu'est-ce qui a tant séduit les lecteurs ?	Je me demande **ce qui** a tant séduit les lecteurs.
Qu'est-ce que le comité a décidé ?	Je me demande **ce que** le comité a décidé.
Qui est-ce qui a rédigé cet article ?	Je me demande **qui** a rédigé cet article.
Qui est-ce que Paul a choisi comme coéquipier ?	Je me demande **qui** Paul a choisi comme coéquipier.
Que veut dire Patrick dans son introduction ?	Je me demande **ce que** Patrick veut dire dans son introduction.

À retenir

La jonction de phrases syntaxiques

MODES DE JONCTION	EXEMPLES	CARACTÉRISTIQUES
Coordination	[*Elle est jeune*], mais [*elle a du talent*].	Le coordonnant (conjonction ou adverbe de coordination) joint des **P** de même niveau.
Juxtaposition	[*Venez à son spectacle*] ; [*vous l'aimerez*].	Le signe de ponctuation (, , : ou ;) joint des **P** de même niveau.
Insertion	incise [« *Il faut lire ce recueil* », [*avait insisté Paul*]]. incidente [*Il ne fallait pas*, [*croyait-elle*], *donner trop d'indices au lecteur*].	Une **P** incise (identification de l'émetteur) ou incidente (commentaire de l'émetteur) est introduite dans une autre **P** sans coordonnant ni subordonnant, mais est souvent détachée.
Subordination	[*Le poète* [dont *tu parles*] *a écrit son œuvre* [quand *il habitait Paris*]].	Le subordonnant (conjonction de subordination ou pronom relatif surtout) permet de joindre deux **P** de niveaux différents, par l'enchâssement.

La phrase subordonnée

SUBORDONNÉES	EXEMPLES	CARACTÉRISTIQUES
Relative	[*Le récital* [auquel *j'ai assisté hier*] *était émouvant*].	• introduite par un pronom relatif • fonction : complément du nom ou du pronom
Complétive — en *que*	[*Il affirme* [que *cette écrivaine a vécu au moins cent ans*]].	• introduite par la conjonction de subordination *que* • fonction : habituellement complément du verbe ou d'un adjectif, ou sujet

•••

— interrogative indirecte	[*Je me demande* [quel *est le thème de ce poème*]].	• liée au thème de l'information, du savoir **et** introduite par le subordonnant *si* ou un marqueur interrogatif • fonction : complément du verbe
— exclamative indirecte	[*Je ne saurais te dire* [combien *cette œuvre m'a transformé*]].	• introduite par un subordonnant qui est un marqueur d'intensité • fonction : complément du verbe
Circonstancielle — CP	[[Quand *elle va en Angleterre*], *elle apporte les poèmes de Woodsworth*].	• introduite par une conjonction de subordination • fonction : CP de temps, de but, de cause, de condition, d'opposition, etc.
— corrélative	[*Il a* **tant** *lu ces vers* [qu' *il peut les réciter par cœur*]].	• introduite habituellement par la conjonction *que* reliée à un mot de la matrice • fonction : modificateur du verbe, de l'adjectif, de l'adverbe ou du nom
Infinitive	[*Nous avons regardé* [*cette femme danser pendant la lecture du poème*]].	• formée d'un verbe à l'infinitif ayant son sujet propre, sans subordonnant • son enchâssement ne requiert aucun subordonnant • fonction : complément du verbe
Participiale	[[*Marc aimant terminer la journée en beauté*], *son père lui lit un conte avant le coucher*].	• formée d'un participe présent ou passé ayant son sujet propre, sans subordonnant • fonction : habituellement CP

4

Les groupes de mots et leurs fonctions

Objectifs

Au terme de ce chapitre, vous devriez pouvoir répondre aux questions suivantes :

▪ Quelles classes de mots servent de noyaux dans les groupes de mots ?

▪ Quels sont les cas où l'ajout d'information au noyau est obligatoire ?

▪ Quelles fonctions les groupes de mots occupent-ils dans une phrase ?

▪ Quelle incidence ont les groupes de mots et leurs fonctions sur leur place dans la phrase, sur les accords et sur la ponctuation ?

Nous avons déjà abordé la notion de groupes de mots sans la développer. Pour en parler, il faut savoir distinguer les différentes classes de mots. Vous pouvez sans doute différencier les noms des verbes : ils n'ont pas du tout les mêmes caractéristiques ; par contre, la confusion fréquente entre un pronom et un déterminant ou entre un déterminant et un adverbe entraine des erreurs comme celles-ci :

AUTRE GRAPHIE
entraîne

> *L'enseignante **leurs** a demandé de lire ces **quelques** vingt pages.*

Par ailleurs, qui consentirait à poursuivre la lecture d'un texte où les accords, incohérents, nuisent à la compréhension ?

> *Leur ouvrages de référence est placés sur la long table.*

Ces erreurs d'accord nuisent à la communication de la pensée. Pour les éviter, vous devez dégager la structure de la phrase, laquelle résulte du rapport entre les groupes de mots et la fonction que chacun remplit. Comprendre la structure de ses phrases permet aussi de bien les ponctuer, quel que soit l'ordre dans lequel les groupes de mots apparaissent.

4.1 Les classes de mots

Une classe de mots est un ensemble de mots qui ont certaines caractéristiques en commun. On peut aussi parler de *catégories* de mots. En français, il existe huit classes de mots. Chacune est étudiée en détail dans la deuxième partie de cet ouvrage. Les classes de mots se répartissent en deux grandes sous-catégories : les mots variables et les mots invariables.

Classes de mots variables		Classes de mots invariables
Donneurs d'accord	Receveurs d'accord	
Le nom	Le déterminant	L'adverbe
Le pronom	L'adjectif	La préposition
	Le verbe	La conjonction

4.2 Les groupes de mots

Un groupe de mots est une unité syntaxique construite autour d'un **noyau**, auquel on peut ajouter des **expansions**. Parmi les huit classes de mots, cinq forment chacune le noyau d'un groupe de mots. C'est le noyau qui donne son nom au groupe.

- Le nom, noyau du groupe nominal (GN)

  GN (sujet)

  Le **centre** d'aide dont elle parle est très apprécié des élèves.

- L'adjectif, noyau du groupe adjectival (GAdj)

  GAdj (attribut)

  Ce projet est **intéressant** pour les forts comme pour les faibles.

- Le verbe, noyau du groupe verbal (GV)

  GV (prédicat)

  Grâce à François, Roberto **a fait** d'importants progrès en ponctuation.

- L'adverbe, noyau du groupe adverbial (GAdv)

  GAdv (modificateur)

  Son tuteur l'encourage **beaucoup**.

- La préposition, noyau du groupe prépositionnel (GPrép)

GPrép (modificateur)

*C'est vrai que Julia travaille **avec** ardeur.*

On constate que chaque groupe de mots, dans les exemples qui précèdent, fonctionne comme une unité, comme un tout. Par exemple, le GN *Le centre d'aide dont elle parle* est sujet de la phrase.

Testez-vous   4.1

Corrigé p. 288

Dites si chacun des mots en caractères gras est noyau d'un groupe et, si oui, duquel.

Le **cours** de mise à niveau **rebute parfois** les élèves. **Ceux-ci** ont l'impression que ce cours les retardera **dans** leur cheminement **scolaire**. Comment leur expliquer qu'une plus grande **maitrise** de la langue écrite facilitera plutôt leur **cheminement** ?

AUTRE GRAPHIE

maîtrise

Les expansions

Les expansions des noyaux sont en fait des groupes de mots (ou des subordonnées qui jouent le rôle d'un groupe de mots). Revenons sur le premier exemple.

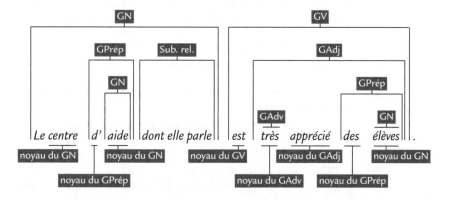

Les expansions elles-mêmes peuvent avoir des expansions ; c'est le cas, notamment, du GAdj *très apprécié des élèves*. Nous retrouvons donc ici le même phénomène que celui dont nous parlions au chapitre 1, celui des poupées russes s'emboitant les unes dans les autres.

AUTRE GRAPHIE

emboîtant

Les expansions obligatoires et les expansions facultatives

En règle générale, on peut ajouter à un noyau autant d'expansions que l'on veut, selon le degré de précision que l'on désire apporter à son énoncé. Voyons un exemple.

Cet élève réfléchit. → *Cet élève motivé, qui veut absolument réussir,*

réfléchit beaucoup.

Toutefois, rappelons que certaines expansions sont obligatoires. Voici les principales.

* Les compléments direct et indirect des verbes transitifs qui exigent un de ces deux compléments

    *Ève dit. (Le verbe *dire* doit avoir un complément direct.)

    *Paul va. (Le verbe *aller* doit avoir un complément indirect.)

* Les attributs des verbes essentiellement attributifs

    *Raphaël devient. (Le verbe *devenir* doit avoir un attribut.)

* Le complément du nom déterminatif

    *J'aime la maison. (Le nom *maison* doit avoir un complément déterminatif.)

Toutes les expansions d'un nom sont compléments de ce nom. Les expansions obligatoires sont des compléments du nom déterminatifs ; les expansions facultatives sont des compléments du nom non déterminatifs. Qu'est-ce qui fait la différence ? Si l'expansion communique une information indispensable pour comprendre ce à quoi renvoie le nom, elle est obligatoire. Sans contexte, par exemple, le lecteur ignore de quelle maison il est question dans l'exemple précédent.

Tout s'éclaire si on ajoute une expansion.

*J'aime la maison **de tes parents**.*

Par contre, dans l'exemple suivant, nous pourrions supprimer les trois autres expansions de ce nom.

*J'aime la **magnifique** maison **blanche** de tes parents **que tu as habitée plusieurs années**.*

Testez-vous   4.2

Corrigé p. 288

À l'intérieur du groupe de mots en caractères gras (un GN), trouvez d'autres groupes de mots, puis distinguez, à l'intérieur de ceux-ci, le noyau et les expansions.

···

> Mirella aime ce nouveau dictionnaire de la langue française parce qu'il contient **une mine de renseignements sur le français parlé et écrit au Québec.**

4.3 Les fonctions des groupes de mots dans la phrase

La plupart des groupes de mots ont une fonction syntaxique dans la phrase. Soit ils forment un des constituants de la phrase et sont donc sujet, prédicat ou complément de phrase, soit ils en font partie et ont une fonction d'attribut, de complément ou de modificateur.

Voici la liste complète des fonctions.

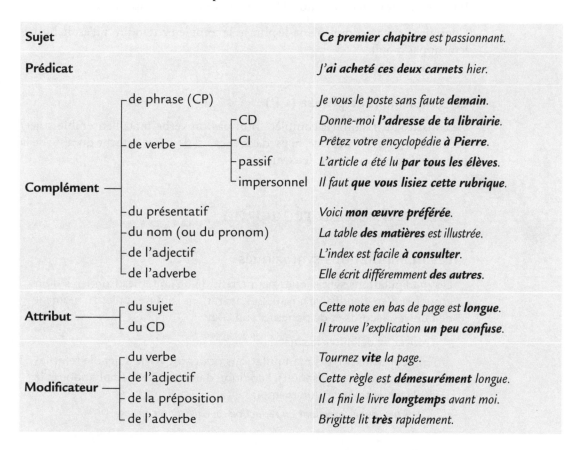

Sujet		*Ce premier chapitre* est passionnant.
Prédicat		*J'ai acheté ces deux carnets* hier.
Complément	de phrase (CP)	*Je vous le poste sans faute* **demain.**
	de verbe — CD	*Donne-moi* **l'adresse de ta librairie.**
	CI	*Prêtez votre encyclopédie* **à Pierre.**
	passif	*L'article a été lu* **par tous les élèves.**
	impersonnel	*Il faut* **que vous lisiez cette rubrique.**
	du présentatif	*Voici* **mon œuvre préférée.**
	du nom (ou du pronom)	*La table* **des matières** *est illustrée.*
	de l'adjectif	*L'index est facile* **à consulter.**
	de l'adverbe	*Elle écrit différemment* **des autres.**
Attribut	du sujet	*Cette note en bas de page est* **longue.**
	du CD	*Il trouve l'explication* **un peu confuse.**
Modificateur	du verbe	*Tournez* **vite** *la page.*
	de l'adjectif	*Cette règle est* **démesurément** *longue.*
	de la préposition	*Il a fini le livre* **longtemps** *avant moi.*
	de l'adverbe	*Brigitte lit* **très** *rapidement.*

▨ Ce qu'il faut retenir au sujet de certaines fonctions

Le sujet

Le sujet est un constituant obligatoire de la phrase et c'est avec son noyau que s'effectue l'accord du verbe — et de plusieurs participes passés.

Le prédicat

Le prédicat est le deuxième constituant obligatoire de la phrase.

Le complément direct du verbe (CD)

Il fait partie du GV, à titre d'expansion du noyau. Il faut savoir le repérer pour accorder correctement certains participes passés. Pour le trouver, on pose la question sujet + verbe + *qui / quoi* ?

Le complément indirect du verbe (CI)

Il faut savoir le différencier du CD pour l'accord du participe passé.

Contrairement au complément de phrase, le complément indirect n'est habituellement pas mobile.

> *De Paris il est revenu.

Le complément de phrase (CP)

Ce constituant facultatif complète non pas un verbe mais l'ensemble sujet/prédicat. Il peut être déplacé, mais, dans ce cas, il doit être détaché du reste de la phrase à l'aide d'une ou de deux virgules.

Conseils pour la rédaction

Les manipulations syntaxiques

Les manipulations syntaxiques permettent de délimiter les frontières d'un groupe et d'en identifier le noyau. Ces opérations sont très utiles au moment de faire les accords et de ponctuer son texte.

- **Trouver et délimiter le sujet**

  On peut utiliser trois manipulations pour trouver le sujet : le remplacement (pronominalisation), l'addition d'un marqueur emphatique et le déplacement. Voyons un exemple.

  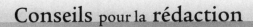

  Les personnes excellant en rédaction connaissent cet ouvrage.

•••

– Le sujet de la phrase est pronominalisable par *elles* (ou *il* [s], *on, nous, vous, ce, ceci, cela*).

Elles *connaissent cet ouvrage.*

– Il peut être encadré par *ce sont... qui* (ou *c'est... qui*).

Ce sont *les personnes excellant en rédaction* **qui** *connaissent cet ouvrage.*

– Le groupe *excellant en rédaction* fait bien partie du sujet parce qu'on ne peut pas le déplacer.

– Pour trouver le noyau du groupe sujet avec lequel l'accord du verbe se fait, on supprime tout ce que l'on peut :

Les **personnes** *connaissent cet ouvrage.*

- **Trouver et délimiter le CD et le CI**

  Tout le groupe CD est pronominalisable par *le (l'), la (l'), les, en, cela* ou *ça*.

  On consulte souvent **le livre que vous nous avez recommandé**. → *On* **le** *consulte souvent.*

  Tout le groupe CI est pronominalisable par *lui, leur, en* ou *y*.

  Elle a conseillé **à son élève** *de faire plus d'exercices.* → *Elle* **lui** *a conseillé de faire plus d'exercices.*

4.4 Les cinq groupes de mots : caractéristiques, fonctions et expansions

Voyons maintenant quelles sont les caractéristiques des cinq groupes de mots, leurs fonctions et les expansions possibles de leur noyau.

Le groupe nominal (GN)

Les caractéristiques du GN

- Le noyau du GN est un nom ou un pronom.

Elle *utilise un nouvel* **ouvrage** *de référence qui est excellent.*

- Le nom est habituellement précédé d'un déterminant, qui n'est pas une expansion du nom et qui ne peut pas être supprimé.

  Elle utilise **un** *nouvel ouvrage de référence qui est excellent.*

- Le nom qui forme le noyau du GN peut avoir une ou plusieurs expansions. Dans notre exemple, il en a trois :

GAdj   GPrép   subordonnée relative

*[…] un nouvel **ouvrage** de référence qui est excellent.*

Les fonctions du GN

Le tableau ci-dessous présente toutes les fonctions que peut remplir le GN dans une phrase.

Fonctions du GN	Exemples
Sujet	***Cet ouvrage** privilégie une approche globale du problème.*
Compl. du nom	*Ces règles concernent la conjugaison, **la bête noire des élèves**.*
Compl. du verbe	*Les élèves ont apprécié **ce manuel**.*
CP	***L'année dernière**, cette grammaire a été enrichie.*
Attribut du sujet	*Pour le rédacteur, un tel livre est un **allié sûr**.*
Attribut du CD	*Les élèves ont surnommé ce manuel « **le dépanneur du rédacteur** ».*

Les expansions du noyau du GN

Le noyau du GN peut avoir les expansions suivantes : un GAdj, un GPrép, un GN, un GVpart et des subordonnées relative et complétive. Toutes ces expansions ont la même fonction : complément du nom (ou du pronom). Dans les exemples suivants, le noyau est en caractères gras et l'expansion est identifiée.

compl. du nom

*Cet ouvrage est un **outil** précieux.*

compl. du pronom

***Celui** qui aime écrire aime aussi lire.*

compl. du nom

*La **structure** de ce manuel est simple.*

Testez-vous   4.3

Corrigé p. 289

Soulignez toutes les expansions du GN dont le noyau est en caractères gras dans la phrase suivante, puis identifiez ces expansions.

Tout rédacteur consciencieux conserve à portée de la main un **dictionnaire** de verbes complet qu'il peut consulter rapidement en tout temps.

Le groupe adjectival (GAdj)

Les caractéristiques du GAdj

- Le noyau du GAdj est un adjectif ou un participe passé employé comme adjectif.

GAdj

*Cette professeure a conçu, avec le soutien **technique et financier** de son*

GAdj   GAdj

*employeur, un très **beau** logiciel consacré à la ponctuation.*

- L'adjectif qui forme le noyau du **GAdj** peut avoir une ou plusieurs expansions. Voyons les expansions dans la phrase donnée en exemple. Notez que l'expansion de *consacré* est obligatoire.

    1er GAdj : […] ***technique et financier*** (aucune expansion)

    2e GAdj : […] <u>*très*</u> ***beau*** (expansion : GAdv)

    3e GAdj : […] ***consacré*** <u>*à la ponctuation*</u> (expansion : GPrép)

Les fonctions du GAdj

Le GAdj peut remplir les trois fonctions présentées dans le tableau suivant.

Fonctions du GAdj	Exemples
Compl. du nom ou du pronom	*Tu négliges ici l'**incontournable** règle d'accord du verbe avec le sujet.* ***Distrait**, tu as omis d'accorder le verbe au pluriel.*
Attribut du sujet	*Ce tableau sur les règles d'accord du participe passé m'est **indispensable**.*
Attribut du CD	*John trouve **très difficile** la prononciation du mot « œil ».*

Les expansions du noyau du GAdj

Le noyau du GAdj peut avoir plusieurs types d'expansions : un GPrép, les pronoms *en* et *y* substituts d'un GPrép, un GAdv et les subordonnées complétive et corrélative. Ces expansions sont des compléments de l'adjectif ou des modificateurs de cet adjectif. Dans les exemples suivants, le noyau est en caractères gras et l'expansion est soulignée.

compl. de l'adj.

*Sébastien est **fier** <u>de ses résultats</u>.*

compl. de l'adj.

*Il me conseille ce logiciel, car il **en** est **satisfait**.*

modificateur de l'adj.

*Cette règle est <u>aussi</u> **simple** <u>que (l'est) l'autre</u>.*

■ Le groupe verbal (GV)

Les caractéristiques du GV

- Le noyau du GV est un verbe conjugué; celui-ci peut être attributif (ayant un attribut) ou non attributif (n'ayant pas d'attribut). (Les verbes attributifs et non attributifs sont décrits au chapitre 11.)

  <u>GV</u>   <u>GV</u>

  *Ce site **est** excellent, car il **répond** à tous nos besoins.*

- Le verbe qui forme le noyau d'un GV peut avoir une ou plusieurs expansions. Dans notre exemple, les deux verbes ont chacun une expansion. Les deux expansions sont obligatoires.

  *[...] **est** <u>excellent</u>* (expansion : GAdj)

  *[...] **répond** <u>à tous nos besoins</u>.* (expansion : GPrép)

L'unique fonction du GV

Le GV ne remplit qu'une fonction, celle de prédicat, constituant obligatoire de la phrase.

Les expansions du noyau du GV

Le noyau du GV peut avoir de nombreuses expansions : un GN, un pronom, un GVinf, un GAdj, un GPrép, un GAdv ou une subordonnée complétive.

Dans le cas des **verbes attributifs**, les expansions ont la fonction d'attribut du sujet, d'attribut du CD ou de modificateur du verbe. Dans les exemples suivants, le noyau est en caractères gras et l'expansion est soulignée.

  *Nombre d'étudiants **trouvent** ces exercices <u>enrichissants</u>.* (attrib. du CD)

  *La vérité **est** <u>que ce site est extraordinaire</u>.* (attrib. du sujet)

  *Plusieurs **deviennent** <u>rapidement</u> des adeptes du site.* (modificateur du verbe)

Dans le cas des verbes **non attributifs**, les expansions sont toutes soit des compléments, soit des modificateurs. Dans les exemples suivants, le noyau est en caractères gras et l'expansion est soulignée.

  *Le professeur **a conçu** <u>un logiciel pour vous</u>.* (CD et CI)

  *Ce dictionnaire **a été réalisé** <u>par une traductrice</u>.* (compl. du verbe passif)

  *Il **fallait** <u>un logiciel accessible à tous</u>.* (compl. du verbe impersonnel)

  *Nous **croyons** <u>que ces exercices peuvent vous aider</u>.* (CD)

  *Ce chapitre **explique** <u>simplement</u> et <u>avec clarté</u> une règle complexe.* (modificateur du verbe)

Le groupe verbal infinitif (GVinf) et le groupe verbal participe (GVpart)

- **GVinf**

  Quand le noyau d'un groupe est un verbe à l'infinitif qui n'a pas de sujet propre, on parle de groupe verbal infinitif. Ce dernier remplit la plupart des fonctions du GN.

  > **AUTRE GRAPHIE**
  > plaît

  > *Travailler avec un logiciel* plaît *à Olivier.* (Le GVinf est sujet.)

  > *Olivier aime **travailler avec un logiciel**.* (Le GVinf est CD du verbe.)

- **GVpart**

  Quand le noyau d'un groupe est un verbe au participe présent qui n'a pas de sujet propre, on parle de groupe verbal participe. Il est habituellement complément du nom.

  > *Olivier, **préférant travailler avec un logiciel**, s'en est procuré un.*

Dans le cas du gérondif (qui est un GPrép formé de la préposition *en* suivie d'un GVpart), il est habituellement CP ou modificateur du verbe.

> ***En travaillant avec un logiciel**, il a créé un beau document.* (CP)

> *Il écrit **en consultant son logiciel**.* (modificateur du verbe)

Conseils pour la rédaction

Attention à l'anacoluthe !

> **AUTRE GRAPHIE**
> enchaînement

L'anacoluthe se produit lorsqu'il y a rupture dans l'enchaînement des constituants de la phrase, ce qui nuit à la compréhension de cette dernière. Voici la règle à respecter pour éviter cette erreur de syntaxe.

Bien que le verbe à l'infinitif ou au participe présent n'ait pas de sujet propre exprimé dans la phrase, il en a un sous-entendu et celui-ci doit être le même que celui du verbe principal de la phrase.

GVinf   verbe principal
*_Après avoir visité la bibliothèque_, celle-ci a été rénovée, ai-je constaté.
(sujet sous-entendu : je)   (sujet : la bibliothèque)

Il faudrait plutôt écrire : *Après avoir visité la bibliothèque, j'ai constaté que…*

> **Étant détraqué, Olivier a dû remplacer son ordinateur.*

Cette phrase laisse entendre que c'est Olivier qui est détraqué. Corrigeons-la :

> *Étant détraqué, l'ordinateur d'Olivier a dû être remplacé.*

Le groupe adverbial (GAdv)

Les caractéristiques du GAdv

- Le noyau du GAdv est un adverbe.

  GAdv

  ***Souvent**, les élèves utilisent des logiciels de correction, espérant réviser*

  GAdv   GAdv

  ***rapidement** leurs travaux, mais ces logiciels **très** sophistiqués, qui se*

  GAdv   GAdv

  *vendent si **bien**, ne peuvent exécuter **efficacement** toutes les opérations*

  complexes que la langue exige.

- Le noyau du GAdv peut avoir une ou plusieurs expansions.

  *[...] qui se vendent si **bien** [...]* (expansion : GAdv)

Les fonctions du GAdv

Le GAdv peut remplir toutes les fonctions suivantes.

Fonctions du GAdv	Exemples
CP	*Je t'apporterai ce logiciel **demain**.*
Compl. du verbe	*Marc est allé **là-bas** pour travailler sur le logiciel.*
Attribut du sujet	*Cet exemple est **bien**.*
Modificateur du verbe	*L'astérisque signale **clairement** que la phrase est agrammaticale.*
Modificateur de l'adjectif	*Nous sommes **extrêmement** impressionnés par cet ouvrage.*
Modificateur de la préposition	*Il nous a manqué **longtemps** après son départ, cet élève.*
Modificateur du déterminant	*Il était **presque** trois heures lorsqu'elle est partie.*
Modificateur d'un autre adverbe	*Ton logiciel est **très** bien, mais je préfère le mien.*

Les expansions du noyau du GAdv

Le noyau du GAdv n'a que trois expansions possibles : un autre GAdv, une subordonnée corrélative ou un GPrép. Ces expansions peuvent occuper deux fonctions : modificateur ou complément de l'adverbe. Dans les exemples suivants, le noyau est en caractères gras et l'expansion est soulignée.

*J'apprends très **vite** avec ce logiciel.* (modificateur de l'adv.)

*Tu écris **différemment** de moi.* (compl. de l'adv.)

Le groupe prépositionnel (GPrép)

Les caractéristiques du GPrép

- Le GPrép contient obligatoirement une préposition et le groupe de mots qu'elle introduit.

  *L'élève relisait son texte **avec** difficulté, **sans** voir ses erreurs.*

- Contrairement aux autres groupes, le GPrép ne peut pas être réduit à la seule préposition.

  *L'élève relisait son texte avec ø, sans ø.

- La préposition peut être suivie de plusieurs groupes de mots différents. Dans notre exemple, elle est suivie d'un GN et d'un GVinf.

  1er GPrép : ***avec** difficulté* (GN)

  2e GPrép : ***sans** voir ses erreurs* (GVinf)

Les fonctions du GPrép

Le GPrép peut remplir toutes les fonctions suivantes.

Fonctions du GPrép	Exemples
CP	*Vous trouverez la règle que vous cherchez **dans ce chapitre**.*
Compl. du verbe	*Mary est allée **à Jonquière** pour pratiquer son français.*
Compl. du verbe passif	*Peu de fautes sont commises **par les rédacteurs attentifs**.*
Compl. du nom	*Plusieurs règles **de grammaire** ont trait… au trait d'union.*
Compl. du pronom	*J'ai conseillé à plusieurs **de mes amis** de se procurer ce logiciel.*
Compl. de l'adjectif	*Ce Néoquébécois est heureux **de découvrir les québécismes**.*
Compl. de l'adverbe	*Il n'aime pas habiter loin **de la ville et des bibliothèques**.*
Attribut du sujet	*Le nom pétale n'est peut-être pas **du genre que vous croyez**.*
Attribut du CD	*Son collègue estime ce manuel **de toute première nécessité**.*
Modificateur du verbe	*Il a expliqué **avec clarté** la différence entre les deux mots.*

AUTRE GRAPHIE

néo-Québécois

Les groupes de mots que la préposition peut introduire

La préposition sert essentiellement à introduire d'autres groupes de mots : un GN, un GAdv, un GVpart, un GPrép et un GVinf. Ces groupes de mots et la préposition qui les introduit forment le GPrép, qui remplit les fonctions énumérées dans le tableau précédent.

Le GPrép peut avoir une expansion, peu fréquente, lorsqu'un GAdv s'insère dans le GPrép et joue le rôle de modificateur du GPrép, comme dans l'exemple suivant.

*Elle a reçu sa note <u>longtemps</u> **après la fin du cours**.*

Testez-vous   4.4

Corrigé p. 289

Dans le texte qui suit, identifiez d'abord les groupes de mots en caractères gras et leur noyau, puis donnez la fonction de ces groupes. Ensuite, repérez les expansions des noyaux et donnez la fonction de chacune d'elles.

Dans ce répertoire, plusieurs thèmes (1) **sont abordés**, notamment l'orthographe, la conjugaison, la grammaire et la rédaction. (2) **Ceux qui ont l'esprit ludique** y (3) **trouveront aussi des jeux linguistiques de toutes sortes**. Y sont aussi répertoriées (4) **les publications pouvant intéresser élèves et enseignants du collégial**.

4.5   L'ordre des groupes de mots dans la phrase

Dans la phrase, les groupes de mots occupent chacun une place qui est déterminée par les règles de la syntaxe. Ces règles elles-mêmes sont régies par la fonction que remplissent ces groupes de mots dans la phrase. Cet ordre grammatical peut toutefois être bousculé par l'ordre logique des faits ou encore parce que le rédacteur désire créer un effet stylistique.

▮ L'ordre habituel des groupes de mots dans la phrase

Dans une phrase conforme au modèle de base, les groupes de mots se placent habituellement dans l'ordre suivant, en tenant compte de leur fonction syntaxique.

<u>sujet (GN)   prédicat (GV)   CP (GPrép)</u>
Plusieurs élèves utilisent ce dictionnaire dans notre classe.

Si l'on tient compte des expansions à l'intérieur du groupe verbal, voici l'ordre que l'on obtient:

<u>sujet   verbe + attribut</u>
Ces ouvrages sont très différents.

ou

<u>sujet   verbe + CD + CI   CP</u>
Elle a offert un dictionnaire à son meilleur élève hier.

▉ Le déplacement du CP dans la phrase

- Les raisons qui motivent le choix d'une place plutôt qu'une autre pour le CP, dans la phrase, sont habituellement d'ordre logique ou chronologique.

  *Au milieu du livre se trouve un signet. **Sur ce signet** figure un nom.*

  (Le CP placé au début de la seconde phrase nous permet de faire la liaison avec la phrase précédente.)

  ***Après comparaison**, on constate que ces deux dictionnaires ont chacun leurs particularités.*

  (Le CP est en début de phrase pour présenter les faits de façon chronologique.)

- Lorsqu'une phrase contient plusieurs compléments de phrase, on tentera de les distribuer de façon harmonieuse ou de les disposer selon un ordre logique.

  ***Il y a plusieurs années**, Lisa, **alors qu'elle était encore au secondaire**, avait gagné un dictionnaire des noms propres.*

  ***Dans cette encyclopédie, à la page 641, dans la colonne du centre**, j'ai aperçu, **hier**, la mauve, cette jolie fleur qui donne son nom à une couleur.*

- Lorsqu'un des compléments dans la phrase (CP, CD ou CI) est très étendu, il est préférable de le placer à la fin.

  *On trouve, **dans ce dictionnaire**, l'étymologie des mots, leur prononciation, des synonymes et des antonymes, des contextes d'utilisation, etc.* (CD placé après le CP)

▉ Les compléments du verbe à l'intérieur du GV

Les compléments du verbe font partie intégrante du GV et doivent généralement rester à proximité du verbe.

- Lorsque le CD est un GN dont le noyau est un **nom**, il se place habituellement avant le CI.

  Elle a offert ce dictionnaire à Luis parce qu'il désire parfaire son français.

  Cependant, lorsque le CD est très étendu, il est préférable de le placer après le CI.

  Elle a offert à son petit-fils ce dictionnaire qu'elle avait acheté à Paris.

- Lorsque le complément est un pronom personnel, il occupe une place différente selon qu'il est CD ou CI (voir les détails à la page 158).

Le modificateur du verbe à l'intérieur du GV

Dans le cas du GAdv modificateur du verbe dans le GV, l'adverbe peut se placer entre l'auxiliaire et le verbe, après le verbe ou parfois à la fin du groupe verbal.

*Elle a **longuement** réfléchi au sens de ce mot.*

*Elle a réfléchi **longuement** au sens de ce mot.*

*Elle a réfléchi au sens de ce mot **longuement**.*

Le Coin des curieux

Viser la clarté

AUTRES GRAPHIES

enchaînement
sûrement

Nous avons évoqué, plus tôt, la nécessité d'éviter les ruptures dans l'enchaînement des constituants de la phrase, notamment dans le cas du GVpart. Voici d'autres cas à surveiller.

- On place la subordonnée relative près du nom qu'elle complète, puisqu'elle en est une expansion.

  Je me suis procuré cette vieille édition chez un jeune libraire **qui a au moins soixante ans.*

  Ce n'est surement pas le jeune libraire qui a soixante ans. Reformulons la phrase.

  *Je me suis procuré cette vieille édition, **qui a au moins soixante ans**, chez un jeune libraire.*

- Lorsqu'il y a plus d'un complément du nom, on place les compléments de façon à ne pas nuire à la compréhension de la phrase.

  compl. du nom   compl. du nom

  Son explication **de la règle éclairante m'a réjouie.*

  Comme c'est l'explication qui est éclairante, non la règle, on écrira plutôt:

  *Son explication **éclairante de la règle** m'a réjouie.*

- On place le GAdj près du mot qu'il complète, d'autant plus si c'est un participe passé employé comme adjectif, pour assurer la cohérence sémantique de la phrase.

  Conçu pour la rédaction, votre élève aimera le nouvel ouvrage.*

  Ce n'est pas l'élève qui est conçu pour la rédaction, mais le nouvel ouvrage.

  Conçu pour la rédaction, ce nouvel ouvrage plaira à votre élève.*

- On enchâsse la subordonnée CP au bon endroit dans la phrase, selon le sens, en utilisant la ponctuation appropriée.

  *Il leur assura, lorsque le trimestre serait terminé, que leur vocabulaire se serait enrichi.   •••

La subordonnée *lorsque le trimestre serait terminé* n'est pas le CP de l'ensemble sujet-prédicat de la matrice *Il leur assura*, mais celui de l'ensemble sujet-prédicat de la subordonnée complétive *que leur vocabulaire se serait enrichi*. Il faudrait donc plutôt écrire :

*Il leur assura **que leur vocabulaire se serait enrichi lorsque le trimestre serait terminé**.*

ou

*Il leur assura que, **lorsque le trimestre serait terminé**, leur vocabulaire se serait enrichi.*

À retenir

Les groupes de mots et leurs fonctions

Groupes de mots

Noms des groupes	Classes de mots formant le noyau du groupe	Exemples	Fonctions du groupe
Groupe nominal (GN)	Nom ou pronom	*Prends **ce cahier de notes**.*	Sujet, compl., attribut
Groupe verbal (GV)	Verbe	*Elle **a rangé ses livres**.*	Prédicat
Groupe adjectival (GAdj)	Adjectif	*Voici une **bonne** grammaire*	Compl., attribut
Groupe adverbial (GAdv)	Adverbe	*Ce chapitre est **très** détaillé.*	Compl., attribut, modificateur
Groupe prépositionnel (GPrép)	Préposition	*Il a acheté ceci **à Paris**.*	Compl., attribut, modificateur

Expansions du noyau dans les groupes de mots

Expansions obligatoires	Expansions facultatives

• Complément du verbe transitif
  *Elle complète. → *Elle complète **l'exercice**.*
• Attribut du verbe essentiellement attributif
  *Max semble. → *Max semble **studieux**.*
• Complément du nom déterminatif
  *L'ami viendra → *L'ami **de Paul** viendra.*
	• Tout ce que l'on ajoute au noyau et qui n'est pas une information essentielle.
	  *Lis **vite** ce livre : il est **très** intéressant.*
	  *Cet ouvrage, **que je consulte souvent**, se vend peu cher.*
	• Complément du nom non déterminatif
	  ***Bondée**, la **grande** bibliothèque demeurait silencieuse.*

Fonctions des groupes de mots

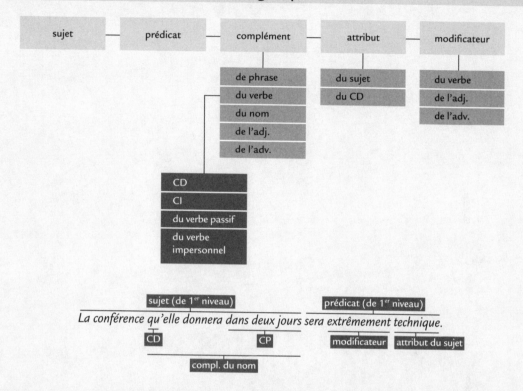

Ordre des groupes de mots dans la phrase

Ordre habituel des groupes de mots dans la phrase

Sujet + Prédicat + (CP)

V + CD + CI (Le CD et le CI restent habituellement à l'intérieur du GV)

> *Gina a prêté ce manuel à Don avant-hier.*

Le CP peut être déplacé, mais il faut alors le détacher.

> ***Avant-hier**, Gina a prêté ce manuel à Don.*

Les **pronoms** CD et CI se placent avant ou après le verbe, selon le type de la phrase, et occupent une place différente selon qu'ils sont CD ou CI.

> *Elle **le lui** a prêté.*

5 La ponctuation

Objectifs

Au terme de ce chapitre, vous devriez pouvoir répondre aux questions suivantes :

▪ Comment choisir le signe de ponctuation approprié ?

▪ Quand doit-on utiliser la virgule ?

▪ Où doit-on mettre un point-virgule ? un deux-points ?

L a ponctuation, on le sait, en indispose plus d'un. On la traite de capricieuse, d'aléatoire, de difficile, voire d'incompréhensible. Il y a trop de signes de ponctuation et... trop de règles !

Plusieurs, de guerre lasse, ont renoncé à l'apprivoiser et se contentent, quand ils rédigent, d'insérer une virgule ici, un point-virgule là. Ils agissent ainsi à la manière d'un peintre amateur qui ajouterait à son tableau terminé quelques touches de vert ou de bleu, pensant que cela fera plus beau, plus artistique. La comparaison que nous venons d'établir n'est pas gratuite : la ponctuation est une forme d'art de la langue écrite.

Nous essaierons ici de démythifier la ponctuation. Pour ce faire, nous expliquerons son utilité et son importance, et nous dégagerons les grandes règles de base qui régissent son emploi. Ces règles ne sont pas aléatoires ; au contraire, elles s'inspirent d'une logique qu'il suffit de reconnaitre et de vouloir comprendre.

AUTRE GRAPHIE
reconnaître

5.1   Le rôle de la ponctuation

Lisez le texte qui suit à voix haute.

> *On avait offert à la petite à Noël un billet pour sa première pièce de théâtre on avait cependant oublié combien Québec était loin et l'hiver rigoureux il fallut partir de bon matin les chemins étaient enneigés et l'oncle de Clara le météorologue attitré de la famille avait prédit une tempête tempête qui allait laisser au moins vingt-cinq centimètres de neige dans l'après-midi il avait été catégorique je vous le dis on ne verra ni ciel ni terre emmitouflés sous les couvertures Clara et ses parents quittèrent le village le jour se levait à peine la mère s'inquiéta tout à coup as-tu apporté les beignets et le café le chat lui as-tu laissé assez de nourriture petite luttant contre le sommeil celle-ci répondit oh le père dut faire demi-tour déçu de perdre quelques précieuses minutes les beignets étaient restés sur le comptoir et le chat se pourléchant les babines semblait attristé de ce retour impromptu*

À bout de souffle ?

- **La ponctuation aide le lecteur à respirer.**

  La virgule, le point-virgule et le point marquent une pause et permettent ainsi au lecteur (et au texte !) de respirer.

- **La ponctuation délimite la phrase et les éléments à l'intérieur de celle-ci.**

  La ponctuation, parce qu'elle aide à structurer la phrase et, par le fait même, la pensée, contribue à rendre plus clair, plus compréhensible le message écrit.

- **La ponctuation traduit les intonations de la langue parlée, les émotions et le langage non verbal.**

  Qu'arrive-t-il lorsque vous posez une question à quelqu'un ? Votre ton monte à la fin de la phrase. La ponctuation est la transposition écrite du ton que vous utilisez en parlant.

5.2   Les signes de ponctuation marquant la fin de la phrase graphique

Quatre signes de ponctuation servent à marquer la fin de la phrase graphique. Ce sont le point, le point d'interrogation, le point d'exclamation et les points de suspension.

Le point

- Le point termine une phrase graphique complète, laquelle ne contient qu'une idée.

  Il fallait se hâter, car le spectacle allait commencer.

- Le point termine la phrase de type déclaratif et la plupart des phrases de type impératif.

  Quand le rideau se lève, c'est l'instant magique.

  Laisse la magie t'emporter.

- Le point se fond aux points de suspension et au point abréviatif à la fin d'une phrase ; il ne s'y ajoute pas.

  J'aurais tant voulu que tu voies ce comédien sur scène... Tu en aurais eu le souffle coupé.

  Il y a eu une ovation monstre, des sifflements, des cris, etc.

Le point d'interrogation

- Le point d'interrogation s'emploie à la fin d'une phrase de type interrogatif, c'est-à-dire qui contient une marque d'interrogation.

  ***Quelle** est la première pièce de théâtre que vous avez vue ?*

- Il peut s'employer dans toutes les phrases qui servent à poser une question, quelle que soit leur construction.

  Vous avez vu cette pièce dans la mise en scène de mon père ?

  (phrase déclarative ayant une valeur interrogative)

- On met habituellement une majuscule après un point d'interrogation, sauf si celui-ci ne termine pas la phrase.

  Avez-vous été emballé par cette œuvre ? Moi, je l'ai adorée.

  « Est-ce que cette pièce changera ma vie ? » lui demande-t-elle.

- Il faut éviter de mettre un point d'interrogation à la fin d'une subordonnée interrogative indirecte.

  Esteban se demandait si les comédiens seraient présents à la fête.

Le point d'exclamation

- Le point d'exclamation s'emploie à la fin d'une phrase de type exclamatif, c'est-à-dire qui contient un marqueur exclamatif.

  ***Quelle** performance avait livrée cette jeune comédienne !*

- Il s'utilise dans toutes les phrases qui ont une valeur exclamative, quelle que soit leur construction.

  Vous ne voudrez absolument pas manquer ce spectacle ! (phrase déclarative)

  Achetez vos billets le plus tôt possible ! (phrase impérative)

- On met habituellement une majuscule après un point d'exclamation, sauf si celui-ci ne termine pas la phrase.

  « Quel spectacle ! » s'était-elle exclamée lors de la première.

- Dans le cas d'une **interjection** ou d'une **onomatopée**, on met une majuscule après le point d'exclamation si ce qui suit l'exclamation commence une nouvelle phrase.

  *Quoi ! **T**u as vu cette pièce à Londres ?*

  *Eh ! **c**hanceux que tu es !*

Les points de suspension

Les points de suspension sont l'objet d'un curieux paradoxe : ils plongent le lecteur dans le silence, puisqu'ils annoncent qu'une phrase ou une idée reste en suspens. Ce même silence peut cependant devenir très éloquent parce qu'il est souvent chargé de sous-entendus, d'allusions, d'émotions diverses qui ne sont pas explicitement exprimées.

Les points de suspension sont un petit bijou d'invention pour qui sait les exploiter : ils permettent de traduire une gamme très variée de pensées et de sentiments. Toujours au nombre de trois, les points de suspension servent à indiquer les aspects suivants dans le discours écrit.

- Le doute, l'hésitation, l'indécision

  Je ne sais plus…

- Le sous-entendu, l'allusion

  Il a dit que sa troupe amateur l'avait expulsé parce qu'il était trop bon…

AUTRE GRAPHIE

événement

- La parole coupée (par le locuteur lui-même, son interlocuteur ou un évènement extérieur)

  — Mais, je vous jure que…

  — Ne jurez pas, sinon…

  Avant qu'il ait terminé, les lumières s'éteignirent et chacun regagna sa place.

- La continuation d'une énumération (les points de suspension remplacent alors *etc.*)

  Tout lui avait plu : la mise en scène, le jeu des comédiens, les décors, la musique…

- La discrétion, concernant le nom d'une personne

  Mon pouls s'accéléra quand j'aperçus, de ma loge, P…

- La pudeur, la bienséance

  Il traversa la scène, se retourna vers ses juges et les traita de c…

Un point d'interrogation ou un point d'exclamation peuvent être suivis de points de suspension. Une telle ponctuation est caractéristique d'une écriture expressive.

« Quoi ?… Quelle affaire !… Vous en êtes sûr ? »

Les points de suspension et ***etc.*** ne font pas bon ménage. Dans une énumération, les points de suspension ont le sens de *ainsi de suite*, comme *etc*. Il y a donc redondance si vous utilisez les deux.

Les points de suspension sont également utilisés à **l'intérieur de la phrase graphique** pour les raisons évoquées précédemment, et aussi pour créer un effet de surprise ou pour indiquer que des mots ont été supprimés dans une citation. Lorsque les points de suspension séparent deux phrases juxtaposées, on les fait suivre d'une virgule ou d'un point-virgule.

> *Le personnage niait tout : les tromperies, les petits larcins et… son esprit fourbe.*
>
> *Je crois… euh… qu'il a ajouté : « […] j'ai été remué par ce qu'a dit C… ; elle m'a percé à jour. »*

5.3 Les signes de ponctuation à l'intérieur de la phrase graphique

La ponctuation sert aussi à organiser les groupes de mots à l'intérieur des phrases graphiques ; pour ce faire, on utilise principalement la virgule, le point-virgule et le deux-points.

La virgule

La virgule est le signe de ponctuation le plus souvent et, malheureusement, le moins bien utilisé. Elle sert essentiellement à :

- juxtaposer, dans la phrase, des éléments qui ont la même fonction ;
- marquer la coordination, dans la phrase, des éléments qui ont la même fonction ;
- détacher des éléments qui le requièrent ;
- signaler un effacement.

Juxtaposer, dans la phrase, des éléments qui ont la même fonction

La juxtaposition consiste à mettre côte à côte des groupes de mots remplissant la même fonction syntaxique dans la phrase ou des phrases syntaxiques de même niveau. Cette juxtaposition se fait notamment avec la virgule et concerne surtout l'**énumération**.

> ***L'auteure, le traducteur, le metteur en scène*** *et le comédien ne voyaient pas les choses de la même façon.*
>
> (quatre GN formant le sujet de la phrase, dont trois juxtaposés)

AUTRE GRAPHIE

déplaît

*Cette affirmation, **fausse**, **espiègle**, ne nous déplait pas !*

(deux GAdj juxtaposés compléments du nom)

*C'est un dramaturge **qui a signé plusieurs mises en scène, qui a enseigné à l'École nationale de théâtre, qui a fait de la télévision**.*

(trois phrases subordonnées relatives compléments du nom)

Marquer la coordination, dans la phrase, des éléments qui ont la même fonction

La coordination, à l'instar de la juxtaposition, ne s'effectue qu'entre des groupes de mots remplissant la même fonction syntaxique dans la phrase ou entre des phrases syntaxiques de même niveau. La virgule vient marquer cette coordination. Il y a plusieurs choses à retenir concernant l'utilisation de la virgule avec la coordination.

- À l'intérieur de la phrase, les coordonnants sont généralement précédés d'une virgule, sauf **et**, **ou** et **ni**.

   *Je ne connais pas ce metteur en scène**, mais** le découvrir m'intéresserait.*

   *Je ne connais pas ce metteur en scène **ni** cet auteur.*

AUTRE GRAPHIE

disparaître

Cette virgule peut disparaitre dans les cas suivants.

- – Lorsque le coordonnant est suivi d'un groupe de mots (CP, phrase incidente, etc.) qui est lui-même encadré par des virgules.

AUTRE GRAPHIE

coûts

   *Elle est une femme-orchestre **car, pour réduire les couts de production de sa pièce,** elle en a réalisé la mise en scène et interprété le rôle principal.*

- – Lorsque ce qui suit le coordonnant est court.

   *Le spectacle pour lequel vous nous aviez offert des billets était court **mais intense**.*

- – Lorsque le coordonnant est un adverbe de coordination qui suit immédiatement le verbe.

   *Gino s'est présenté à l'audition ; il savait **pourtant** qu'on cherchait un comédien ayant au moins deux fois son âge.*

- On utilise la virgule pour isoler les adverbes de coordination, les modalisateurs (voir p. 242) et les organisateurs textuels (voir p. 240).
  - – En début de phrase, ils sont suivis d'une virgule.

AUTRE GRAPHIE

chaînes

   *Le téléthéâtre est de retour ! **En effet,** deux chaines de télévision présenteront sous peu cinq grandes œuvres du répertoire québécois.*

   On évitera cependant de mettre une virgule après les coordonnants en tête de phrase s'il y a inversion du sujet. Ce peut être le cas avec *aussi, ainsi, aussi bien, encore, à plus forte raison, à peine, du moins, peut-être* et *sans doute*.

   ***Aussi** désirons-nous absolument voir cette comédie musicale.*

- En milieu de phrase, par exemple entre le sujet et le verbe, le verbe et l'attribut, on les encadre par des virgules.

  *Il ne fallait pas, **en effet,** soulever l'ire de ce comédien.*

  (entre le verbe impersonnel et son complément)

- Les coordonnants *et*, *ou* et *ni* ne sont pas précédés d'une virgule, sauf dans les cas suivants.

  - Lorsqu'ils sont utilisés trois fois et plus.

    *Il était **et** auteur dramatique, **et** metteur en scène, **et** comédien.*

    *Elle affirme qu'elle n'a jamais joué **ni** ici, **ni** à Montréal, **ni** à Québec.*

  - Lorsque les termes coordonnés sont longs et complexes.

    *Nous ne doutons pas que vous nous accompagneriez avec grand plaisir au Bic l'été prochain pour voir ce petit bijou de spectacle dont on a tant vanté les mérites, **et** que vous aimeriez y amener vos parents.*

  - Lorsque *et* coordonne deux phrases syntaxiques dont la première contient déjà ce coordonnant. La virgule indique au lecteur que ce qui suit ne se rapporte pas aux éléments qui précèdent.

    *Pour ses quarante ans, Sophie avait réuni ses parents et ses amis, **et** elle leur avait présenté une création toute personnelle.*

  - Lorsqu'il y a coordination de deux phrases syntaxiques n'ayant pas le même sujet.

    *Elle devait partir en tournée, **et** son chat n'avait toujours pas de gardien.*

Détacher des éléments qui le requièrent

Certains éléments placés au début ou à la fin de la phrase doivent être détachés par une virgule. Lorsqu'ils sont insérés au milieu de la phrase, ils sont encadrés par des virgules.

Complément de phrase

Dès que l'on déplace le complément de phrase, on doit en tenir compte dans la ponctuation.

- Si le CP est au début de la phrase, il est suivi d'une virgule.

  ***L'hiver dernier,** Adriana a participé à un concours d'œuvres dramatiques.*

  Si le CP est très court, on peut choisir de ne pas mettre de virgule.

  ***Hier** nous avons reçu plusieurs commentaires favorables de nos auditeurs.*

  Lorsque le CP est suivi du verbe placé par inversion devant le sujet, on omet la virgule.

  ***À ce moment précis de la pièce** survient l'épreuve ultime.*

- Si le CP est placé au milieu de la phrase, il est encadré par des virgules.

  *Sam, **parce qu'il croit en son talent,** lui a suggéré de participer au concours.*

Autre graphie

disparait

Lorsque le CP au milieu de la phrase suit un subordonnant et que la voyelle finale de ce subordonnant est élidée, la première virgule disparait, ou les deux.

  *Nous pensons **qu'avec un peu de chance,** il réussira l'audition.*

  *Nous pensons **qu'avec un peu de chance** il réussira l'audition.*

Si la voyelle finale du subordonnant n'est pas élidée, on conserve les deux virgules.

  *Nous pensons **que, avec un peu de chance,** il réussira l'audition.*

Éléments sans fonction syntaxique

Cinq éléments sont en cause : l'apostrophe, l'élément mis en évidence au début ou à la fin de la phrase emphatique, l'organisateur textuel, le groupe de mots incident ou la phrase incidente et la phrase incise.

- L'apostrophe

  *Tu sais, **Myriam,** que le seul théâtre que fréquente Étienne est le théâtre d'été.*

- L'élément emphatique

  ***Cette première,** je ne l'oublierai jamais.*

- L'organisateur textuel

  ***Deuxièmement,** nous nous entretiendrons avec les comédiens.*

- Le groupe de mots incident

  *Nous ne pourrons pas, **et nous le regrettons,** assister à la première.*

Autres graphies

disparait
préférera

Lorsqu'il y a élision de la voyelle finale du subordonnant devant l'élément incident ou l'organisateur textuel, la première virgule disparait, ou les deux.

  *Mona pense **qu'évidemment,** elle préférera Shakespeare.*

  *Mona pense **qu'évidemment** elle préférera Shakespeare.*

- La phrase incise

  *« Je le sais, **répond-il,** tu me l'as déjà dit. »*

  *« Je le sais, tu me l'as déjà dit », **répond-il**.*

Lorsqu'on rapporte un discours direct, il arrive souvent que la virgule précédant habituellement l'incise tombe et cède sa place à une ponctuation plus forte (comme le point d'interrogation ou le point d'exclamation) demandée par le sens de la phrase.

  « Quelle coïncidence, tout de même ! » avait-il répliqué.

Éléments ayant une valeur explicative

Autre graphie

reconnaitre

Ces éléments ne sont pas essentiels au sens de la phrase. Ils pourraient être effacés sans que cela affecte le sens ou la structure de la phrase. Il est très important de les reconnaitre parce qu'il faut toujours les détacher par une ou deux virgules.

- Expansions du noyau du GN qui sont des compléments non déterminatifs

  - Subordonnée relative explicative

    *Cette pièce, **que j'aurais revue avec plaisir,** n'est plus à l'affiche.*
    (On ne détache pas, par contre, la subordonnée relative déterminative :
    *La troupe **à laquelle nous appartenons** part en tournée.*)

  - GN non déterminatif

    *Cette dramaturge, **une femme très discrète,** est notre voisine.*

  - Plusieurs GAdj non déterminatifs

    *Antonine Maillet, **née au Nouveau-Brunswick,** a créé la Sagouine.*

    Soulignons que plusieurs GAdj non déterminatifs ne sont pas détachés du nom qu'ils complètent.

    *La **vaste** scène ressemblait à un désert.*

    Toutefois, si l'adjectif est déplacé devant le déterminant, il sera détaché.

    ***Vaste,** la scène ressemblait à un désert.*

  - GVpart non déterminatif

    ***Désirant devenir comédien,** Max s'inscrit à l'École nationale de théâtre.*

    Précisons que tous les compléments du nom placés au début de la phrase ou hors du GN dont ils font partie sont non déterminatifs et doivent être détachés par une virgule.

    ***Confiante,** la comédienne a joué mieux que jamais.*

    *Elle avait quitté le théâtre précipitamment, **victime d'un malaise.***

- Subordonnée exprimant la concession ou la justification

  Le CP, qui est souvent formé d'une subordonnée, fournit des renseignements sur le cadre de l'action. Or, certains CP expriment plutôt la concession et la justification ; dans ce cas, la subordonnée est détachée du reste de la phrase. C'est souvent le cas des subordonnées introduites par *même si, malgré que, bien que, alors que, puisque, quoique, quoi que, tandis que, comme, vu que, attendu que,* etc.

    *Elle fait partie d'une troupe de théâtre amateur, **même si elle a peu de temps libre.***

- Coordonnants et prépositions à sens explicatif

  Certains coordonnants servent à préciser la pensée, dont *c'est-à-dire, à savoir, soit, voire, autrement dit, notamment, en d'autres termes, et ce, et cela.* Il en va de même pour certaines prépositions comme *sauf, excepté,* etc.

    *La critique a été élogieuse, **voire** dithyrambique, à leur égard.*

    *Tous ont salué l'originalité de cette création, **sauf** le critique de votre journal.*

Signaler un effacement

L'ellipse est utilisée lorsqu'on veut éviter une répétition inutile, surtout celle d'un verbe. La présence de la virgule signifie au lecteur que le mot a été omis intentionnellement.

> *Le Théâtre du Nouveau Monde est situé rue Sainte-Catherine à Montréal ; le Théâtre d'Aujourd'hui, rue Saint-Denis.*

Conseils pour la rédaction

Les nuances qu'apporte la virgule

Lorsque vous écrivez, vous devez être conscient du changement de sens qu'apporte la présence ou l'absence d'une virgule.

> *L'auteure de cette pièce portée aux nues n'a que vingt ans.*
> (La pièce est portée aux nues.)

> *L'auteure de cette pièce, portée aux nues, n'a que vingt ans.*
> (L'auteure est portée aux nues.)

Le non-emploi de la virgule

Si plusieurs élèves omettent d'utiliser la virgule, d'autres, par contre, en mettent partout ! Voyons les cas où il ne faut pas utiliser la virgule.

- Entre le sujet et le prédicat

  | sujet | prédicat |

  *La comédienne aux cheveux roux et au teint basané demeura imperturbable.

- Dans le GV, entre le verbe et son complément (même dans le cas d'une inversion, habituellement), entre le verbe et l'attribut, entre le complément direct et son attribut

  *Nous avions rencontré⊠ la metteure en scène après la pièce.

  *Elle avait semblé⊠ satisfaite de la première.

- Dans le GV, entre le verbe et son modificateur

  Dans le plus grand silence, les acteurs nous saluèrent⊠ **gracieusement.*

- Dans une mise en évidence à l'aide de l'inversion

  ****De cette nouvelle troupe**⊠ vous entendrez bientôt parler.*

Le point-virgule

On utilise le point-virgule dans les cas suivants.

- Pour juxtaposer deux phrases syntaxiques de même niveau étroitement liées par le sens (il peut s'agir d'un rapport de comparaison, d'opposition ou de complémentarité — comme si on montrait les deux côtés d'une médaille).

    Cette jeune équipe vient de se joindre à la ligue d'improvisation ; la nôtre en fait partie depuis sept ans.

- Pour juxtaposer des éléments (groupes de mots ou phrases syntaxiques) qui englobent d'autres éléments déjà séparés par des virgules.

    Viviana est abonnée au théâtre de sa ville ; Slavisa, à celui du collège.
    (La virgule, ici, marque l'ellipse.)

    Il veut voir cette pièce, louangée par la critique ; ce film, présenté à la cinémathèque ; ce spectacle de danse, qui nous a tous emballés. (énumération)

- Pour juxtaposer les éléments d'une énumération verticale.

    Ce spectacle était un hommage en chansons au théâtre d'ici :

    — il visait à célébrer la vitalité et la richesse du théâtre d'ici ;

    — il faisait une large part aux chansons dans la production théâtrale ;

    — il faisait référence à des productions très connues.

Le deux-points

Le deux-points est un signe de ponctuation polyvalent. Il a le mérite d'alléger la phrase.

On utilise le deux-points dans les cas suivants.

- Pour annoncer une citation ou pour rapporter textuellement les paroles de quelqu'un.

    Suzanne nous écrivait, de Paris : « Il fallait la voir interpréter ce rôle. »

    Brigitte avait dit, tristounette : « Comme j'aurais aimé voir cette comédienne sur scène ! »

- Pour annoncer une explication, une cause ou une conséquence de ce qui précède.

    *Cette artiste n'est pas seulement metteure en scène : **elle a aussi joué dans plusieurs pièces de théâtre**.*
    (Explication sous forme d'argument : le deux-points remplace *en effet*.)

    *La dernière création de ce dramaturge a voyagé dans le monde entier : **son thème universel touche le cœur de tous**.*
    (Indication de la cause : le deux-points remplace *parce que*.)

Elle était une grande comédienne : **aujourd'hui, un théâtre porte son nom**.
(Indication de la conséquence : le deux-points remplace *donc*.)

- Pour présenter une conclusion ou une synthèse.

  Voici ce qu'il faut retenir : ce jeune metteur en scène a réussi le difficile pari de traduire l'esprit de ce classique dans une esthétique moderne.

- Pour présenter une énumération nettement annoncée, à l'aide d'une phrase complète.

  Sa grand-mère, la chanceuse, a assisté à la première représentation de trois pièces de Gratien Gélinas : Les Fridolinades, Tit-Coq *et* Bousille et les justes.

On ne peut pas utiliser deux fois le deux-points à l'intérieur d'une même phrase, sauf si l'on rapporte une citation qui contient déjà un deux-points.

Carmen m'a dit : « Ma voiture est en panne : va au théâtre sans moi. »

Conseils pour la rédaction

L'art de l'énumération

Quelques précisions vous aideront à mieux présenter les énumérations dans vos textes.

- Il faut bien comprendre ce qu'on entend par « énumération nettement annoncée » et phrase « complète ». Comparez les phrases suivantes.

  ***Connaissez-vous** : Zone, Florence, Un simple soldat *et* Le Temps des lilas, *les premières œuvres de Marcel Dubé ?*

  Connaissez-vous les premières œuvres de Marcel Dubé : Zone, Florence, Un simple soldat *et* Le Temps des lilas ?

Dans la première phrase, l'énumération n'est pas annoncée ; *Connaissez-vous* forme une phrase syntaxique incomplète. Dans la seconde, *Connaissez-vous les premières œuvres de Marcel Dubé* forme une phrase complète et annonce l'énumération.

- Il faut éviter d'employer le deux-points lorsqu'on utilise les expressions *comme*, *tel que* et *par exemple*. En fait, cela crée une redondance syntaxiquement incorrecte.

  J'aime plusieurs genres **tels que** *le drame, la comédie, l'absurde…*

  J'aime plusieurs genres : le drame, la comédie, l'absurde…

- L'abréviation **etc.** signifie *ainsi de suite* ; elle termine une énumération d'au moins deux éléments. Elle est toujours précédée d'une virgule et suivie

•••

d'un point (abréviatif). Si la phrase se poursuit après *etc.*, l'abréviation est aussi suivie d'une virgule.

*Elle évoqua son enfance, ses parents, ses amis, **etc.***

*Il remercia le public, les critiques, **etc.**, puis regagna sa loge.*

5.4 Autres signes de ponctuation

Plusieurs signes de ponctuation concernent davantage le mot dans la phrase ou encore le texte en général ; ils ne sont pas liés à l'organisation syntaxique de la phrase. On les appelle aussi *signes typographiques*.

Les guillemets

Les guillemets s'emploient dans plusieurs cas.

- Pour mettre en relief un mot technique, familier ou étranger à la langue courante, ou encore pour encadrer un mot ou une expression à l'égard desquels on souhaite exprimer une réserve.

  Cette mise en relief à l'aide des guillemets s'effectue surtout dans les textes manuscrits. Lorsque le texte est ordigraphié, on utilise plutôt l'italique.

  La «commedia dell'arte» est une comédie italienne improvisée sur canevas. (mot étranger)

  Votre fils m'a «emprunté» dix dollars pour assister à un match de la Ligue nationale d'improvisation. (réserve)

- Pour encadrer le titre d'une partie d'un ouvrage : un article, un chapitre, un poème, une nouvelle, etc.

  À la une du journal, ce matin, on titrait : «Le monde du théâtre est en deuil.»

- Pour encadrer le discours rapporté direct.

  Pendant l'entrevue, le directeur du théâtre a déclaré : «Cette pièce est un véritable cadeau pour nous.»

  On ne doit pas confondre les guillemets français, « », avec les guillemets anglais, " ". Ces derniers s'utilisent seulement lorsqu'on insère une citation dans une citation ou lorsqu'on met entre guillemets un mot à l'intérieur d'une phrase ou d'une expression déjà entre guillemets.

  Antonin insistait : «Je retourne voir Cyrano de Bergerac pour entendre : "C'est un roc ! c'est un pic ! c'est un cap ! / Que dis-je, c'est un cap ?... C'est une péninsule !"»

Pour en savoir plus sur les guillemets et la citation, consultez les pages 269 à 272.

Les parenthèses

Les parenthèses s'emploient surtout lorsqu'on veut insérer dans la phrase une indication, une référence ou une réflexion accessoire, non essentielle au sens du texte.

J'ai appris trop tard (tout le monde le savait sauf moi) qu'il y avait des supplémentaires.

On ne met pas de virgule (ni aucun autre signe de ponctuation) devant la parenthèse ouvrante ; cependant, on met la ponctuation qu'exigerait la phrase sans parenthèses après la parenthèse fermante.

Quand il est arrivé (en retard, évidemment), l'entracte commençait.

Lorsque deux phrases complètes se suivent et que l'on désire mettre la seconde entre parenthèses, chacune conserve sa ponctuation.

Comme ces retards nous importunent ! (Devrais-je le leur dire ?)

Les crochets

Les crochets jouent sensiblement le même rôle que les parenthèses, à quelques nuances près. On les utilise surtout dans les cas suivants.

• Pour insérer une information dans un élément de phrase déjà entre parenthèses.

Cette pièce lui a même valu un prix prestigieux (Prix du Gouverneur général du Canada [1981]).

• Pour modifier une citation à l'intérieur de guillemets.

« Chaque été, il [Michael Croft] passait quelques jours à Stratford. »

Pour en savoir plus sur les crochets et la citation, consultez la page 271.

• Pour présenter la transcription phonétique des mots.

émoi [emwa]

Le tiret

• Le tiret s'emploie pour introduire les paroles d'un personnage dans un dialogue et pour marquer le changement d'interlocuteur.

— Comme je regrette de ne pas avoir visité la Comédie française !

— Pourquoi ?

— Il paraît que ce lieu est magique.

AUTRE GRAPHIE

paraît

- Il sert aussi à introduire chacun des éléments d'une énumération verticale.

  Les écoliers que la dramaturge avait rencontrés voulaient tout savoir sur les aspects suivants :
  — la mise en scène ;
  — les costumes ;
  — les décors.

- Le tiret double est employé à la place des parenthèses pour encadrer un groupe de mots incident, un mot, une idée accessoire.

  Le Théâtre expérimental des femmes — qui n'existe plus, est-ce là un signe des temps ? — a fait vivre de grands moments de théâtre au public montréalais.

La barre oblique

La barre oblique s'emploie dans les cas suivants.

- Pour écrire des unités de mesure abrégées, des fractions.

  une vitesse de 100 km/h   3/4

- Pour indiquer un rapport d'opposition, de complémentarité.

  ouvert / fermé   les relations parents / enfants

- Pour citer des vers sans retour à la ligne.

  Il lui cita ce passage : « Un baiser, mais à tout prendre, qu'est-ce ? / Un serment fait d'un peu plus près, une promesse / Plus précise, un aveu qui veut se confirmer, / [...] Une façon d'un peu se respirer le cœur, / Et d'un peu se gouter, au bord des lèvres, l'âme ! » (Cyrano de Bergerac)

AUTRE GRAPHIE

goûter

L'astérisque

L'astérisque est un signe en forme d'étoile. Il est utilisé dans les cas suivants.

- Pour renvoyer à une note en bas de page.

- Pour remplacer un nom propre de personne ou de lieu que l'auteur ne veut pas dévoiler.

  Cher journal, nous nous sommes donné rendez-vous, P*** et moi.

L'alinéa

L'alinéa, qui est plutôt une marque typographique qu'un signe, indique un changement de paragraphe. Le premier mot des paragraphes est en retrait ou non.

  Marthe ignorait tout du passé de cet homme. Elle se posait mille questions devant les spectateurs, en aparté, mais n'osait lui en poser une seule.

  Il lui avait pourtant parlé de son travail, de sa famille, de son avenir, mais point de son enfance, de ses premières luttes.

Testez-vous   5.1

Corrigé p. 289

Nous vous invitons à retourner au texte présenté à la page 72. Vous devriez maintenant pouvoir le ponctuer.

Le Coin des curieux

La virgule, encore et toujours !

Voici quelques autres cas d'utilisation — et de non-utilisation — de la virgule.

On emploie la virgule :

- après *oui* et *non* en début de phrase ;

    Oui, *je vous le promets.*

- devant *ce qui, c'est, ce dont* à l'intérieur de la phrase graphique ;

    La dernière scène était violente, **ce qui** *leur a déplu.*

- lorsque des phrases sont coordonnées par *ou... ou, soit... soit, plus... plus, autant... autant,* etc.

    Soit *le personnage mentait,* **soit** *il cachait quelque chose.*

On n'emploie pas la virgule :

- devant un tiret, un crochet ou un guillemet ouvrant ; elle se place plutôt après le signe fermant ;

    Puisqu'ils iront à Paris — avec leur fils, je crois —, ils visiteront la Comédie française.

- à la place d'un marqueur de relation (la virgule n'exprime aucun rapport sémantique entre deux phrases).

    *La pièce se termine mal, Martha s'enlève la vie.

    → *La pièce se termine mal,* **car** *Martha s'enlève la vie.*

À retenir

Signes de ponctuation marquant la fin de la phrase graphique

Signes		Utilisation
Point	.	Termine une phrase déclarative ou impérative.
Point d'interrogation	?	Termine une phrase interrogative ou servant à poser une question. Ne s'emploie pas à la fin d'une subordonnée interrogative indirecte.
Point d'exclamation	!	Termine une phrase exclamative ou ayant une valeur exclamative.
Points de suspension	…	Indiquent une hésitation, une idée inachevée.

Signes de ponctuation à l'intérieur de la phrase graphique

Signes		Utilisation
Virgule	,	• Permet la juxtaposition d'éléments de même fonction.
		• Marque la coordination d'éléments de même fonction.
		• Détache :
		– le CP ;
		– les éléments sans fonction syntaxique (apostrophe, élément mis en évidence dans la phrase emphatique, organisateur textuel, groupe de mots incident et phrase incise) ;
		– les éléments ayant une valeur explicative (expansions du noyau du GN qui sont des compléments non déterminatifs, subordonnée exprimant la concession ou la justification, coordonnants et prépositions à sens explicatif).
		• Signale un effacement (dans le cas de l'ellipse).
		On n'utilise pas la virgule :
		– entre le sujet et le prédicat ;
		– entre le verbe et son CD ou attribut ;
		– entre le verbe et son modificateur ;
		– entre le nom et son complément déterminatif.

•••

Signes		Utilisation (suite)
Point-virgule	;	Sert à juxtaposer des phrases syntaxiques de même niveau, étroitement liées par le sens (comparaison, opposition, complémentarité) et des éléments englobant d'autres éléments séparés par des virgules.
Deux-points	:	Sert à annoncer une citation, une explication, une cause ou une consé-quence ; présente une conclusion, une synthèse ou une énumération.

Autres signes de ponctuation

Signes		Utilisation
Guillemets	« »	Mettent en relief des mots techniques, familiers ou étrangers ; encadrent des titres, des citations ; encadrent le discours rapporté direct.
Parenthèses	( )	S'emploient surtout pour insérer dans la phrase une indication ou une réflexion accessoire, non essentielle au sens du texte.
Crochets	[ ]	Permettent d'insérer une information dans un élément de phrase déjà entre parenthèses, d'apporter une modification à l'intérieur d'une citation et de présenter la transcription phonétique des mots.
Tiret	—	Sert surtout dans les dialogues et dans l'énumération verticale.
Barre oblique	/	S'emploie, entre autres, pour les unités de mesure abrégées, les fractions, la citation de vers sans retour à la ligne, pour marquer un rapport d'opposition.
Astérisque	*	Indique un renvoi en bas de page, remplace un nom.
Alinéa		Marque typographique qui indique le changement de paragraphe.

Chapitre

6

Les accords dans les groupes de mots

Objectifs

Au terme de ce chapitre, vous devriez pouvoir répondre aux questions suivantes :

- Quels sont les mots donneurs d'accord ? receveurs d'accord ?

- Quels sont les traits grammaticaux à considérer pour faire un accord ?

- Quelles sont les principales règles d'accord pour un déterminant ? un adjectif ? un verbe ? un participe passé ?

Les règles d'accord rebutent plusieurs élèves : ils ont l'impression qu'elles ont été concoctées dans le seul but de les confondre. Nous ne pouvons nier que certaines règles, concernant notamment l'accord des participes passés, mériteraient d'être simplifiées.

Cela dit, le système des accords fait surtout appel à la logique et à une bonne compréhension de la structure de la phrase, parce que les accords sont déterminés à partir des rapports qu'entretiennent les groupes de mots entre eux. Ainsi, n'importe quel adjectif, où qu'il soit placé dans la phrase et quelle que soit la fonction qu'il remplit, est toujours en rapport avec un nom et s'accorde avec ce dernier, qu'il faut savoir repérer.

6.1   Mots donneurs et mots receveurs d'accord

Parmi les mots variables, certains sont donneurs d'accord (les noms et les pronoms);
d'autres, receveurs d'accord (les déterminants, les adjectifs et les verbes).

▎ Traits grammaticaux et marques grammaticales

Les **traits grammaticaux** sont le genre, le nombre et la personne des mots
variables.

Il y a **accord** lorsqu'un mot donne à un autre ou reçoit de celui-ci:

- son genre (masculin ou féminin) et son nombre (singulier ou pluriel)

    *La Bolduc est la première grande **vedette** populaire de la chanson québécoise.*

    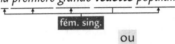

     ou

- sa personne (1re, 2e ou 3e) et son nombre (singulier ou pluriel)

    *Ses **chansons** évoquaient les drames quotidiens des gens ordinaires.*

    3e pers. plur.

Les **marques grammaticales** témoignent des variations dans la forme d'un mot
(par exemple, un *-s* à la fin d'un mot pluriel) à cause de ses traits grammaticaux.

    Ces nouvelles parolières *font beaucoup parler d'elles.*

Les mots *ces*, *nouvelles* et *parolières* portent la marque écrite du pluriel: ils se
terminent par *-s*. Les mots *nouvelles* et *parolières* portent la marque écrite du féminin, mais le déterminant *ces*, bien qu'il ait le **trait** féminin, n'en porte pas la
marque écrite.

Conseils pour la rédaction

Ne pas se fier à son oreille !

Plusieurs marques d'accord de l'écriture ne se prononcent pas, ce qui occa-
sionne beaucoup d'erreurs à l'écrit. Ainsi, contrairement à l'anglais, on
prononce rarement le pluriel des mots. Par exemple, les mots *erreur* (sing.)

•••

···

et *erreurs* (plur.) se prononcent de la même façon. De plus, en français, plusieurs terminaisons de verbe se prononcent de la même façon, que le verbe soit au singulier ou au pluriel (*aime, aimes, aiment*), ou encore à la 1re ou à la 3e personne du pluriel (au futur : *viendrons / viendront*).

Soulignons aussi que le féminin de plusieurs noms et adjectifs se signale différemment à l'oral et à l'écrit. Ainsi, le féminin *vigilante* est marqué oralement par la prononciation d'un *–t* final alors qu'à l'écrit il est marqué par un *–e* final.

Application des règles d'accord

Pour faire les accords, on procède toujours de la même façon :

*Les textes de plusieurs **grands poètes** ont été mis en musique et chantés.*

masc. plur.

1 On repère le receveur d'accord (par exemple, l'adjectif *grands*).

2 On trouve son donneur d'accord (le noyau *poètes* du GN *plusieurs grands poètes*).

3 On détermine le genre et le nombre du donneur (*poètes* est masculin pluriel), ou sa personne et son nombre dans le cas d'un accord du verbe avec le sujet.

4 On accorde le receveur avec son donneur en choisissant les marques appropriées (la marque du pluriel *-s* pour *grands*).

6.2 | Les accords dans le groupe nominal

Le noyau du groupe nominal (GN) est un nom ou un pronom, donneur d'accord, habituellement accompagné d'un déterminant, mot variable receveur d'accord.

Toutes les expansions que peut avoir le noyau seront compléments de ce noyau. Parmi ces compléments, on trouve l'adjectif et le participe passé employé comme adjectif, tous deux variables et receveurs d'accord.

L'accord du déterminant

Le déterminant accompagne un nom qu'il précise. Il reçoit le genre et le nombre de ce nom (ou pronom) noyau du GN.

***Certains** jours, **les** paroles de **certaines** chansons nous vont droit **au** cœur.*

Testez-vous   6.1

Corrigé p. 289

Relevez les donneurs d'accord des déterminants dans les GN, puis accordez ces déterminants en conséquence.

(Ce) chanteuse, issue d'(un) milieu anglophone, fait ressortir (tout) (le) beauté de (notre) langue dans (son) chansons empreintes à (le) fois de lucidité et de tendresse.

◼ L'accord de l'adjectif complément du nom

Règle générale d'accord

L'adjectif (et le participe passé employé comme adjectif) est le seul complément du nom qui reçoit le genre et le nombre du nom (ou du pronom) qu'il complète. Il porte la marque du genre de ce nom, sauf lorsqu'il se termine par -e (*jeune*). Il porte la marque du nombre de ce nom, sauf lorsqu'il se termine par -s ou -x (*frais, roux*).

*L'engouement **réel** des gens pour cette émission **radiophonique** reflète*

*leur amour pour les **belles** chansons.*

Cas particuliers

- **Lorsque l'adjectif complète deux noms de genres différents**

  L'adjectif se met au masculin pluriel. On place, si possible, le nom masculin près de l'adjectif.

  *Ces chanteuses et ces chanteurs **talentueux** nous ont impressionnés.*

- **Lorsque l'adjectif complète des noms coordonnés par *et* ou par *ou***

  L'adjectif s'accorde avec le seul nom qu'il complète ; s'il en complète plus d'un, le pluriel s'impose.

  *Il nous rebattra les oreilles avec son succès ou sa défaite **cuisante**.*
  (Seule la défaite est cuisante.)
  *Après le cinquième rappel, elle avait la bouche et la gorge complètement **sèches**.*
  (La bouche et la gorge sont sèches.)
  *On demande une accompagnatrice ou un accompagnateur **disponibles** le lundi.*
  (Les deux personnes doivent être disponibles.)

- **Lorsque l'adjectif complète des noms coordonnés par *ainsi que, de même que, comme***

Si le coordonnant marque l'addition (alors, le deuxième nom coordonné n'est pas entre virgules), l'adjectif se met au pluriel.

*Il trouve Félix Leclerc de même que Georges Brassens **immortels**.*

Si le coordonnant marque plutôt la comparaison (le deuxième nom coordonné est alors souvent encadré de virgules), l'adjectif reçoit le genre et le nombre du premier nom seulement.

*Il trouve Félix Leclerc, de même que Georges Brassens, **immortel**.*

- **Lorsque des adjectifs complètent un nom pluriel et désignent des réalités distinctes**

  Puisque chacun des adjectifs, dans un tel cas, ne se rapporte qu'à une seule des réalités désignées par le nom pluriel, on le met au singulier et on l'accorde en genre avec le nom.

  *Ces deux chanteuses **québécoise** et **ontarienne** étaient présentes.*
  (*une* chanteuse québécoise et *une* chanteuse ontarienne)

  *Les **deuxième** et **troisième** émissions de la série m'ont plu.*
  (*la* deuxième émission et *la* troisième émission)

- **Lorsque l'adjectif est précédé de *des plus, des moins, des mieux***

  L'adjectif se met généralement au pluriel parce que ces expressions signifient « parmi les plus, les moins, les mieux » : il y a intention de comparaison.

  *C'était une cantatrice des plus **talentueuses**.*
  (= parmi les plus talentueuses)

  Par contre, si le contexte indique qu'il s'agit d'une locution intensive signifiant « très » ou « extrêmement », ou encore si l'adjectif se rapporte à un pronom impersonnel ou à un pronom qui remplace toute une idée, il s'accorde au singulier.

  *Elle était des plus **timide**, et cela est des plus **gênant** !*

Conseils pour la rédaction

Des adjectifs qu'il faut garder à l'œil !

- **Les adjectifs employés comme adverbes sont invariables**, sauf *frais*, *grand* et *large*, suivant un usage ancien.

  *Nous lui avions proposé une tournée **fort** intéressante.*

  *La cantatrice a reçu des roses **fraiches** écloses.* (ou *frais écloses*)

•••

•••

- **L'adjectif *possible***
  - S'il est complément d'un nom, il est adjectif et reçoit le genre et le nombre de ce nom.

    *L'interprète faisait tous les efforts **possibles** pour chanter en mesure avec l'orchestre.*

  - S'il est placé après *le plus, le moins, le meilleur*, il est toujours considéré comme adjectif, mais, puisqu'il se rapporte alors au pronom impersonnel *il* sous-entendu, il est invariable.

    *Elle signait **le moins** d'autographes **possible** parce que son avion décollait tôt.*
    (= qu'*il* était possible de signer)

    Cependant, lorsque *possible* est séparé du superlatif par un GPrép formé de *des* + nom, il s'accorde avec ce nom.

    *La meilleure **des** critiques **possibles**.*

- **L'adjectif *même***
  - L'adjectif *même*, qui s'emploie avec un nom pour marquer l'identité, la similitude, l'insistance ou une qualité possédée au plus haut point, s'accorde avec ce nom.

    *Ce sont ces livres **mêmes** que je cherchais.* (insistance)

    *Son ami est la douceur et la bonté **mêmes**.*
    (qualités possédées au plus haut point)

  - Si *même* signifie « aussi » ou « non plus », c'est un adverbe invariable qui marque l'addition.

    *Elle lit tout, les dictionnaires **même** !*

Testez-vous   6.2

Corrigé p. 289-290

Accordez les adjectifs en caractères gras, s'il y a lieu, et expliquez vos accords.

1. Cet auteur-compositeur des plus **polyvalent** aime écrire le plus de chansons **possible**.
2. La chanteuse chantait **haut** et **fort** lorsqu'elle s'arrêta **net** : les spectateurs des **premier**, **deuxième** et **troisième** rangées s'étaient levés et applaudissaient à tout rompre.
3. Ils l'ont eux-**même** déclaré : cet artiste est la gentillesse et la générosité **même**, et ils ont invité toutes leurs connaissances à son spectacle, les voisins **même** !

6.3 Les accords dans le groupe verbal

L'accord du verbe

Tout le monde sait qu'un verbe, dans une phrase syntaxique, s'accorde en personne et en nombre avec le sujet de cette phrase. Cependant, il peut y avoir inversion du verbe et du sujet, le sujet peut être éloigné du verbe ou séparé de lui par un mot écran, ou encore il peut comporter une expansion sous forme de subordonnée ayant son propre sujet et son propre verbe (nous verrons tous ces cas plus loin). Le principal problème qui se pose donc, au moment de l'accord du verbe avec le sujet, ne concerne pas tant l'application des règles d'accord (somme toute assez simples) que le repérage du sujet lui-même.

Bien repérer le sujet

Il y a plusieurs façons de trouver le sujet. Prenons l'exemple suivant.

> *Les louanges qu'*(avoir, imparfait) *reçues l'artiste la* (combler, imparfait) *d'aise.*

- **L'approche logique**

  On se pose simplement la question suivante :
  ***Qu'est-ce qui fait l'action de* + verbe à l'infinitif?**

  > Qu'est-ce qui fait l'action de recevoir des louanges ? (*l'artiste*)
  > Qu'est-ce qui fait l'action de combler d'aise ? (*les louanges*)

- **L'approche sémantique**

  On cherche d'abord le sujet et le prédicat de premier niveau.

  > De qui ou de quoi parle-t-on dans la phrase graphique ? (des louanges qu'avait reçues l'artiste)
  > Qu'en dit-on ? (qu'elles comblaient d'aise l'artiste)

  On cherche ensuite le sujet et le prédicat de deuxième niveau (qui sont dans la subordonnée).

  > De qui ou de quoi parle-t-on dans la subordonnée ? (de l'artiste)
  > Qu'en dit-on ? (qu'elle avait reçu des louanges)

- **L'approche syntaxique**

  On découpe la phrase graphique en phrases syntaxiques.

  > **P1mat**[*Les louanges* **P2sub**[*qu'* (avoir, imparfait) *reçues l'artiste*]**P2** *la* (combler, imparfait) *d'aise*]**P1**.

  Le verbe principal de la matrice est, évidemment, *combler* et il s'accorde avec *louanges*; dans l'expansion de *louanges*, c'est-à-dire dans la subordonnée relative, nous retrouvons le sujet *l'artiste*, placé après le verbe par inversion.

- **L'approche ludique**

  On utilise une des manipulations syntaxiques suivantes: le remplacement (pronominalisation), l'addition d'un marqueur emphatique, le déplacement ou l'effacement. Voyons avec le verbe *combler*.

  Les louanges qu'avait reçues l'artiste la (combler, imparfait*) d'aise.*

  - Pronominalisation: Tout le GN *Les louanges qu'avait reçues l'artiste* peut être remplacé par *Elles*: **Elles** *la comblaient d'aise.*

  - Addition d'un marqueur emphatique: **Ce sont** *les louanges qu'avait reçues l'artiste* **qui** *la comblaient d'aise.*

  - Déplacement: On ne peut pas déplacer le groupe *qu'avaient reçues l'artiste;* il fait donc partie du sujet.

  - Effacement (pour trouver le noyau du groupe sujet): *Les louanges ø la comblaient* (mais attention au mot écran singulier, le pronom personnel *la,* qui est CD et non sujet!)

Règle générale d'accord

Le verbe à un temps simple, ou l'auxiliaire dans le cas d'un verbe conjugué à un temps composé, s'accorde avec le sujet. De manière plus précise, on dira qu'il reçoit la personne et le nombre du nom ou du pronom noyau du GN sujet.

*Cette jeune chanteuse **présente** son premier spectacle.*

*Les spectateurs **ont applaudi** à tout rompre.*

Cas particuliers

- **Lorsque le sujet est formé de plusieurs GN appartenant à des personnes grammaticales différentes**

  Le verbe se met au pluriel et reçoit le trait de la personne qui a la priorité. La 1re personne prévaut sur les deux autres; la 2e personne prévaut sur la 3e.

  *Mes amis et moi **attendons** avec impatience son prochain disque.*
  (priorité: 1re personne)

- **Lorsque le sujet est une phrase subordonnée relative ou complétive, ou un GVinf**

  Le verbe se met à la 3e personne du singulier, puisque ces structures n'ont ni personne ni nombre.

  *Que vous ignoriez qui a composé ce succès me **déçoit**.*

- **Lorsque le sujet est le pronom relatif *qui***

  Le pronom relatif *qui* a toujours les traits grammaticaux de son **antécédent**; l'accord du verbe doit donc se faire selon la personne et le nombre de cet antécédent.

  > *Valérie et toi, qui **avez** tout **lu** sur Brel, le vénérez comme un saint.*

  > *Il doit s'adresser à moi qui **suis** votre imprésario.*

  Dans certains cas, l'antécédent de *qui* n'est pas immédiatement clair à l'esprit. Il faut alors prendre le temps de bien comprendre la phrase.

  > *Il demande une bourse pour un de ses élèves qui a remporté le premier prix.*

  > (Un seul élève a remporté le premier prix.)

  Lorsque l'antécédent de *qui* est un déterminant numéral, ou un adjectif précédé d'un déterminant défini, et qu'il est attribut d'un pronom personnel sujet, l'accord se fait habituellement avec le pronom personnel sujet.

  > *Vous étiez quatre qui **souhaitiez** remporter ce prix.*

- **Lorsque *c'est* est suivi d'un GN**

  Le verbe se met au pluriel si le noyau du GN qui suit *c'est* est au pluriel.

  > *Regarde, **ce sont** mes disques des années 70.* (présentatif)

  > *Quelles belles mélodies ! **Ce sont** cependant des chansons peu connues.*
  > (pronom de reprise)

  > ***Ce sont** eux qui ont fait rimer chanson avec passion.* (marqueur emphatique)

  Si le pronom qui suit *c'est* est de la 1re ou de la 2e personne du pluriel, on met le verbe au singulier.

  > ***C'est** nous qui les avons invités à l'opéra.* (nous : 1re pers. plur.)

- **Lorsque le sujet est formé de GN juxtaposés qui sont repris par un mot-synthèse au singulier**

AUTRE GRAPHIE

goûts

  Puisqu'un seul mot résume les GN, le verbe s'accorde avec ce mot-synthèse.

  > *L'enfance de son idole, ses gouts, ses lubies, tout **intéressait** Léa.*

- **Lorsque le sujet est formé de GN synonymes ou qui désignent une seule et même réalité**

  Le verbe reçoit le trait du singulier si tous les GN sont au singulier, puisque les GN ne s'additionnent pas.

  > *Toute sa vie, toute son existence **a changé** grâce à ce premier concert rock.*

  Quand l'un des GN est pluriel, le verbe se met au pluriel (on place de préférence le GN pluriel près du verbe).

  > *Cet orchestre, ces musiciens **ont apporté** un grand raffinement aux chansons.*

- **Lorsque le sujet est composé d'éléments formant une gradation**

  Puisque, dans la gradation, on veut surtout attirer l'attention sur le dernier élément de l'énumération, le verbe recevra la personne et le nombre de celui-ci, que la gradation soit croissante (*au pas, au trot, au galop*) ou décroissante (*au galop, au trot, au pas*).

*Une ovation, quelques applaudissements, un simple sourire le **réjouissait**.*

- **Lorsque les éléments formant le sujet sont joints par *comme, ainsi que*, etc.**

  Le verbe s'accorde avec le premier élément si le deuxième n'a qu'une valeur comparative ; ce dernier est alors habituellement entre virgules.

  *Ce compositeur, tout comme vous, **a écrit** des chansons sublimes.*

  Le verbe se met au pluriel si les éléments ont une valeur cumulative.

  *Ma cousine ainsi qu'une amie **sont** parolières.*

- **Lorsque le sujet contient un adverbe ou un déterminant indéfini exprimant la quantité**

  Voici quelques adverbes ou déterminants indéfinis de quantité : *combien, beaucoup, peu, combien de, beaucoup de, peu de, la plupart de, nombre de, moins de deux*.

  - Lorsque l'adverbe de quantité est utilisé seul comme sujet, le verbe se met à la 3e personne du pluriel.

    *Combien **aimeraient** chanter tes textes !*

  - Lorsque le déterminant indéfini de quantité est suivi d'un nom, le verbe s'accorde avec ce nom.

    *Peu de personnes **savent** à quel point elle voulait chanter.*

    *Moins de deux rangées nous **séparaient** de la scène.*

    *Beaucoup de monde **exprimait** des réserves sur son spectacle.*

  Ce dernier exemple montre qu'il faut éviter de mettre au pluriel les verbes qui s'accordent avec le sujet ***monde*** (3e personne du singulier).

- **Lorsque le sujet est formé d'un nom collectif**

  Rappelons d'abord qu'un nom collectif est un mot de la 3e personne du singulier qui désigne un ensemble de personnes ou de choses. Les mots *groupe, foule, la majorité de* sont des noms collectifs qui peuvent être utilisés seuls ou avec une expansion de forme GPrép.

  Les verbes qui s'accordent avec un nom collectif utilisé seul prennent la 3e personne du singulier.

  Lorsque le nom collectif est suivi d'un complément, le rédacteur met l'accent sur l'ensemble pris dans sa totalité (le verbe reçoit alors la personne et le genre du nom collectif) ou insiste sur la pluralité des êtres ou des choses pris séparément (le verbe reçoit alors la personne et le nombre du complément du nom collectif). Cela dit, le sens de la phrase peut imposer un accord singulier avec le nom collectif ou pluriel avec son complément.

*Un groupe d'élèves **visite(nt)** la Place des arts.*

*Une file de jeunes attendant la vedette **ondule** sur le trottoir.*

(C'est la file qui forme une ondulation, non les jeunes eux-mêmes.)

- **Lorsque le sujet est formé de GN coordonnés par *ou* ou *ni***

Si les GN coordonnés s'additionnent, le verbe s'accorde avec l'ensemble des GN, en respectant la priorité des personnes grammaticales s'il y a lieu.

*Le désir de devenir riche et célèbre ou le besoin d'être aimé **ont perdu** plus d'un interprète.*

(Ces sujets s'additionnent, car tous les deux ont perdu plus d'un interprète.)

*Ni toi ni moi n'**arriverons** à temps au spectacle.*

(Addition des sujets. Priorité : 1re personne)

Si les GN ne s'additionnent pas (un seul des GN fait l'action) et que :

- les deux GN sont de la même personne, le verbe s'accorde avec un seul GN.

*Ma sœur ou mon frère vous **raccompagnera** après le concert.*

- les deux GN ne sont pas de la même personne, le verbe se met au pluriel, en respectant la priorité grammaticale.

*Benoît ou moi **chanterons** le solo dans cette pièce.*

Testez-vous   6.3

Corrigé p. 290

Pour chacune des phrases suivantes, soulignez le groupe sujet, identifiez-en le noyau (s'il y a lieu), puis accordez le verbe en justifiant l'accord.

1 Trois femmes, Monique Leyrac, Renée Claude et Pauline Julien, (*compter*, ind. présent) parmi les meilleurs interprètes des chansonniers québécois.

2 Définir le mot « chansonnier » (*être*, ind. cond. présent) sans doute opportun ici.

3 Ce chanteur ainsi que ses deux musiciens (*être*, ind. passé composé) en tournée pendant deux ans.

4 Ni mon frère ni moi n'(*oublier*, ind. futur simple) ce spectacle.

L'accord de l'attribut

Un attribut est un groupe de mots qui désigne une qualité ou une caractéristique du sujet ou du complément direct par l'intermédiaire d'un verbe attributif ou d'un verbe équivalent.

L'attribut du sujet

L'attribut du sujet s'accorde avec le nom ou le pronom noyau du GN sujet.

> *Cette chanson est sans doute la plus **belle** de son répertoire.*

> *Celle-ci semble la **préférée** d'Alex.*

L'adjectif (ou le participe passé employé comme adjectif) qui suit **avoir l'air** est habituellement attribut du sujet et s'accorde avec ce dernier. Toutefois, quand le sujet désigne une personne, l'adjectif peut aussi être complément du nom *air*, et l'accord se fait en conséquence : c'est au choix.

> *Les décors de cet opéra ont l'air **fabriqués** en carton-pâte.*

> *Les personnages de cet opéra ont l'air **déments** / **dément**.*

L'attribut du complément direct du verbe

L'attribut du complément direct du verbe s'accorde avec le nom ou le pronom du GN complément direct du verbe.

> *Julien trouve **magnifiques** les chansons entendues à la répétition.*

Testez-vous 6.4

Corrigé p. 290

Relevez le noyau du GN sujet ou du GN complément direct du verbe avec lequel s'accorde chaque attribut en caractères gras.

Les boites à chansons étaient très **populaires** au Québec, dans les années 60. Elles semblaient **fréquentées** par un jeune public amateur de poésie et de philosophie. Les chansonniers chantaient un pays que l'auditoire voulait **libre**.

6.4 L'accord du participe passé

■ Reconnaitre et bien former le participe passé

Plusieurs élèves connaissent par cœur les principales règles d'accord des participes passés. Cependant, ils ont parfois de la difficulté à les appliquer lorsqu'ils rédigent des textes, et ce, pour deux raisons : ils éprouvent de la difficulté à reconnaitre les participes dans leurs propres phrases, notamment parce qu'ils confondent les modes infinitif et participe des verbes du 1er groupe (*j'ai mangé ? manger ?*), et ils ne connaissent pas toujours la terminaison du participe passé masculin singulier des verbes des 2e et 3e groupes (*j'ai fini ? finis ? finit ?*).

Participe passé ou infinitif?

Le mode **participe** est la forme adjectivale du verbe. Le participe passé est habituellement employé avec les auxiliaires *être* et *avoir* pour former les temps composés des verbes (facilement identifiables pour quiconque connait la conjugaison des verbes) et les phrases passives. Il peut également être employé seul ; il peut alors être remplacé par un adjectif.

<u>auxiliaire *être*</u> <u>auxiliaire *avoir*</u>

*Elle avait été **invitée** à la première, mais avait **décliné** l'invitation, **fâchée** contre nous.*

Le mode **infinitif** est la forme nominale du verbe. Il exprime purement et simplement l'idée de l'action, sans indication de personne ni de nombre. L'infinitif est souvent précédé d'une préposition ou d'un verbe conjugué (quand deux verbes se suivent, le second se met habituellement à l'infinitif).

*Il vient de **partir**. Il voulait te **parler**, car il sait que **s'épancher** fait du bien.*

Dans le doute, changez le verbe du premier groupe par un verbe d'un autre groupe dont l'infinitif et le participe ont une terminaison différente à l'oral.

Elle aurait aimé (voulu), bien sûr, assister (se rendre) au spectacle.

Si vous connaissez bien la conjugaison des verbes, vous n'aurez pas besoin d'utiliser ce truc pour le verbe *aimer*, puisque vous aurez reconnu tout de suite le conditionnel passé (*aurait aimé*) ; et puisque le verbe *assister* suit un autre verbe (*aurait aimé assister*), il s'écrit à l'infinitif.

Terminaison du participe passé au masculin singulier

Le participe passé de tous les verbes du **1er groupe**, comme le verbe modèle *aimer*, se termine par **-é** au masculin singulier : *parlé, mangé, rêvé,* etc.

Le participe passé de tous les verbes du **2e groupe**, comme le verbe modèle *finir*, se termine par **-i** au masculin singulier : *bâti, pétri, garni,* etc.

Le participe passé masculin singulier des verbes du **3e groupe** varie beaucoup. Cependant, pour connaitre la graphie de ceux qui se terminent par le son [i] ou [u], on met ces participes au féminin : *acquis-e, cueilli-e, promis-e, écrit-e, inclus-e, exclu-e, bu-e,* etc.

Les quatre grandes catégories d'emploi des participes passés

Il est très important d'observer de quelle façon le participe est employé, puisque des règles différentes s'appliquent selon le type de cas.

Il existe quatre catégories d'emploi des participes passés :
- le participe passé employé comme adjectif;
- le participe passé employé avec *être*;
- le participe passé employé avec *avoir;*
- le participe passé des verbes pronominaux.

Pour accorder correctement un participe passé, la première question à se poser est celle-ci :

À quelle catégorie d'emploi appartient ce participe ?

Cette question nous oblige à regarder attentivement ce qu'il y a **devant** le participe passé.

> aucun auxiliaire
>
> *Ce chanteur, **considéré** comme une vedette là-bas, connait peu de succès ici.*

AUTRE GRAPHIE

connaît

> auxiliaire *être*
>
> *Le grand prix de l'Académie des arts lui **a été décerné**.*

> auxiliaire *avoir*   auxiliaire *avoir*
>
> *Il **avait dit** un jour : «On m'a ouvert la voie, et j'**ai su** en profiter.»*

> verbe pronominal
>
> *Sa carrière européenne **s'est étendue** sur plus de trente ans.*

Cette question nous oblige également à regarder attentivement ce qui se trouve **après** le participe passé pour découvrir un cas particulier.

> verbe infinitif
>
> *Nous les **avons écoutés** chanter, ces poètes inspirés.*

Testez-vous   6.5

Corrigé p. 290

Indiquez à quelle catégorie d'emploi appartiennent les participes passés en caractères gras.

Beaucoup de chansons **connues** proviennent d'œuvres composées par des poètes célèbres. Ainsi, Léo Ferré a **chanté** Verlaine, Rimbaud et Apollinaire. Rutebeuf, un poète du XIIIe siècle, s'est aussi **ajouté** à son répertoire. Ferré a composé *Pauvre Rutebeuf* en 1955. La chanson a été **reprise** par Claude Dubois en 1987.

Le participe passé employé comme adjectif

Le participe passé employé comme adjectif, contrairement aux autres participes passés, se trouve dans un GN. Il a la même fonction que l'adjectif et s'accorde avec le nom ou le pronom qu'il complète.

> **Impressionnée** autant par la turlute que par le rap, notre amie marocaine
>
> s'initie avec bonheur à la chanson d'ici.

Quelques participes de cette catégorie deviennent **invariables** dans certains cas.

- **Les participes** *attendu, vu, supposé, excepté, compris, y compris*

  S'ils sont placés devant le nom ou le pronom, ils jouent le rôle de prépositions et sont invariables.

  > Elle a remporté tous les prix, **excepté** ces deux-là.

- **Les participes** *ci-joint, ci-annexé* **et** *ci-inclus*

  S'ils sont placés en début de phrase ou qu'ils précèdent un nom sans déterminant, ils jouent le rôle d'**adverbes** et sont invariables. S'il y a un déterminant devant le nom, l'accord est facultatif.

  > Vous trouverez **ci-joint** copie des paroles de ma chanson.
  > Vous trouverez **ci-joint(e)** la copie des paroles de ma chanson.

Le participe passé employé avec *être*

Règle générale d'accord

Le participe passé employé avec l'auxiliaire *être* (ou un verbe attributif) s'accorde avec le noyau du GN sujet.

> Cette chanson a été **composée** pour mon ami disparu.
>
> Les disques que Florence est **venue** chercher appartiennent à Grégoire.

- Le participe passé des verbes impersonnels est invariable, même s'il est employé avec *être*.

  > Quelle pluie d'éloges il est **tombé** après le concert !

- Lorsque le noyau du GN sujet est le pronom *on* et que ce pronom désigne une personne en particulier ou signifie « nous », le participe passé reçoit le genre et le nombre de l'**antécédent** de *on*.

  > antécédent
  > Toutes avaient eu la même réaction : on était **restées** bouche bée.

Le participe passé employé avec *avoir*

Règle générale d'accord

Le participe passé employé avec l'auxiliaire *avoir* s'accorde avec le noyau du GN complément direct du verbe quand ce complément est placé devant le verbe.

> *Les œuvres qu'il a **créées** et **interprétées** ont **connu** un grand succès.*

Pour **trouver le CD**, on pose la question suivante :

> **sujet** + **verbe** + *qui ?* ou *quoi ?*
>
> *Il* + *a créé* + *quoi ?* La réponse est *qu'*
>
> *Les œuvres* + *ont connu* + *quoi ?* La réponse est *un grand succès*

Le complément direct de *a créées* et *[a] interprétées* est le pronom relatif *qu'*, qui remplace *Les œuvres* et qui a le même genre et le même nombre que son antécédent (*œuvres* n'est pas CD, c'est le sujet de *ont connu*), féminin et pluriel.

Le participe passé est **invariable** dans les cas suivants.

- **Le participe passé des verbes impersonnels et du présentatif *il y a***

  > *Imaginez l'audace qu'il a **fallu** pour monter et présenter cet opéra !*
  >
  > *Le tonnerre d'applaudissements qu'il y a **eu** l'a rassuré.*

- **Le participe passé précédé du pronom *le* ou *l'* remplaçant une phrase ou une idée**

  > *Elle a misé sur la chanson de qualité, tu me l'as **répété** plusieurs fois.*
  >
  > (*l'* remplace une phrase)
  >
  > *Sa chanson est meilleure encore que vous ne l'aviez **dit**.*
  >
  > (*l'* remplace l'idée que la chanson est bonne)

- **Le participe passé précédé du pronom *en* quand celui-ci est complément direct**

  > *Des vedettes, il en a **rencontré**.*

  L'accord du participe passé est possible dans certains cas, mais dans l'usage, le participe passé est habituellement invariable.

- **Les participes *dû, pu, cru, su, voulu, prévu, permis*, etc.**

  Ces participes demeurent invariables lorsque le verbe a un GVinf ou une phrase syntaxique sous-entendus après lui.

  > *Malgré la grippe, il a présenté un bon spectacle : il a fourni tous les efforts qu'il a **pu**.*
  >
  > (= qu'il a pu **fournir**)
  >
  > *Les spectateurs n'ont pas eu la réaction que j'aurais **cru**.* (= que j'aurais cru **qu'ils auraient**)

Autre graphie

coûter

- **Le participe passé des verbes *couter*, *valoir*, *peser*, *marcher*, *vivre*, etc.**

Lorsque des verbes comme *couter*, *valoir*, *peser* sont construits avec un complément exprimant la **mesure** (durée, prix, distance ou poids), le participe passé est invariable.

Autre graphie

quinze mille

> *Les quinze-mille dollars qu'a* **couté** *la promotion de votre nouveau disque en valaient la peine.*

> *Les efforts que lui a* **coutés** *la création de cette chanson ont été récompensés.*
> (Ici, le CD du verbe *couter*, mis pour *les efforts*, n'exprime aucune mesure.)

- **Le participe passé suivi d'un infinitif**, lorsque le CD placé devant le verbe ne fait pas l'action exprimée par le verbe à l'infinitif.

> *Les comédies que j'ai* **vu** *jouer étaient grandioses.*

Le CD *que*, mis pour *Les comédies* et placé devant le verbe *ai vu*, fait-il l'action de *jouer*? Non: *vu* est invariable. Par contre, dans la phrase *La chanteuse que j'ai entendue répéter semblait fatiguée*, le participe passé *entendue* s'accorde avec le CD *que* (mis pour *chanteuse*), puisque ce dernier fait l'action exprimée par le verbe à l'infinitif.

Les participes ***fait*** et ***laissé*** suivis d'un infinitif sont toujours invariables.

> *Les musiciens? Ils les ont* **fait** *répéter, puis les ont* **laissé** *jouer le soir même.*

▌ Le participe passé des verbes pronominaux

Un verbe pronominal est toujours précédé d'un pronom personnel réfléchi, qui désigne la même personne et le même nombre que le sujet. Ce pronom forme avec le verbe un tout indivisible. Bien qu'au passé ce verbe se conjugue toujours avec l'auxiliaire *être*, il ne faut pas confondre la catégorie des participes passés avec *être* et celle des verbes pronominaux, car chacune est régie par ses propres règles.

> participe passé employé avec *être*
> *Cette jeune interprète est* **promise** *à un brillant avenir.*

> participe passé d'un verbe pronominal
> *Elle s'est* **promis** *de conquérir Paris avant cinq ans.*

Autre graphie

connaître

Il est important de connaitre les sortes de verbes pronominaux pour en accorder le participe passé. Consultez, au besoin, le chapitre sur les verbes, p. 173.

Les verbes occasionnellement pronominaux

Le participe passé de ces verbes s'accorde avec le CD quand ce complément est placé devant le verbe. Pour trouver le CD, on change l'auxiliaire *être* par l'auxiliaire *avoir* et on pose la question habituelle (sujet + verbe + *qui?* ou *quoi?*). Dans le cas des verbes occasionnellement pronominaux, le pronom personnel réfléchi est habituellement CD ou CI : il importe donc de bien poser la question pour les distinguer.

*Pour son récital, elle **s'est vêtue** de rouge.*

(Elle a vêtu qui ? *s'*.)

*Quand elles **se sont vues**, elles **se sont souri**.*

(Elles ont vu qui ? *se* ; elles ont souri **à qui** ? *se* n'est pas un CD.)

*Elle **s'est offert** une semaine de repos au milieu de sa tournée.*

(Elle a offert quoi ? *une semaine de repos* ; elle a offert **à qui** ? *s'* n'est pas un CD.)

*Avant d'entrer en scène, elle **s'est parlé** pour s'encourager.*

(Elle a parlé **à qui** ? *s'* n'est pas un CD.)

Les verbes essentiellement pronominaux

Le participe passé des verbes essentiellement pronominaux s'accorde avec le noyau du GN sujet. Dans de tels cas, le pronom personnel réfléchi devant le verbe n'a aucune fonction.

*Elle **s'est extasiée** devant l'originalité de plusieurs de leurs chansons.*

(verbe essentiellement pronominal)

Il en va de même pour le participe passé des verbes qui changent de sens en devenant pronominaux et des verbes pronominaux à sens passif.

*Ils **se sont aperçus** trop tard que l'acoustique était défectueuse.*

(Le verbe *apercevoir* change de sens lorsqu'il devient pronominal.)

*Ses disques **se sont vendus** à des millions d'exemplaires.*

(= ont été vendus, verbe pronominal à sens passif)

Quelques verbes pronominaux particuliers

Le participe passé des verbes *se rire* et *se plaire* (et tous les verbes de la même famille : *se déplaire, se complaire*, etc.) est toujours invariable. Il en va de même pour le participe passé des locutions verbales comme *se rendre compte, s'en faire*, etc. : *Ils **se sont rendu compte** de leur erreur à temps.*

Dans le cas du participe passé d'un **verbe pronominal suivi d'un infinitif**, on applique la même règle que pour le participe passé employé avec *avoir* suivi d'un infinitif.

*Les musiciens **se sont écoutés** jouer pendant des heures.*

(Le pronom *se* est CD et fait l'action exprimée par l'infinitif.)

Testez-vous   6.6

Corrigé p. 290

Accordez les participes passés en caractères gras. Justifiez vos accords en identifiant la catégorie d'emploi du participe passé et en expliquant l'application de la règle.

On a souvent **entendu** ces mots : « Des artistes de talent, le Québec n'en a jamais **manqué**, **y compris** dans le domaine de la chanson. » Les noms de Leclerc, de Vigneault, de Léveillée et de Ferland se sont tout de suite **présenté** à notre esprit. Quant aux femmes auteures, elles n'ont pas toujours reçu la reconnaissance qu'elles auraient **dû**.

6.5   Un seul accord dans le groupe adverbial

Exceptionnellement, l'adverbe *tout* est variable quand il modifie un adjectif (ou un participe passé employé comme adjectif) féminin commençant par une consonne ou un *h* aspiré.

> Lors de son premier concert, elle était à la fois **toute** hardie et **tout** hésitante.

Conseils pour la rédaction

h aspiré ou muet ?

Rappelons qu'un *h* aspiré empêche la liaison et l'élision : *les héros* (liaison interdite) et *le héros* (élision interdite). Par contre, le *h* muet les permet : *les histoires* (liaison permise) et *l'histoire* (élision permise). Lorsque vous êtes en présence d'un adjectif, transformez celui-ci en nom et vérifiez si l'article qui le précède est élidé ou non (on ne l'élide pas devant un *h* aspiré). Prenons la phrase ci-dessus : on dit *la hardiesse*, non *l'hardiesse* (donc *h* aspiré) ; on ne dit pas *la hésitation* mais *l'hésitation* (donc *h* muet).

Dans le doute, consultez un dictionnaire comme *Le Petit Robert*. Si la transcription phonétique du mot commence par une apostrophe, la liaison est interdite : héros ['ero].

Testez-vous   6.7

Corrigé p. 290

L'adverbe *tout* doit-il s'accorder? Si oui, faites l'accord correctement et expliquez-le.

1 Claudine était (tout) hébétée, (tout) surprise d'apprendre que son chanteur préféré avait déjà enseigné la littérature.

2 Nos voisines sont habitées (tout) entières par la musique classique.

Le Coin des curieux

L'accord des participes passés successifs

De façon générale, chaque participe passé s'accorde suivant la règle habituelle.

*Cette vedette, nous ne l'aurions jamais **crue** si **gênée**.*

crue : part. passé avec *avoir*, s'accorde avec le CD *l'* mis pour *vedette*.

gênée : part. passé employé comme adjectif, attribut du CD *l'* mis pour *vedette*, avec lequel il s'accorde.

*Les membres du groupe s'étaient **sentis isolés** au milieu de la foule.*

sentis : part. passé d'un verbe occasionnellement pronominal, s'accorde avec le CD *s'* mis pour *membres*.

isolés : part. passé employé comme adjectif, s'accorde avec le CD *s'* mis pour *membres*, dont il est attribut.

À retenir

Les accords

Mots donneurs d'accord	Mots receveurs d'accord
• Nom • Pronom	• Déterminant • Adjectif • Verbe

Accords dans le GN

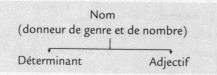

Nom
(donneur de genre et de nombre)

Déterminant   Adjectif

Accords dans le GV

Verbe	**Règle générale** S'accorde avec le noyau du GN sujet.

À surveiller
- le sujet éloigné du verbe
- les mots écrans entre verbe et sujet
- l'inversion du verbe et du sujet

Les cas particuliers
- personnes grammaticales différentes
- subordonnée ou GVinf sujet
- pronom relatif *qui* sujet
- *c'est* suivi d'un GN
- sujet repris par un mot-synthèse
- sujet formé de GN synonymes
- sujet formé d'une gradation
- sujet contenant *comme*, *ainsi que*
- sujet exprimant la quantité
- sujet formé d'un nom collectif
- sujet formé de GN coordonnés par *ou* ou *ni*

Attribut	**Attribut du sujet** S'accorde avec le noyau du GN sujet. **Attribut du CD** S'accorde avec le noyau du GN CD.

•••

•••

Participe passé	**employé comme adjectif** S'accorde comme un simple adjectif, dans le GN, avec le nom qu'il complète.

employé avec l'auxiliaire *être*

S'accorde avec le sujet.

employé avec l'auxiliaire *avoir*

- S'accorde avec le CD si celui-ci est placé devant le verbe.
- Sont **invariables** les participes passés :
  - ayant comme CD le pronom *en* ; le pronom *le* ou *l'* remplaçant une phrase ou une idée ;
  - des verbes impersonnels et du présentatif *il y a* ;
  - *dû, pu, cru, su, voulu*, etc., quand le verbe a un GVinf ou une **P** sous-entendus après lui ;
  - suivis d'un infinitif dont le CD placé devant le participe ne fait pas l'action exprimée par l'infinitif.

d'un verbe pronominal

- occasionnellement pronominal : accord avec le CD placé devant le verbe
- essentiellement pronominal : accord avec le sujet

Accord dans le GAdv

L'adverbe ***tout***, exceptionnellement, varie lorsqu'il modifie un adjectif féminin commençant par une consonne ou un *h* aspiré : *Val est **toute** honteuse et **toute** repentante.*

Partie 2

Les classes de mots

Qu'entend-on exactement par « classe » ? Une classe (ou catégorie) est formée d'un ensemble de mots qui possèdent des propriétés communes. Ces propriétés, ou caractéristiques, sont d'ordre sémantique (elles ont rapport au **sens** des mots), morphologique (elles concernent la **forme** d'un mot) et syntaxique (elles touchent le **fonctionnement** des mots dans la phrase).

Prenons le nom *pomme*. Sur le plan sémantique, on dira que ce mot désigne un objet concret que l'on peut compter. Sur le plan morphologique, le nom *pomme* porte le genre féminin et il est variable en nombre (*des pommes*). Enfin, sur le plan syntaxique, on remarquera que le nom *pomme* exige la présence d'un déterminant devant lui (*la pomme, une pomme*), qu'on peut facilement le remplacer par un autre mot de la même classe dans une phrase donnée (*La pomme est verte. / Le fruit est vert.*), qu'il forme le noyau d'un groupe nominal et qu'il est donneur d'accord (*Ces belles grosses **pommes** juteuses sont exquises.*).

Il est important de souligner qu'en français il existe plusieurs mots ayant la même orthographe mais appartenant à des classes de mots différentes. Il en est ainsi du mot *file*.

> La voiture **file** à vive allure.
>
> La **file** d'attente devant le cinéma semble interminable.

Les mots *file*, ici, appartiennent à deux classes de mots différentes. Comment savoir laquelle ? En observant les caractéristiques et le fonctionnement de chacun de ces mots en contexte. Ainsi, le premier *file* exprime une action (un verbe pourrait lui être substitué) ; il forme le noyau d'un groupe verbal et peut varier en personne et en nombre. Le second *file*, qui est précédé d'un déterminant, désigne une chose concrète ; il forme le noyau d'un groupe nominal et ne peut varier qu'en nombre.

Vous aurez compris que la connaissance des classes de mots aide tout rédacteur à choisir les mots appropriés au contexte, à les orthographier correctement et à effectuer les accords qui s'imposent.

Le nom

Objectifs

Au terme de ce chapitre, vous devriez pouvoir répondre aux questions suivantes :

AUTRE GRAPHIE

reconnaître

▪ Comment le genre des noms est-il fixé ?

▪ Quel mot accompagne habituellement un nom commun et permet de reconnaitre celui-ci comme tel ?

▪ À quels mots dans la phrase le nom, qui est donneur d'accord, donne-t-il ses traits grammaticaux ?

C omment s'assurer que l'on a affaire à un nom dans un texte ? Observons la phrase suivante : *Cette chatte, après avoir **porté** sa progéniture pendant plusieurs semaines, a mis au monde une belle **portée** de cinq chatons.*

Le mot *porté(e)* est utilisé deux fois. Pourtant, il ne signifie pas la même chose dans les deux cas et ne s'écrit pas de la même façon non plus. Ce sont les mots qui l'entourent qui nous éclairent sur le mot lui-même. Ici, seul le mot *portée* est un nom.

AUTRE GRAPHIE

sanskrit

La classe des noms représente une catégorie de mots appartenant à une liste ouverte, infinie. En effet, de nouveaux noms s'ajoutent sans cesse à ceux existants, soit par emprunt (*yoga* : mot sanscrit), soit par dérivation (*antivol* : de *anti* et *vol*), soit par fusion (*courriel* : de *courrier* et *électronique*). Malgré leur variété infinie, les noms ont en commun des caractéristiques sémantiques, morphologiques et syntaxiques qui nous permettent de les regrouper dans une même classe de mots.

7.1   Qu'est-ce qu'un nom ?

Le nom désigne un être, une chose, une idée. Habituellement, le nom commun est précédé d'un déterminant.

▌ Choisir le bon nom

Le nom possède différents traits sémantiques, qui vont par paires. Ces traits nous guident, entre autres, sur le choix des mots à utiliser : par exemple, en parlant d'un animal, on emploiera l'expression *mise bas* plutôt que le mot *accouchement*, lequel est réservé à l'être humain.

- **Trait animé / Trait non animé**

  Le nom qui possède le trait animé désigne un humain ou un animal. Le nom qui désigne une chose a le trait non animé.

  animé   animé   non animé

  L'**homme** qui nourrit le **lapin** raffole aussi des **carottes**.

- **Trait humain / Trait non humain**

  Le nom qui possède le trait humain désigne une réalité qui appartient à l'être humain en propre. Le nom qui désigne une réalité n'appartenant pas à l'humain a le trait non humain.

  non humain   non humain   humain   humain

  Le **chien** frotte son **museau** contre la **jambe** du **garçon**.

  Il est important de comprendre que certains noms ne conviennent qu'aux êtres humains, d'autres aux animaux. Ainsi, bien que l'on dise parfois à un enfant « *Tu as les pattes fatiguées ?* », on utilisera le terme approprié à l'écrit : *jambes*.

- **Trait commun / Trait propre**

  Le nom qui possède le trait commun désigne une classe d'êtres ou de choses dont on peut donner une définition (on peut expliquer ce que signifie le mot). Le nom propre désigne un élément particulier (être ou chose) de la réalité, pour lequel il n'existe pas de définition comme telle ; il prend la majuscule (voir « Le coin des curieux », p. 120 et 121).

  commun propre   propre   propre

  Leur **cadet**, **Francis**, rêve de visiter la **Belgique**, le pays de **Tintin**.

- **Trait individuel / Trait collectif**

  Le nom qui possède le trait individuel désigne un être ou une chose distincts, ou encore une espèce dont fait partie l'être ou la chose. Le trait collectif est attribué à un nom qui représente, au singulier, un ensemble d'êtres ou de choses semblables.

<u>collectif</u> <u>individuel</u> <u>collectif</u> <u>individuel</u>

*La **foule** entourait l'**enfant**, qui admirait le **troupeau** de **moutons**.*

- **Trait comptable / Trait non comptable**

  Le nom qui possède le trait comptable désigne une réalité pouvant être comptée, dénombrée. Si la réalité ne peut pas être dénombrée, le nom a le trait non comptable et s'utilise avec un déterminant partitif.

  <u>non comptable</u> <u>comptable</u>

  *Il a versé du **sirop** sur les deux **crêpes** dorées.*

- **Trait concret / Trait abstrait**

  Le nom qui possède le trait concret désigne un être ou une chose, réels ou imaginés, censés être perceptibles par les sens. Le nom abstrait désigne une réalité non perceptible par les sens, comme un évènement, un état, une qualité.

  <u>concret</u> <u>abstrait</u> <u>concret</u>

  *Le **roman** racontait la **vie** d'un **fantôme** aventurier et philosophe.*

  Le nom abstrait ne varie généralement pas en nombre; si on emploie un nom ayant le trait abstrait au pluriel, il deviendra concret.

Abstrait	*Je pratique la **peinture** (un art) depuis vingt ans.*
Concret	*Il n'a vendu que ses **peintures** (des tableaux) récentes.*

Traits sémantiques et sens des mots

Selon son emploi, un nom ne conserve pas toujours les mêmes traits sémantiques.

Concret	*Le **pied** de la table est brisé.*
Abstrait	*On devrait lui retirer son permis : il conduit comme un **pied**.*
Non comptable	*Il faut rentrer le **bois** pour l'hiver.*
Comptable	*L'orignal a perdu ses **bois**.*

Testez-vous   7.1

Corrigé p. 290

Relevez, dans chaque phrase, l'erreur relative aux traits sémantiques, expliquez-en la nature, puis corrigez-la.

1. Les griffes de la jeune femme étaient longues et, ma foi, quelque peu menaçantes.
2. Les duretés de cet homme nous troublent.

7.2 Le genre du nom

Le nom a nécessairement un genre.

- Ce genre est fixé arbitrairement s'il s'agit d'un nom au trait non animé.

   le potager, la tomate, le râteau, la herse

- Ce genre correspond souvent au genre naturel, dans le cas des noms ayant le trait animé. Il est alors déterminé par le sexe (mâle ou femelle). Dans un tel cas, on peut avoir, pour désigner les deux sexes :

   - deux formes : *un avocat / une avocate* ;

   - deux noms différents : *un homme / une femme* ; *un bouc / une chèvre* ;

   - un nom à double genre (nom épicène) : *un / une enfant, un / une élève.*

- Certains noms ayant le trait non animé ont la même orthographe, mais leur genre et leur signification diffèrent.

   *rédiger **un mémoire**   avoir **une excellente mémoire***

- D'autres noms, peu nombreux, s'emploient indifféremment au masculin ou au féminin, sans distinction de sens.

   un / une après-midi   un / une enzyme

Plusieurs personnes confondent le genre de certains noms, surtout ceux commençant par une voyelle (***un** autobus* et non ***une** autobus*). Dans le doute, greffez un adjectif au nom : *un orage désastreux* ou **une orage désastreuse* ? Si le doute persiste, consultez un dictionnaire.

▌ La marque du genre

Le genre du nom n'est pas nécessairement marqué dans le nom. C'est plutôt le déterminant accompagnant le nom qui, souvent, signale le genre de celui-ci.

   une dictée, un musée

▌ La formation du féminin des noms animés

On obtient le féminin de la plupart des noms animés en ajoutant un *–e* à la forme du masculin. Il faut cependant tenir compte de plusieurs variantes (par exemple, le redoublement de la consonne finale de quelques noms masculins : *lion / lionne*), lesquelles variantes comportent parfois des cas particuliers (*amoureux / amoureuse*, mais *vieux / vieille*). En cas de doute, nous vous conseillons de consulter un dictionnaire.

La féminisation des titres

Au Québec, un grand travail a été accompli, notamment par l'Office québécois de la langue française, pour féminiser les noms de professions, de métiers, de titres et de fonctions. En effet, pourquoi appellerait-on une femme qui dirige une entreprise *un directeur* quand le mot *directrice* rend beaucoup mieux compte de la réalité ? D'excellents ouvrages de référence fournissent une liste complète de ces noms féminins : *Le français au bureau* et le *Multidictionnaire de la langue française*. Nous vous invitons à les consulter.

Testez-vous   7.2

Corrigé p. 290

Dans la phrase suivante, les mots en caractères gras sont-ils masculins ou féminins ? Possèdent-ils toujours le même genre ?

L'**élève** timide tournait les **pages** de quelque **livre** de poésie lorsque, retroussant les **manches** de son **chemisier**, elle perdit l'équilibre : son pied avait en effet disparu dans un trou de **vase**.

7.3   Le nombre du nom

En général, un nom n'a pas de nombre fixe. Ce mot variable prend plutôt le nombre qui convient aux besoins de la communication, selon le sens que l'émetteur lui donne. Il est alors singulier ou pluriel.

> *Nous planterons ces deux **chênes**, puis nous préparerons le **potager**.*

- Certains noms ne s'utilisent qu'au singulier (la plupart des noms propres, les noms abstraits, les noms désignant les sens, les points cardinaux, etc.).

  la France, l'odorat, le nord de la ville

- D'autres noms n'existent qu'au pluriel.

  les frais, les alentours, les archives, les fiançailles, les funérailles, les mœurs

- Certains noms changent de sens selon qu'ils sont utilisés au singulier ou au pluriel.

  une lunette / des lunettes   *une vacance / des vacances*

◼ La formation du pluriel des noms communs simples

Règle générale On obtient le pluriel de la plupart des noms simples (formés d'un seul élément) en ajoutant un *–s* à la forme du singulier. Les noms terminés par *–s*, *–x* ou *–z* ne changent pas au pluriel.

> *un lien / des liens   un pois / des pois   un choix / des choix   un nez / des nez*

À l'oral, en français, on entend rarement le pluriel des noms. Le déterminant est alors indispensable pour savoir si le nom est utilisé au singulier ou au pluriel.

> *quelques amis, ses parents, deux frères, plusieurs sœurs*

Variantes de la règle générale Observez le tableau suivant et notez les changements apportés aux noms lorsqu'on passe du singulier au pluriel.

PLURIEL DES NOMS : VARIANTES ET CAS PARTICULIERS			
Terminaisons	**Exemples**	**Cas particuliers**	
singulier → pluriel			
ail → ails	détail / détails	bail / baux corail / coraux émail / émaux	soupirail / soupiraux travail / travaux vitrail / vitraux
al → aux	journal / journaux	bal / bals carnaval / carnavals festival / festivals régal / régals	récital / récitals cérémonial / cérémonials idéal / idéals (ou idéaux)
au → aux	tuyau / tuyaux	landau / landaus	sarrau / sarraus
eu → eux	jeu / jeux	bleu / bleus	pneu / pneus
ou → ous	clou / clous	bijou / bijoux caillou / cailloux chou / choux genou / genoux	joujou / joujoux hibou / hiboux pou / poux

◼ Le pluriel des noms complexes

Un nom complexe est un nom formé de deux ou de plusieurs éléments joints ou non par un trait d'union. Généralement, seuls les noms et les adjectifs sont variables dans les noms complexes.

> *des beaux-pères, des coffres-forts, des couvre-lits, des arrière-pensées*

Nous vous conseillons de consulter un dictionnaire si vous avez un doute quant à l'orthographe d'un nom complexe : vous y trouverez l'orthographe du mot au singulier et au pluriel.

Le pluriel des noms propres

Les noms propres varient rarement. Il en est ainsi des noms de familles ordinaires (*les Laporte*), de personnes ayant porté le même nom (*les frères Goncourt*), des noms de marques (*les anciens Concorde*), des titres de livres ou de revues (*des* Châtelaine). Les noms propres varient cependant dans quatre cas. Retenez ces derniers, et le tour sera joué !

Noms propres variables

- Noms de peuples
    *Les **Italiens** ont remporté la victoire.*

- Noms géographiques désignant plusieurs pays
    *Il a visité les **Guyanes** l'an dernier.*

- Noms de personnages illustres servant de modèles
    *Ses élèves sont de vrais petits **Einsteins**.*

- Noms de familles illustres et anciennes, de sang royal
    *Les **Bourbons** ont régné longtemps en France.*

Le pluriel des noms étrangers

Les noms empruntés à d'autres langues, dont le latin, peuvent simplement suivre la règle générale de la formation du pluriel des noms français (*des spaghettis, des gentlemans, des matchs, des minimums*).

Testez-vous   7.3

Corrigé p. 290-291

Relevez les erreurs de nombre dans le texte suivant, expliquez-en la nature et corrigez-les.

Je prendrai ma vacance en aout, cette année, à la mer probablement, et ferai de la plongée pour admirer les corails. J'apporterai mes bijoux pour assister aux bals de nuit, sur la plage. Une de mes belle-sœurs m'accompagnera sans doute, de même que la fille de nos voisins, les Bérubés.

AUTRE GRAPHIE

août

7.4   Le nom dans le GN et dans la phrase

▊ Le nom : noyau du GN

Le nom est le cœur du groupe nominal. Il peut avoir plusieurs expansions, qui seront toutes compléments du nom.

*Tout ébouriffés, les jolis **plants** d'asperge ondulaient dans la brise.*

compl. du nom   compl. du nom   compl. du nom

▊ Le nom : donneur d'accord

Bien que ce soit tout le groupe nominal qui remplisse une fonction syntaxique dans la phrase, c'est le noyau du GN qui donne son genre et son nombre au déterminant et à l'adjectif, et c'est lui aussi qui donne sa personne et son nombre au verbe de la phrase.

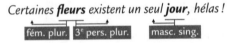

*Certaines **fleurs** existent un seul **jour**, hélas !*

fém. plur.   3ᵉ pers. plur.   masc. sing.

Testez-vous   7.4

Corrigé p. 291

Relevez les groupes nominaux dans le texte qui suit, puis identifiez le noyau de chacun. Repérez les mots auxquels le noyau donne son genre et son nombre, ou sa personne et son nombre.

Dès que le jour pointait, la femme se levait, lente dans ses gestes et dans ses pas, déjeunait, puis se rendait à son royaume. Celui-ci baignait encore dans la brume quasi laiteuse du matin d'été.

Le Coin des curieux

Nom propre et majuscule

Voici quelques règles à retenir.

S'écrivent avec une majuscule, pour signaler qu'il s'agit de noms propres :

- les noms de peuples, de races, de groupes ethniques, d'habitants d'une ville, d'une région ou d'une province ;

•••

• • •

AUTRE GRAPHIE
Néo-Zélandais

Les Québécois sont renommés pour leur hospitalité.

Aux États-Unis, les Noirs et les Blancs se sont violemment opposés.

*Un **Néozélandais** a remporté le Nobel de la paix.*

Notez que les **adjectifs** relatifs aux peuples, aux races, aux groupes ethniques, aux habitants d'une ville, à une région ou à une province s'écrivent avec une **minuscule**.

Sa meilleure amie est portugaise. Elle adore les mets italiens.

• les noms de fêtes ;

la fête du Travail, le Vendredi saint

AUTRE GRAPHIE
événements

• les noms de certaines époques, de faits, de lieux et d'évènements historiques ;

le Moyen Âge, la Seconde Guerre mondiale, la Révolution tranquille

Notez qu'à l'intérieur d'un nom propre complexe, les adjectifs qui précèdent le nom propre s'écrivent avec une majuscule (*le Moyen Âge*).

• les noms d'organismes publics ou privés, de sociétés, d'institutions ;

l'Assemblée nationale, l'Office québécois de la langue française

• les noms d'évènements sportifs ou artistiques ;

le Grand Prix de Montréal, les Jeux olympiques, le Festival de jazz

• les noms d'établissements d'enseignement, de musées, de bibliothèques ;

l'École polytechnique, la Bibliothèque nationale

• les titres de journaux, de revues et de livres ;

le journal La Presse*, le roman* Bonheur d'occasion

• les noms de marques ;

une Honda, le Concorde

• les points cardinaux désignant une voie de communication ou un lieu ;

l'Ouest canadien, l'Afrique du Sud, Montréal-Nord

• les noms de lieux géographiques ou de voies de circulation.

le golfe Persique, la rivière des Prairies, la rue Jean-Talon

Notez que les noms génériques (*golfe*, *rivière* et *rue*) s'écrivent avec une minuscule, les termes spécifiques (*Persique* et *Prairies*), avec une majuscule. Cependant, si le nom générique est utilisé comme entité administrative, il s'écrira avec une majuscule (*j'habite Rivière-des-Prairies*). Notez également que l'on doit mettre les accents sur les majuscules (*l'Écosse*).

S'écrivent plutôt avec une minuscule : les noms des langues, des jours de la semaine, des mois, des saisons, des courants littéraires, etc.

*J'ai passé tous les **jeudis** du mois de **juillet**, cet **été**, à apprendre l'**espagnol** et à relire mes **classiques** préférés).*

À retenir

- Le nom désigne un être, une chose, une idée. Il est habituellement précédé d'un déterminant.

Les traits sémantiques du nom

Trait animé	ou	Trait non animé
(être humain ou animal) *un pêcheur, un poisson*		(chose) *un hameçon*
Trait humain	**ou**	**Trait non humain**
(réalité appartenant à l'humain) *un accouchement*		(réalité n'appartenant pas à l'humain) *une mise bas*
Trait commun	**ou**	**Trait propre**
(classe d'êtres ou de choses) *une femme*		(élément particulier de la réalité) *Brigitte*
Trait individuel	**ou**	**Trait collectif**
(être ou chose distincts, espèce) *un mouton*		(ensemble d'êtres ou de choses semblables) *un troupeau*
Trait comptable	**ou**	**Trait non comptable**
(réalité pouvant être comptée) *un biscuit*		(réalité ne pouvant pas être dénombrée) *de la farine*
Trait concret	**ou**	**Trait abstrait**
(être ou chose perceptibles par les sens) *un baiser*		(réalité non perceptible par les sens) *l'amour*

Le genre et le nombre du nom

Genre	Nombre
• Le genre du nom au trait non animé est arbitraire ; celui du nom au trait animé est habituellement déterminé par le sens.	• Le nombre d'un nom dépend du sens que l'émetteur lui donne.
• Le genre du nom n'est pas toujours marqué dans le nom (*musée*) ; c'est alors le déterminant qui signale le genre (*un musée*).	• À l'écrit, le déterminant et le nom pluriels portent habituellement la marque du pluriel. À l'oral, on entend rarement le pluriel des noms.
• Des règles régissent la formation du féminin des noms.	• Des règles régissent la formation du pluriel des noms.

Le nom dans le GN et dans la phrase

- Le nom est le noyau du GN.
- Toutes les expansions du nom noyau sont des compléments de ce nom.
- Le nom est donneur d'accord : il donne son genre et son nombre au déterminant et à l'adjectif ; il donne sa personne et son nombre au verbe de la phrase.

8 Le déterminant

Objectifs

Au terme de ce chapitre, vous devriez pouvoir répondre aux questions suivantes :

- Est-ce que tous les noms sont accompagnés d'un déterminant ?
- Où le déterminant se place-t-il ?
- Le déterminant ajoute-t-il du sens au nom qu'il accompagne ?

Le déterminant est un mot raffiné. La réalité représentée par les mots peut en effet changer selon que l'on utilise un déterminant plutôt qu'un autre. Comparez les nuances de sens entre **une** *passion*, **la** *passion*, **ma** *passion* et **aucune** *passion*. Dans chacun de ces quatre cas, la passion est caractérisée d'une façon particulière.

Extrêmement utile, le déterminant nous renseigne notamment sur le genre et le nombre des noms qu'il introduit, il précise à qui appartiennent les objets, combien il y en a, etc.

> **Ma** *voiture est en panne.* / **Votre** *voiture est en panne.*

Le déterminant a une autre caractéristique singulière : il lui suffit de se placer devant un mot, par exemple une interjection, pour transformer celui-ci en nom.

> *Retenez* **vos ah !** *admiratifs...*

Bien qu'ils soient très variés, les déterminants ont en commun des caractéristiques qui les différencient des autres classes de mots.

8.1 Qu'est-ce qu'un déterminant?

Le déterminant est un mot qui précise le nom (*mes amis*) ou le pronom (*tous les vôtres*) qu'il accompagne, en indiquant, entre autres, si la réalité qu'il désigne est connue (***cette** lettre*) ou non (***une** enveloppe*) de l'interlocuteur; il peut indiquer aussi, dans le cas d'un objet par exemple, à qui il appartient (***votre** maison*) ou combien il y en a (***deux** balcons*).

On répète habituellement le déterminant autant de fois qu'il y a de noms à déterminer dans la phrase, et chaque déterminant reçoit le genre et le nombre du nom qu'il précise (*Elle a **des** chiens, **des** chats et **une** chèvre.*).

Voyons les deux grands sous-ensembles de déterminants.

Le déterminant référent et le déterminant non référent

Le déterminant référent

Le déterminant référent, aussi appelé **déterminant de reprise**, introduit un nom qui désigne une réalité déjà évoquée dans le texte ou présente dans la situation de communication, ou encore quelque chose habituellement connu de tous.

> *Nous avons visité une maison claire et spacieuse. **Cette** maison nous plait.*
> (réalité déjà évoquée dans le texte)
>
> *Regarde **cette** magnifique maison !*
> (réalité présente dans la situation de communication)
>
> *L'achat d'une première maison procure toujours une grande joie.*
> (réalité connue)

AUTRE GRAPHIE

plaît

On trouve, parmi les déterminants référents, le déterminant défini, le déterminant démonstratif, le déterminant possessif, le déterminant exclamatif, le déterminant interrogatif et le déterminant relatif.

Le déterminant non référent

Le déterminant non référent s'emploie avec un nom qui désigne une réalité ne pouvant pas être identifiée par l'interlocuteur parce qu'elle n'a pas encore été évoquée dans le texte ou la situation de communication, ou parce qu'elle n'est pas connue de tous.

> ***Un** homme dans la rue m'a demandé **un** renseignement.*

On trouve, parmi les déterminants non référents, le déterminant partitif, le déterminant numéral et le déterminant indéfini.

Le genre et le nombre du déterminant

Le déterminant varie habituellement en genre et en nombre selon le nom qu'il précise.

Cette cause nous tient à cœur.   *Ces données sont essentielles.*

Certains déterminants ne varient qu'en genre ou qu'en nombre, d'autres encore sont invariables.

Variable en genre seulement	*différentes personnes / différents individus*
Variable en nombre seulement	*quelque temps / quelques semaines*
Invariable	*plusieurs personnes*

Le rôle et la place du déterminant

Le rôle syntaxique du déterminant est d'introduire un nom dans une phrase. Il précède toujours le nom. Lorsque le noyau du GN est un nom commun, le déterminant est habituellement obligatoire. Dans ce GN, le déterminant sera toujours l'élément le plus à gauche.

Les belles promesses que vous nous avez faites seront-elles tenues ?

Il arrive qu'un nom commun ne soit pas accompagné d'un déterminant et qu'un nom propre le soit (voir « Le coin des curieux », p. 138).

Le déterminant fait passer dans la classe du nom n'importe quel mot d'une autre classe grammaticale ; il est alors toujours masculin.

Quel est le pourquoi de toutes ces questions ?

8.2   Les sortes de déterminants

Nous avons vu que les neuf sortes de déterminants se divisent en deux grandes sous-catégories : les référents et les non référents. Nous vous présentons ici la liste complète des formes que peut prendre chaque sorte de déterminant (à l'exception du déterminant indéfini) ainsi que les principales erreurs à éviter dans l'emploi de certains d'entre eux.

▪ Les déterminants référents

Le déterminant défini

Le déterminant défini est l'exemple type du déterminant référent. Il introduit un nom qui renvoie à une réalité connue de l'interlocuteur soit parce que cette réalité a déjà été évoquée dans le texte, soit parce que la situation de communication ou le contenu de la phrase permet de reconnaitre cette réalité, ou encore parce que cette réalité est connue de tous (abstraite, comme *la bonté*, ou générique, comme *les chats*, etc.).

| AUTRE GRAPHIE |
| reconnaître |

> *Nous avons planté un chêne.* **L'***arbre croît lentement. Fermez* **la** *clôture :*
> **les** *ratons laveurs viennent grignoter* **les** *légumes de notre potager !*

Le locuteur utilise *l'* parce que l'arbre a été évoqué dans la phrase précédente ; il utilise *la* parce que, dans la situation de communication, l'interlocuteur sait de quelle clôture il s'agit ; le premier *les* est employé parce qu'il s'agit ici des ratons laveurs en général, une réalité (générique) connue de tous ; enfin, le second *les* introduit un nom suivi d'un complément qui le précise.

Le déterminant défini, qui varie en genre et en nombre, a les formes suivantes.

	Singulier		Pluriel
	Masculin	**Féminin**	**Masculin ou féminin**
Déterminant défini	le	la	les
Déterminant défini élidé (devant une voyelle ou un *h* muet)	l'	l'	
Déterminant défini contracté (fusion avec les prépositions *à* et *de*)	au (à + le) du (de + le)		aux (à + les) des (de + les)

Pour éviter de confondre les déterminants définis avec les pronoms personnels homographiques, surtout au moment de l'accord du participe passé, il faut se rappeler que les pronoms *le*, *la* et *les* sont toujours placés devant un verbe dont ils sont le CD, alors que les déterminants sont devant un nom qu'ils précisent.

pronom   déterminant

Me **les** *as-tu rendus,* **les** *livres que je t'avais prêtés ?*

Testez-vous   8.1

Corrigé p. 291

Ajoutez les déterminants définis qui manquent et dites comment ils précisent le nom qu'ils introduisent (réalité déjà évoquée dans le texte, réalité désignée par la situation de communication, réalité connue de tous, réalité précisée à l'aide d'un complément du nom).

(1) ornithologie passionne notre fils cadet. Dès (2) lever (3) soleil, il se rend (4) mangeoires, les remplit, puis attend patiemment (5) arrivée (6) oiseaux.

Le déterminant démonstratif

Le déterminant démonstratif désigne quelque chose qui est proche dans l'espace ou dans le discours. Variable en genre et en nombre, il a les formes suivantes, auxquelles peut s'ajouter *-là* après le nom.

	Singulier		Pluriel
	Masculin	**Féminin**	**Masculin ou féminin**
Déterminant démonstratif	ce (devant une consonne ou un *h* aspiré) cet (devant une voyelle ou un *h* muet)	cette	ces

Cet homme et *cette* femme ont ce point en commun : ils fréquentent *ces* lieux-*là*.

Il faut éviter de confondre le déterminant démonstratif *ce* (placé devant le nom) avec le pronom *se* qui fait corps avec le verbe pronominal (il est placé devant ce verbe), et le déterminant démonstratif *ces* avec des mots homophones tels que *ses, c'est, s'est, sait*, etc. (voir le chapitre sur les homophones, p. 219).

Le déterminant possessif

Le déterminant possessif, comme son nom l'indique, marque l'appartenance, la possession ou encore le lien de parenté, le lieu d'origine. Les êtres ou les choses qui sont désignés par le nom que le déterminant possessif introduit renvoient à une personne grammaticale : celle qui parle (le locuteur : **mon** *rêve*), celle à qui l'on parle (l'interlocuteur : **ton** *rêve*), celle dont on parle (une personne à l'extérieur de la situation de communication : **son** *rêve*). Le déterminant possessif est donc le seul de sa catégorie qui varie selon la personne grammaticale, en plus de varier en genre et en nombre.

Déterminant possessif selon la personne grammaticale	Singulier		Pluriel
	Avec un nom masculin	Avec un nom féminin	Avec un nom masculin ou féminin
1re pers. sing.	mon	ma mon (devant une voyelle ou un *h* muet)	mes
2e pers. sing.	ton	ta ton (devant une voyelle ou un *h* muet)	tes
3e pers. sing.	son	sa son (devant une voyelle ou un *h* muet)	ses
1re pers. plur.	notre	notre	nos
2e pers. plur.	votre	votre	vos
3e pers. plur.	leur	leur	leurs

*Jean, **votre** arrivée nous réjouit. Voici **mon** mari, Pedro, et **nos** enfants, Sabrina et Samuel.*
*Ils s'amusent avec **leur** nouveau chien. Entrez, je vais vous présenter **ma** sœur et **son** amie.*

- Le déterminant possessif est remplacé par le déterminant défini lorsque le rapport avec la personne grammaticale est suffisamment exprimé par le contexte, notamment à propos des parties du corps.

  *Des frissons lui parcourent **le** corps (et non son corps).*

- Dans une phrase où le mot *chacun* est en rapport avec une 3e personne du pluriel, on peut utiliser le déterminant possessif à la 3e personne du singulier ou du pluriel.

  Après le repas, tous ses amis sont partis $\boxed{chacun}$ *de **son** / **leur** côté.*

- Il faut éviter de confondre les déterminants possessifs *notre* et *votre* avec les pronoms possessifs *le nôtre* et *le vôtre*; le déterminant possessif *leur* (variable) avec le pronom personnel *leur* (invariable); le déterminant possessif *ses* avec les mots homophones *ces, c'est, s'est*, etc. (voir le chapitre sur les homophones, p. 219).

Testez-vous   8.2

Corrigé p. 291

Ajoutez le déterminant possessif approprié.

Chère Amélie,
Je suis passé chez toi. (1) chat Bill a réduit en charpie les deux coussins de (2) causeuse. J'imagine (3) émotion en lisant cela… J'espère qu'au moins (4) excursion, à Jacques et à toi, se déroule bien. Maria et Jo vous envoient (5) salutations.

Le déterminant exclamatif

Le déterminant exclamatif sert à exprimer l'admiration, l'étonnement, l'indignation, le regret, etc., à propos de la réalité qu'exprime le nom qu'il introduit. On le rencontre dans la phrase exclamative et dans la phrase ayant une valeur exclamative. Les déterminants exclamatifs, parmi lesquels seul *quel* varie, ont les formes suivantes.

	Singulier		Pluriel		Invariable
	Masculin	**Féminin**	**Masculin**	**Féminin**	
Déterminant exclamatif	quel	quelle	quels	quelles	combien de que de

__Combien de__ personnes vous ont félicité ! __Quel__ bel hommage on vous a rendu !

Le déterminant interrogatif

Le déterminant interrogatif indique que l'on s'interroge sur la quantité, sur la référence ou sur l'identité de la réalité que désigne le nom qu'il introduit. On le rencontre dans la phrase interrogative ou dans la phrase ayant une valeur interrogative. Les déterminants interrogatifs, parmi lesquels seul *quel* varie, ont les formes suivantes.

	Singulier		Pluriel		Invariable
	Masculin	**Féminin**	**Masculin**	**Féminin**	
Déterminant interrogatif	quel	quelle	quels	quelles	combien de

__Quel__ veston porteras-tu ? J'aimerais savoir __combien d'__invités seront présents.

Testez-vous 8.3

Corrigé p. 291

Ajoutez le déterminant exclamatif ou interrogatif *quel* approprié.

(1) hurluberlu ! Vous savez (2) remarque il a faite ? « (3) hasard, tout de même, (4) coïncidence : j'ignorais tout à fait (5) frais cette démarche vous occasionnerait. »

Le déterminant relatif

Le déterminant relatif, utilisé surtout dans les textes administratifs et juridiques, indique que le nom qu'il introduit désigne la même réalité qu'un autre élément exprimé précédemment. Toutes les formes qu'il peut avoir sont des variantes de *lequel*.

	Singulier		Pluriel	
	Masculin	Féminin	Masculin	Féminin
Déterminant relatif	lequel auquel duquel	laquelle à laquelle de laquelle	lesquels auxquels desquels	lesquelles auxquelles desquelles

> *Nous verserons un million, **laquelle** somme devra être approuvée par nos actionnaires. Veuillez nous prévenir si vous n'acceptez pas cette offre, **auquel** cas nous devrons recourir aux tribunaux.*

▮ Les déterminants non référents

Le déterminant partitif

Le déterminant partitif est exclusivement employé lorsqu'il introduit un nom ayant le **trait non comptable**. Il désigne une quantité indéterminée, une partie d'un tout. Il a les formes suivantes.

	Singulier		Pluriel
	Masculin	Féminin	Masculin ou féminin
Déterminant partitif	du	de la	des
Déterminant partitif élidé (*le* et *la* deviennent *l'* devant une voyelle ou un *h* muet)	de l'	de l'	

> *Quelle recette bizarre ! Il faut **du** lait, **de la** farine, **de l'**ail, **de l'**aubergine et **des** lentilles comme ingrédients de base.*

Le déterminant partitif *des* devient *de* (ou *d'*) lorsqu'il introduit un nom précédé d'un adjectif.

> *Il avançait dans **d'**épaisses broussailles.* (et non pas *des épaisses broussailles*)

Tous les déterminants partitifs deviennent *de* (ou *d'*) dans une phrase négative (sauf avec le verbe *être*).

> *Je ne veux pas **de** pain.* (mais *Ce n'était pas **du** pain.*)

Testez-vous   8.4

Corrigé p. 291

Ajoutez le déterminant défini contracté *du*, *des* ou *la* (précédé de la préposition *de*) ou le déterminant partitif *du*, *de la* ou *des*, en prenant soin d'identifier chacun des déterminants.

Dès le début (1) vacances, le fils (2) Laprise avait insisté pour se rendre au bord (3) mer, manger (4) crème glacée à profusion, profiter (5) soleil et faire (6) pédalo.

Le déterminant numéral

Le déterminant numéral désigne un nombre et s'emploie avec un nom qui a le trait comptable. Il n'est pas variable, sauf dans le cas de *un*, qui varie en genre, ainsi que de *vingt* et de *cent*, qui sont variables en nombre. Le déterminant numéral peut prendre les formes suivantes.

AUTRES GRAPHIES

vingt et un
cent quarante-
   quatre
deux cents
mille trois

Quelques déterminants numéraux	zéro, un(e), vingt, vingt-et-un, quatre-vingts, quatre-vingt-douze, cent, cent-quarante-quatre, deux-cents, mille, mille-trois

> *Avec ses **cinq** enfants et ses **dix-sept** petits-enfants, sa grand-mère est bien entourée.*

Le cas particulier de *vingt* et *cent*   *Vingt* et *cent* sont les deux seuls déterminants numéraux variables en nombre. Il faut cependant que deux conditions soient réunies :

- *vingt* et *cent* doivent être multipliés ;
  > *La tournée durera quatre-**vingts** jours.*

- ils doivent terminer le nombre.
  > *Les **huit-cent-quatre-vingts** billets avaient été vendus en deux heures.*

Vingt et *cent* sont invariables lorsqu'ils sont mis pour *vingtième* et *centième*.

> *Regarde à la page **deux-cent** de l'annuaire.*

AUTRES GRAPHIES

huit cent
   quatre-vingts
deux cent

Les nombres écrits en toutes lettres   On écrit en toutes lettres :

- les nombres de un à neuf inclusivement ;
  > *J'avais **neuf** ans à l'époque.*

- les nombres au début d'une phrase, d'un titre et dans un texte littéraire ;

  Trente candidats se sont présentés.

- les nombres indiquant la durée.

  *Son chat a vécu **dix-neuf** ans.*

Le déterminant indéfini

Le déterminant indéfini a deux types d'emploi.

Premier type d'emploi   Le déterminant indéfini est utilisé devant un nom désignant un être ou une chose qui ne sont pas connus de l'interlocuteur soit parce que la réalité qu'ils désignent n'a pas encore été évoquée dans le texte, soit parce que la situation de communication ne permet pas de reconnaitre cette réalité, ou encore parce que cette réalité n'est pas présentée comme connue, identifiée. Ce déterminant est variable et il a les formes suivantes.

AUTRE GRAPHIE

reconnaître

	Singulier		Pluriel
	Masculin	**Féminin**	**Masculin ou féminin**
Déterminant indéfini	un	une	des

*   **Un** *jour, il achètera **une** maison au bord de la mer et y vivra avec **des** amis.*

Le déterminant indéfini *des* devient *de* (ou *d'*) lorsqu'il introduit un nom précédé d'un adjectif.

*   *Elle semblait perdue dans **de** profondes pensées.*

Le déterminant indéfini *un*, *une* ou *des* devient *de* dans une phrase négative (sauf avec le verbe *être*).

*   *La nouvelle galerie ne recevra pas **de** visiteurs avant une semaine.*

*   *Ce ne sont pas **des** contrefaçons.*

Second type d'emploi   Le déterminant indéfini est utilisé pour exprimer une quantité nulle, une quantité imprécise (petite ou grande) ou encore la totalité ou un grand ensemble ; il peut aussi exprimer l'identité. Il peut être simple ou complexe ; dans ce dernier cas, il est formé d'un adverbe de quantité suivi d'une préposition (***beaucoup de** monde*). Plusieurs déterminants indéfinis varient en genre et en nombre. Voici quelques-uns de ces déterminants et les différentes formes qu'ils peuvent prendre.

Quelques déterminants indéfinis	Singulier		Pluriel		Invariable
	Masculin	Féminin	Masculin	Féminin	
Quantité nulle	pas un aucun nul ni l'un ni l'autre	pas une aucune nulle ni l'une ni l'autre	aucuns (*aucuns frais*) nuls (*nuls frais*)	aucunes (*aucunes fiançailles*) nulles (*nulles fiançailles*)	
Quantité imprécise (petite ou grande)	plus d'un quelque maint	plus d'une quelque mainte	quelques maints divers	quelques maintes diverses	moins de deux peu de plusieurs assez de pas mal de plus de beaucoup de tant de énormément de (*etc.*)
Totalité ou grand ensemble	tout tout + dét. chaque n'importe quel	toute toute + dét. chaque n'importe quelle	tous tous + dét. n'importe quels	toutes toutes + dét. n'importe quelles	
Identité	quel certain autre tel	quelle certaine autre telle	quels certains autres tels différents	quelles certaines autres telles différentes	

> *Plusieurs pêcheurs, dans différents villages de la côte, racontaient maintes versions de l'histoire. Beaucoup d'hommes s'entendaient toutefois sur un point : aucun signe, ce jour-là, ne laissait présager le drame qui allait survenir en mer et bouleverser chaque famille du village.*

Il faut éviter de confondre le déterminant indéfini *chaque* avec le pronom indéfini *chacun*. Ainsi, l'utilisation de *chaque* dans la phrase **Je leur ai donné cinq sous chaque* est fautive. Il faudrait plutôt écrire : *Je leur ai donné cinq sous chacun* ou *J'ai donné cinq sous à chaque enfant.*

Il faut aussi éviter de confondre les déterminants indéfinis comme *certain, autre, tout, tous, nul, aucun* avec les pronoms indéfinis homonymes. Les premiers introduisent un nom qu'ils précisent ; les seconds sont le noyau d'un GN.

déterminant   pronom

Certains *manifestants scandaient des slogans,* **d'autres** *chantaient.*

Testez-vous 8.5

Corrigé p. 291

Ajoutez *de* (ou *d'*) ou *des* et, dans chaque cas, dites s'il est déterminant défini, déterminant partitif ou déterminant indéfini.

Nous avons reçu (1) courriels (2) amis de notre fille, qui sont en Afrique. Ils ont vécu (3) innombrables aventures et ont rencontré (4) gens extraordinaires. (5) funérailles dans leur famille les ont cependant contraints à rentrer plus tôt.

Conseils pour la rédaction

Les mots *tout, quelque* et *tel*

Beaucoup d'élèves ont de la difficulté à écrire correctement les mots *tout, quelque* et *tel*. La meilleure façon de résoudre cette difficulté consiste à observer le fonctionnement de chacun de ces mots en contexte. Si le mot introduit un nom (ou un pronom) et le précise, c'est un déterminant et il est variable. S'il modifie plutôt le sens d'un mot avec lequel il est en rapport, c'est un adverbe modificateur et il est toujours invariable, sauf dans un cas. Voyons cela de plus près.

Tout

- **S'il est un déterminant** (*tout, toute, tous, toutes*), **un nom** (*tout, touts*) **ou un pronom** (*tout, tous, toutes*), il est variable.

Déterminant	**Tous** ceux qui l'aiment savent que **toute** certitude l'avait déserté.
Nom	*Les pavillons de cet hôpital formaient des* **touts** *indépendants.*
Pronom	**Tous** *avaient applaudi chaleureusement Clara, à qui* **tout** *semblait réussir.*

- **S'il modifie** un verbe, un adverbe ou un adjectif, **c'est un adverbe modificateur** et il est invariable, sauf lorsqu'il est placé devant un adjectif

•••

ou un participe adjectif au féminin commençant par une consonne ou un *h* aspiré (pour des raisons d'euphonie), auquel cas *tout* s'accorde en genre et en nombre avec l'adjectif qu'il modifie. L'adverbe *tout* se présente ainsi : *tout, toute, toutes.*

> *Les deux filles étaient **toutes** honteuses.*

Pour distinguer le *h* muet du *h* aspiré, voir la page 107.

> ***Tout** gentils qu'ils soient, ils ont déplu à mon frère.*

- Dans le cas de *tout autre*, si l'expression signifie « n'importe quel(le) autre », *tout* est variable ; si elle signifie « tout à fait autre », *tout* est invariable.

> ***Toute** autre personne aurait une réaction **tout** autre.*

Quelque

- **S'il introduit un nom qu'il précise, c'est un déterminant indéfini**, variable en nombre, qui a le sens de « plusieurs », de « un certain » ou de « peu importe ».

> *André a reçu **quelques** roses pour son anniversaire.*
>
> *Jade montre **quelque** penchant pour le théâtre.*
>
> ***Quelques** (beaux) projets que vous ayez, évitez le surmenage.*

AUTRE GRAPHIE

cinq cents

- **S'il est suivi d'un nombre et le modifie, c'est un adverbe modificateur** invariable qui a le sens de « environ ».

> *Il y avait **quelque** cinq-cents personnes dans l'amphithéâtre.*

- **S'il est suivi d'un adjectif et le modifie, c'est un adverbe modificateur** invariable qui a le sens de « si... que », de « bien que » ou de « aussi... que ». Il se présente ainsi : *quelque... que.*

> ***Quelque** convaincants qu'ils soient, ces deux avocats perdront leur cause.*

Tel

- Le mot *tel* peut être **déterminant** ou **pronom**. Il est variable en genre et en nombre dans les deux cas.

> Déterminant *Si **telle** date ne vous convient pas, nous reporterons la réunion.*
>
> *Cet enfant travaille avec une **telle** ardeur !*
>
> Pronom ***Tel** est pris qui croyait prendre.*

- L'adjectif *tel* peut introduire un exemple ou une comparaison, auquel cas il importe de retenir ceci :
  - s'il est employé avec *que*, il s'accorde avec le nom qui précède ;

> *Il aime les fruits **tels que** les framboises, les fraises et les cerises.*

  - s'il est employé sans *que*, il s'accorde avec le nom qui suit.

> *Elle dansait, **tel** un cygne, avec une grâce infinie.*

Testez-vous 8.6

Corrigé p. 291

Accordez, s'il y a lieu, les mots entre parenthèses, puis identifiez la classe à laquelle chacun appartient.

(1. Tout) allait mal hier. La baignoire a débordé et l'évier s'est bouché. Donald, (2. tel) une girouette, courait dans (3. tout) les sens. Les (4. quelque) réparations que nous avons effectuées nous ont sauvés d'une catastrophe. Nous étions (5. tout) décontenancés devant la situation. Je suis quand même (6. tout) fière de nous : (7. quelque) deux jours plus tard, le plombier nous a assurés que (8. tout) les réparations que nous avions faites étaient parfaites !

Le Coin des curieux

Absence du déterminant avec un nom commun

Omission du déterminant

Il arrive qu'un nom commun apparaisse sans déterminant. Voici les principaux cas où cela se produit.

- Dans les titres (d'œuvres, de manuels, d'articles, etc.).

  ø Bonheur d'occasion, « ø Bisbille dans la fonction publique »

- Dans les locutions verbales.

  avoir ø faim, avoir ø peur, avoir ø froid

AUTRE GRAPHIE
réapparaîtra

  Le déterminant réapparaitra cependant lorsqu'on donnera une expansion au nom.

  *avoir **une** faim **de loup***

- Après des verbes fonctionnant comme *être* (le nom attribut est alors utilisé sans complément).

  Il veut devenir ø archéologue.

- Dans le groupe nominal détaché qui a une valeur explicative.

  Montréal, ø capitale francophone de l'Amérique du Nord, est multiethnique.

- Avec un nom mis en apostrophe.

  ø Ami, je réponds à ton appel.

- Avec certaines prépositions formant un groupe à valeur d'adjectif ou d'adverbe.

  agir avec ø prudence (= agir prudemment)

•••

Non-répétition du déterminant

Même si chaque nom commun doit avoir son déterminant, on ne répète pas le déterminant dans les cas suivants.

- Quand les noms désignent un seul être ou objet.

  *Voici **mon** ami et ø collègue Jean.*

- Quand le second nom est synonyme du premier ou en est l'explication.

  ***Cette** histoire, ou ø récit autobiographique, est captivante.*

- Quand les noms forment un tout étroitement lié, notamment dans les expressions traditionnelles.

  *La police surveillait **les** allées et ø venues de ses amis et ø connaissances.*

Présence du déterminant avec un nom propre

Voici les principaux cas où un déterminant accompagne un nom propre.

- Les peuples, les races, les groupes ethniques, les habitants d'une ville, d'une région ou d'une province.

  les Belges, les Arabes, les Lavallois, les Québécois

- Les pays, les provinces, les grandes îles, les montagnes, les fleuves, les rivières, etc.

  le Pérou, la Saskatchewan, les Antilles, les Rocheuses, le Saint-Laurent

Autre graphie
événements

- Les périodes ou les évènements historiques.

  la Renaissance, la Révolution tranquille

- Les membres d'une famille, les œuvres d'un artiste, certains produits de marque commerciale.

  les Dupont, des Picasso, des Honda

À retenir

Le déterminant

- Le déterminant introduit un nom (ou un pronom) et le précise.
- Il est habituellement variable.
- Le déterminant aide à repérer le nom dans la phrase : *Les soupers sont toujours servis chauds* (le mot *souper* n'est pas un verbe à l'infinitif mais un nom).
- Le déterminant est utile aussi pour signaler le genre et le nombre du nom : *un avion, des passagers.*

Les sortes de déterminants

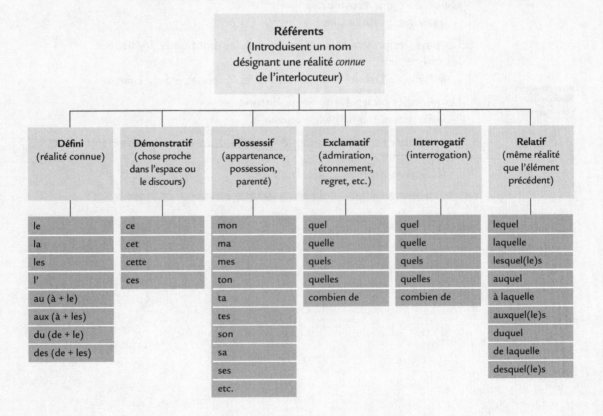

Référents
(Introduisent un nom désignant une réalité *connue* de l'interlocuteur)

Défini (réalité connue)	**Démonstratif** (chose proche dans l'espace ou le discours)	**Possessif** (appartenance, possession, parenté)	**Exclamatif** (admiration, étonnement, regret, etc.)	**Interrogatif** (interrogation)	**Relatif** (même réalité que l'élément précédent)
le	ce	mon	quel	quel	lequel
la	cet	ma	quelle	quelle	laquelle
les	cette	mes	quels	quels	lesquel(le)s
l'	ces	ton	quelles	quelles	auquel
au (à + le)		ta	combien de	combien de	à laquelle
aux (à + les)		tes			auxquel(le)s
du (de + le)		son			duquel
des (de + les)		sa			de laquelle
		ses			desquel(le)s
		etc.			

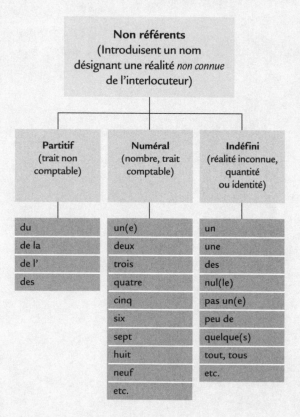

Tout

Peut être déterminant (**tous** *ses amis*), pronom (**tous** *l'aiment*), nom (*des* **touts**) ou adverbe (**tout** *contents*).

Quelque

Peut être déterminant (**quelques** *heures*) ou adverbe (**quelque** *dix personnes* / **quelque** *gentils qu'ils soient*).

L'adjectif

Objectifs

Au terme de ce chapitre, vous devriez pouvoir répondre aux questions suivantes :

- Quelle est la différence entre un adjectif qualifiant et un adjectif classifiant ?
- Comment marque-t-on le féminin et le pluriel des adjectifs ?
- Qu'est-ce qu'on entend par comparatif ? superlatif ?
- Où doit-on placer l'adjectif par rapport au nom qu'il complète ?

AUTRE GRAPHIE
événements

L'adjectif permet de qualifier, de décrire ou de classer des êtres, des objets, des évènements. Il abonde dans nos conversations et nos écrits personnels, parce que nous y exprimons nos opinions, nous y décrivons ce que nous vivons et ce que nous ressentons.

L'adjectif est variable et reçoit le genre et le nombre du nom ou du pronom avec lequel il est en relation.

Le problème avec l'adjectif, c'est que même s'il porte les traits du féminin et du pluriel, il n'en porte pas toujours la marque orale (*des places publiques*), ce qui est la source de bien des erreurs, qu'un rédacteur attentif contourne cependant sans difficulté.

Les adjectifs constituent, à l'instar des noms, une liste ouverte, infinie, parce qu'ils font l'objet de créations nouvelles au gré des modes, des découvertes, des évènements. Ils se répartissent en deux sous-catégories : les adjectifs qualifiants et les adjectifs classifiants, qui ont chacun des propriétés distinctes.

9.1   L'adjectif qualifiant et l'adjectif classifiant

▉ L'adjectif qualifiant

L'adjectif qualifiant exprime une qualité d'un être, d'une chose. Il peut être accompagné d'un modificateur pour exprimer le degré d'intensité de la qualité. L'adjectif qualifiant a généralement une valeur subjective.

> Il leur est arrivé une aventure (particulièrement) **étrange**.

> En rentrant, ils entendirent un bruit (très) **inquiétant** dans la cuisine.

Un adjectif qualifiant ne peut pas être coordonné à un adjectif classifiant, mais il peut être placé à sa suite.

> *une causeuse **rouge** et **confortable**   une causeuse **rouge confortable**

▉ L'adjectif classifiant

Comme son nom l'indique, l'adjectif classifiant sert à classer un être ou un objet dans une catégorie, un ensemble, une espèce, en vertu d'une de ses caractéristiques. Il ne peut pas être précédé d'un modificateur (*des élections très municipales*). Entrent également dans cette sous-catégorie les adjectifs qui marquent un rang. L'adjectif classifiant a habituellement une valeur objective.

> C'est la **première** fois qu'elle vote aux élections **municipales**.

* Un même adjectif peut être parfois **qualifiant**, parfois **classifiant** : cela dépend du contexte ; l'adjectif, alors, n'a pas le même sens.

> Le Parti **libéral** avait passé plusieurs années dans l'opposition.
> (adjectif classifiant distinguant un parti d'un autre)

> Cet homme **libéral** a toujours milité contre la peine de mort.
> (adjectif qualifiant ayant ici le sens de « tolérant »)

Testez-vous   9.1

Corrigé p. 291

Indiquez si les mots en caractères gras sont des adjectifs qualifiants ou classifiants.

Par une **belle** journée d'été, Greta, au volant de sa voiture **rutilante**, filait vers une **mystérieuse** destination que seul son **meilleur** ami connaissait : elle avait rendez-vous avec sa mère **naturelle**, qui avait été contrainte, autrefois, de donner son bébé **nouveau-né** en adoption.

9.2   Le genre et le nombre des adjectifs

L'adjectif, contrairement au nom, ne possède pas de genre grammatical ni de nombre en lui-même. Il est habituellement variable en genre et en nombre selon le genre et le nombre du nom ou du pronom avec lequel il est en relation.

fém. sing   fém. sing

*Ils ont pris une décision **hâtive**, mais nous la trouvons **éclairée**.*

■ La formation du féminin des adjectifs

Règle générale Pour former le féminin des adjectifs, on ajoute généralement un *–e* à la forme du masculin.

*le couplet **final** / la chanson **finale***

Souvent, la finale féminine des adjectifs ne s'entend pas (*uni / unie, public / publique*).

Les adjectifs qui se terminent par un *–e* au masculin ne reçoivent pas de marque spécifique du genre. C'est le cas notamment des adjectifs *habile, timide, complexe, drôle, pauvre, utile, vide, humide*.

Variantes de la règle générale Il existe plusieurs variantes de la règle générale concernant la marque écrite du féminin des adjectifs. Par exemple, la consonne finale de maints adjectifs masculins sera modifiée avant l'ajout du *–e* féminin : *doux / douce, naïf / naïve*. En cas de doute, nous vous conseillons de consulter un dictionnaire.

■ La formation du pluriel des adjectifs

Règle générale Pour former le pluriel des adjectifs simples, on ajoute généralement un *–s* à la forme du singulier.

*un vélo **rouge** / des vélos **rouges***

Les adjectifs qui se terminent déjà par *–s* ou *–x* ne changent pas au pluriel ; ils ne reçoivent pas de marque spécifique du nombre.

*un matin **frais** / des matins **frais***   *un air **doux** / des airs **doux***

Le pluriel de plusieurs adjectifs ne s'entend pas — à moins que l'on entende un *z*, par liaison avec le nom qui le suit.

*De **glaciales** aurores se succèdent durant les jours de janvier.*

Variantes de la règle générale Il existe plusieurs variantes de la règle générale concernant la marque écrite du pluriel des adjectifs simples. Par exemple, nombre d'adjectifs singuliers se terminant par *–al* auront la terminaison *–aux* au pluriel : *principal / principaux, général / généraux*. En cas de doute, nous vous conseillons de consulter un dictionnaire.

■ Le pluriel des adjectifs complexes

Dans les adjectifs complexes, c'est-à-dire formés de plus d'un mot, seuls les noms et les adjectifs varient. Les adverbes (et les adjectifs utilisés adverbialement) et la plupart des radicaux d'adjectifs ne varient jamais.

> des paroles **aigres-douces**   des pays **anglo-saxons**
> les **avant-dernières** places   des origines **gréco-latines**
> des enfants **sourds-muets**   des gens **ultra-sympathiques**

■ Le pluriel des adjectifs de couleur

Les adjectifs de couleur sont variables, sauf dans deux cas.

- Lorsque l'adjectif de couleur est complexe, c'est-à-dire formé de plus d'un mot.
  > des nappes **jaune moutarde**   des rideaux **vert foncé**

- Lorsque l'adjectif de couleur provient d'un nom.
  > des gants **orange**   des vestes **marron**
  > (*Orange* et *marron* sont d'abord des noms désignant une chose concrète dans la réalité.)

■ Les adjectifs *nu*, *mi* et *demi*

L'adjectif *nu*

- Placé avant le nom, il se joint à celui-ci par un trait d'union et demeure invariable ; placé après le nom, il s'écrit sans trait d'union et reçoit le genre et le nombre du noyau du GN.
  > Elle se promène **nu**-pieds.   Elle se promène pieds **nus**.

Les adjectifs *mi* et *demi*

- *Mi* et *demi* placés avant un nom ou un adjectif prennent un trait d'union et sont invariables.
  > Il chantait les yeux **mi**-clos devant une **demi**-douzaine d'amis.

- *À demi* placé avant un adjectif s'écrit sans trait d'union (et demeure invariable).
  > La salle était **à demi** vide.

- *Demi* placé après le nom ne reçoit que le genre de ce nom.
  > Il a acheté deux douzaines et **demie** de chocolats.

9.3 L'adjectif dans le groupe adjectival

■ L'adjectif : noyau du groupe adjectival

L'adjectif est le noyau d'un GAdj complément du nom ou du pronom, attribut du sujet ou attribut du complément direct du verbe. Il reçoit le genre et le nombre du nom ou du pronom auquel il est associé. Seul l'adjectif qualifiant peut avoir des expansions ; celles-ci, au nombre de cinq, sont décrites au chapitre 4, p. 59.

*Aldo croque des légumes **crus**.*   (complément du nom)
*La pomme est très **juteuse**.*   (attribut du sujet, qui a une expansion, *très*)
*Maude la trouve **exquise**.*   (attribut du complément direct du verbe)

■ Marque d'intensité ou de comparaison de l'adjectif qualifiant

• Seul l'adjectif qualifiant peut être précédé d'un adverbe modificateur. Il peut s'agir d'un adverbe d'intensité. La qualité exprimée par l'adjectif est alors appréciée en elle-même.

*Ils ont fait l'acquisition d'une **très grande** maison* (intensité forte), ***assez spacieuse*** (intensité moyenne), *mais **un peu sombre**.* (intensité faible)

• L'adjectif qualifiant peut également être précédé d'un adverbe exprimant un degré de comparaison. Cette comparaison se fait à l'aide d'un comparatif (de supériorité, d'égalité ou d'infériorité) ou d'un superlatif (de supériorité ou d'infériorité). La qualité exprimée par l'adjectif est alors appréciée par comparaison avec d'autres éléments de référence.

– Comparatif
*Vous êtes **plus conciliant** que votre frère* (supériorité), *qui est **aussi têtu** qu'une mule* (égalité), *mais il semble **moins nerveux** que vous.* (infériorité)

– Superlatif
*C'est le concert **le plus apprécié** de la saison.* (supériorité)
*C'est la pièce **la moins courue** de l'automne.* (infériorité)

Conseils pour la rédaction

L'adjectif qualifiant et l'adverbe modificateur

• Les adjectifs qualifiants comme *magnifique*, *extraordinaire*, *essentiel*, *énorme*, *épouvantable*, puisqu'ils expriment déjà un très haut degré

•••

···

d'intensité, ne doivent pas être précédés d'un adverbe d'intensité comme *très*.

> *Ils entendirent tout à coup un cri **très épouvantable**.

Utilisation du comparatif et du superlatif

- Quand un adjectif exprime déjà une idée de comparaison (*parfait, meilleur, rarissime*), il n'accepte pas le degré de comparaison (**plus parfait que*).

  > * *Cette pierre est plus rarissime que celle-là.*

- Il faut utiliser la préposition *à* pour introduire le complément des adjectifs suivants, qui expriment une idée de comparaison : *pareil, semblable, égal, équivalent, antérieur, postérieur, supérieur* et *inférieur*.

  > *L'introduction de son texte est **pareille à** la mienne.* (et non **pareille comme* ou **pareille que la mienne*)

  Le complément de l'adjectif *différent* est, quant à lui, introduit par la préposition *de*.

  > *Sa conclusion est **différente de** la mienne.* (et non **que la mienne*)

- Les adjectifs *bon* et *pire* ne s'utilisent pas avec *plus*.

  > *Cette dissertation est **meilleure que** la précédente.* (et non **plus bonne que*)

  > *Cette note est **la pire / la plus mauvaise** que j'aie obtenue.* (et non **la plus pire que*)

- L'adjectif *pire* doit remplacer *plus mauvais* quand le nom évoque quelque chose de négatif, comme un fléau (séisme, inondation, etc.), un ennui, une erreur, etc.

  > *C'est **le pire** séisme jamais enregistré.* (et non **le plus mauvais*)

9.4 La place de l'adjectif

La plupart des adjectifs se placent **après le nom** qu'ils complètent. Cependant, certains se placent devant le nom.

Se placent devant le nom

- Les adjectifs qualifiants courts et fréquents (*beau, bon, gentil, grand, gros, jeune, joli, long, mauvais, nouveau, petit, vieux*, etc.).

  > *une **petite** maison   un **joli** tableau*

- Les adjectifs qualifiants ayant un sens affectif ou poétique.

  > *une **charmante** rencontre   l'**inaccessible** étoile*

- Les adjectifs classifiants exprimant un rang, un ordre.

    *la **première** journée d'école*

- Les adjectifs formant avec le nom des expressions courantes.

    *des **petits pois**   des **jeunes gens**   les **grands magasins***

- Les adjectifs qualifiant des noms propres.

    *le **discret** M. Tremblay*

Se placent après ou devant le nom, selon le sens

Certains adjectifs peuvent être placés après ou devant le nom qu'ils complètent, mais ils changent alors de sens. C'est le cas des adjectifs *pauvre, brave, drôle, ancien, cher, curieux, premier, simple, grand, seul*. Lorsqu'il suit le nom, l'adjectif a son sens propre ; lorsqu'il précède le nom, il a un sens figuré.

*une victoire **certaine*** (= assurée) *un **certain** charme* (= d'une sorte spéciale)

Testez-vous   9.2

Corrigé p. 291

Placez les adjectifs à l'endroit approprié, en respectant l'ordre dans lequel ils sont donnés, et orthographiez-les correctement.

1 (petit, inébranlable, grand) Vos manigances n'affecteront pas le courage de celui que vous appelez, à tort, votre ennemi.

2 (impossible à suivre, jeune, grand et mince) Cette mode fera la joie des filles.

Le Coin des curieux

Adjectif verbal ou participe présent ?

Quand vous écrivez, hésitez-vous entre les mots *fatigant* et *fatiguant* ? Voyons comment distinguer l'adjectif verbal du participe présent.

L'adjectif verbal

Comme son nom l'indique, ce mot est un **adjectif** : il exprime une qualité ou sert à classer un être ou un objet dans une catégorie. Il se termine souvent par *–ant*, mais aussi par *–ent*. Voici ses principales caractéristiques :

- il est le noyau d'un GAdj ;

•••

- il est variable et s'accorde avec le nom (ou le pronom) avec lequel il est en relation ;
- il peut être complément du nom ou attribut ;
- il a souvent un radical différent de celui du verbe à l'infinitif.

> *Les gens très **convaincants** peuvent aussi avoir des doutes.*
> (complément du nom *gens*)
>
> *Ces chambres sont **communicantes**.* (attribut du sujet *chambres*)
> *Extrêmement **provocants**, ses propos l'avaient blessé.*
> (complément du nom *propos*, dont il est détaché)

Le participe présent

Le participe présent est un **verbe** ; il exprime une action dans son déroulement et marque la simultanéité par rapport au verbe principal. Vous le trouvez dans tous les tableaux de conjugaison des verbes. Il se termine toujours par *–ant*. Voici ses principales caractéristiques :

- il est le noyau d'un GVpart ;
- il est invariable ;
- il peut être suivi d'un complément du verbe ;
- il peut s'employer avec la négation *ne... pas* ;
- il peut être à la forme pronominale ;
- il est souvent précédé de la préposition *en* (gérondif) ;
- il a le même radical que le verbe à l'infinitif.

> ***Négligeant** ses devoirs, Claude est allé au cinéma.*
> (suivi d'un complément du verbe)
>
> *Se **provoquant** mutuellement, ils en sont venus aux coups.* (forme pronominale)
>
> *Il a appris la bonne nouvelle en **communiquant** avec sa sœur.* (gérondif)

Remarquez les trois cas particuliers d'orthographe dans le tableau suivant.

Verbe à l'infinitif	Participe présent (invariable)	Adjectif verbal (variable)
communi[qu]er	communi[qu]ant	communi[c]ant(e)(s)
fati[gu]er	fati[gu]ant	fati[g]ant(e)(s)
négli[ger]	négli[ge]ant	négli[gent](e)(s)

À retenir

L'adjectif

L'adjectif permet de qualifier, de décrire ou de classer des êtres, des objets, des évènements.

AUTRE GRAPHIE

événements

Les deux sortes d'adjectifs

Adjectif qualifiant (exprime une qualité)	**Adjectif classifiant** (sert à classer)
*Une **jolie** maison*	*Une maison **ancestrale***
• A généralement une valeur subjective.	• A généralement une valeur objective.
• Peut être accompagné d'un modificateur. *Une **très** jolie maison.*	• Ne peut pas être accompagné d'un modificateur ni recevoir d'autre expansion ** Une maison très ancestrale.*
• Peut avoir cinq formes d'expansions, qui seront compléments ou modificateurs. *Une nouvelle importante **à communiquer**.*	• Peut exprimer l'ordre ou le rang. *Voici le **premier** tome.*
• Est utilisé pour exprimer des degrés de comparaison. *Il est **meilleur** qu'elle au tennis.*	• Ne peut pas être précédé d'un adverbe qui exprime un degré de comparaison.

Les genre et le nombre de l'adjectif

Genre	**Nombre**
• Des règles régissent la formation du féminin des adjectifs.	• Des règles régissent la formation du pluriel des adjectifs.
• La finale féminine de plusieurs adjectifs ne s'entend pas (*jolie*).	• La finale du pluriel de plusieurs adjectifs ne s'entend pas (*de beaux tableaux*), sauf dans certains cas de liaison (*de beaux yeux*).
	• Dans les adjectifs complexes, **seuls les noms et les adjectifs varient** (*des filles court-vêtues*)
	• Les adjectifs de couleur varient, sauf s'ils sont complexes ou s'ils proviennent d'un nom (*des fleurs jaunes, vert tendre et orange*).

Nu, mi, demi

	Devant le nom	Devant l'adjectif	Après le nom	Utilisé comme nom
nu	nu-tête	–	tête nue	un nu de Gaugin
mi	mi-saison	mi-clos	–	–
demi	demi-heure	demi-détruite	six heures et demie	boire un demi de rouge (masc.) entendre la demie sonner (fém.)
à demi	à demi-prix	à demi éteint	–	–

L'adjectif dans le groupe adjectival

- L'adjectif est le noyau du GAdj complément du nom, attribut du sujet ou attribut du CD.

- L'adjectif est receveur d'accord ; il reçoit son genre et son nombre du nom qu'il complète ou dont il est attribut.

- L'adjectif se place habituellement après le nom qu'il complète (*un éclair foudroyant*), mais il peut aussi se placer devant (*un gros orage*) ; dans certains cas, il peut se placer à l'un ou l'autre endroit, mais il change alors de sens (*un passant seul / un seul passant*).

Le pronom

Objectifs

Au terme de ce chapitre, vous devriez pouvoir répondre aux questions suivantes :

▪ Qu'est-ce que le référent d'un pronom ? l'antécédent ?

▪ Comment choisir le bon pronom ? Où le placer ?

▪ Comment distinguer certains pronoms de leurs homophones ?

L e pronom est un mot précieux : il permet au rédacteur, entre autres choses, d'éviter la répétition lassante de certains groupes de mots dans le texte. Ainsi, la phrase *Hugo aimait Yvette, mais Yvette n'aimait pas Hugo, bien qu'Yvette eût un penchant pour les rouquins comme Hugo* gagnerait à être allégée en ayant recours au pronom : *Hugo aimait Yvette, mais* **celle-ci** *ne l'aimait pas, bien qu'***elle** *eût un penchant pour les rouquins comme* **lui***.*

On dit que le pronom « remplace un nom », mais la réalité est plus complexe. Sur le plan du sens, le pronom n'a pas de définition propre, mais il **renvoie** généralement à une idée, à une réalité ou à un élément présent ou non dans le contexte linguistique ou dans la situation de communication. Sur le plan syntaxique, le pronom **remplace** un groupe de mots (par exemple un GN, mais aussi un GAdj ou un GPrép) ou une phrase syntaxique. Le pronom n'a pas en soi de genre ni de nombre ; ces traits dépendent de son antécédent ou de la réalité désignée. L'interprétation juste des pronoms est donc très importante aussi bien pour le sens que pour l'orthographe et les accords à faire.

10.1   Qu'est-ce qu'un pronom?

Un pronom renvoie toujours à quelque chose : une réalité présente dans le texte ou dans la situation de communication, les acteurs de la communication (*je*, *tu*, *nous*, *vous*) ou la signification du pronom lui-même (*rien*, *tout*, etc.). Cette réalité s'appelle le **référent**. Sur le plan du sens, les sept sortes de pronoms se répartissent en deux sous-catégories : les pronoms de reprise et les pronoms nominaux. Il faut toutefois préciser que certains d'entre eux (les pronoms possessifs, démonstratifs et interrogatifs) relèvent de l'une ou de l'autre sous-catégorie, selon le contexte.

■ Le pronom de reprise (pronom avec antécédent)

Lorsque le pronom désigne une réalité (personne, objet, idée, situation) déjà évoquée dans le texte, on l'appelle **pronom de reprise**. Il prend le genre, le nombre et la personne de ce qu'il reprend ; s'il reprend un GAdj, un GVinf ou une phrase syntaxique, il correspond au masculin singulier (3ᵉ personne) pour les accords.

L'élément du contexte linguistique (groupe de mots ou phrase) auquel le pronom fait référence s'appelle l'**antécédent**. Cet élément du contexte linguistique désigne la réalité à laquelle renvoie le pronom.

antécédent

*Est-ce qu'il a rencontré **l'avocat** de Maude et **lui** a tout raconté? Oui, il **l'** a fait.*

antécédent

■ Le pronom nominal (pronom sans antécédent)

Le pronom nominal ne renvoie pas à un élément du contexte linguistique, il n'a pas d'antécédent. Son sens lui est donné par la situation de communication (les participants : *je*, *toi* ; les éléments qui en font partie : *ceci*, *cela*) ou par la signification qu'il a en lui-même (*rien* signifie « aucune chose »). On peut dire que le pronom nominal est en quelque sorte l'équivalent d'un nom.

interlocuteur   éléments de la situation de communication   pronom ayant une définition propre

***Vous** devriez prendre **les autres** : **celles-ci** sont fanées, **rien** ne les ranimera.*

10.2 Le pronom dans la phrase

- **Le pronom remplace un groupe de mots ou en est l'équivalent.**

Le **pronom de reprise** est utilisé pour reprendre de l'information sans la répéter. On appelle ce procédé la « pronominalisation ». Ce pronom remplace un groupe de mots (GN, GAdj, GPrép) ou une phrase syntaxique.

> *Paul et Henri rencontrent le notaire ; celui-ci **leur** expliquera les clauses du contrat.*
> Le pronom ***leur*** **reprend** l'antécédent *Paul* et *Henri* ; il **remplace** un GPrép (*à Paul et à Henri*).

Le **pronom nominal** est l'équivalent d'un groupe de mots.

> *Pierre **me** téléphonera demain pour **tout** me raconter.*
> *me* = la personne qui parle (GPrép) ; *tout* = l'ensemble des choses dont il est question (GN)

- **Le pronom est donneur d'accord.**

Le pronom donne son genre et son nombre à l'adjectif ou au participe qui est en relation avec lui ; il donne sa personne et son nombre au verbe.

*Incertains, **ils** avançaient prudemment.*

- **Le pronom peut avoir une ou plusieurs expansions.**

Le pronom peut avoir des expansions, facultatives ou obligatoires.

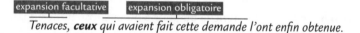

*Tenaces, **ceux** qui avaient fait cette demande l'ont enfin obtenue.*

- **Le pronom a les mêmes fonctions qu'un GN.**

Le plus souvent, le pronom remplace le GN (ou y équivaut) et a les mêmes fonctions que lui : sujet, complément, attribut.

***Je** cherche une plante rare. **Le** serait-**elle** vraiment ? **La** connaissez-**vous** ?*

Pour trouver la fonction d'un pronom, on analyse la fonction du groupe de mots ou de la phrase syntaxique que ce pronom remplace (où dont il est l'équivalent).

> *Ces fraises sont délicieuses. J'**en** achèterai pour le dessert ce soir.*
> = J'achèterai **des fraises** pour le dessert ce soir. (CD)

Testez-vous   10.1

Corrigé p. 291

Dites si les pronoms en caractères gras sont des pronoms de reprise ou des pronoms nominaux. Déterminez l'antécédent des pronoms de reprise et le référent des pronoms nominaux.

« Comment vas-**tu** ?

— **Je** vais bien, mais mon chien est malade. **Il** fait une dépression. **Celle-ci** a commencé quand ma conjointe **nous** a quittés. »

10.3   Les sortes de pronoms

Le pronom personnel

Le pronom personnel désigne des êtres ou des choses en marquant une des trois personnes grammaticales.

1re pers. sing.	Désigne le locuteur (c'est-à-dire la personne qui parle : *je, me, moi*).
1re pers. plur.	Désigne un ensemble de personnes dont le locuteur fait partie (*nous*).
2e pers. sing.	Désigne l'interlocuteur (la personne à qui le locuteur parle : *tu, te, toi*).
2e pers. plur.	Désigne un ensemble de personnes dont l'interlocuteur fait partie, ou encore un seul interlocuteur que l'on vouvoie (*vous*).
3e pers. sing.	Désigne la personne ou la chose dont on parle (*il/elle, soi...*).
3e pers. plur.	Désigne les personnes ou les choses dont on parle (*ils/elles, en...*).

Les nombreuses formes du pronom personnel

Le pronom personnel peut varier selon le genre (*il/elle*), le nombre (*il/ils*), la personne (*je/tu*) et la fonction qu'il remplit dans la phrase (*le* est CD, *lui* est CI). Cette fonction détermine d'ailleurs la place qu'occupe le pronom dans la phrase (voir les tableaux, p. 158 et 159).

Le pronom personnel a la forme **conjointe** lorsqu'il est directement lié au verbe ; cette forme varie selon la fonction syntaxique que le pronom remplit dans la phrase (sujet, complément ou attribut). Le pronom personnel a la forme **disjointe** lorsqu'il est séparé du verbe par une préposition ou une virgule.

disjoint   disjoint   conjoint

Toi, essaie de joindre Michel ; c'est à **lui** que **tu** dois demander cette faveur.

Le tableau suivant présente les diverses formes du **pronom personnel**.

Personne et nombre	Formes conjointes selon la fonction du pronom						Formes disjointes
	Sujet	CD	CI	Compl. de l'adj.	Compl. du nom	Attribut du sujet	
1re pers. sing.	je (j')	me (m')	me (m')				moi
2e pers. sing.	tu	te (t')	te (t')				toi
3e pers. sing.	il / elle, on	le / la (l') se (s') en	lui se (s') en y	en	en	le en	lui / elle soi
1re pers. plur.	nous	nous	nous				nous
2e pers. plur.	vous	vous	vous				vous
3e pers. plur.	ils / elles	les se (s') en	leur se (s') en y				eux/ elles soi

Attention aux pronoms et déterminants homophones *le, la, les* et *leur*.

Conseils pour la rédaction

Les pronoms *en* et *y*

On utilise le pronom personnel *en* lorsque le groupe qu'il remplace commence par *de* ou *des*. Ce pronom s'emploie surtout pour des choses, mais aussi pour des personnes dans un sens collectif ou indéfini (des gens, des amis, des parents).

> *Il adore la ville de Québec. Il **en** revient, justement.* (revenir **de**...)
> *Des amis ? Oui, il **en** a beaucoup.* (il a **des** amis)

On utilise le pronom personnel *y* lorsque le verbe se construit avec la préposition *à* (ou *dans*), présente ou sous-entendue. Ce pronom ne s'emploie que pour des choses. (Il peut exceptionnellement se rapporter à des personnes avec des verbes comme *penser, se fier, s'attacher, s'intéresser,* etc.)

•••

...

*J'aime Londres. J'**y** retourne cette année.* (retourner **à**…)
*Penses-tu souvent à lui ? Oui, j'**y** pense tout le temps.*

Notez que les pronoms *en* et *y* ne peuvent pas se trouver dans la même phrase syntaxique que leur antécédent.

> * *De **cette équipe**, elle **en** est la meilleure.*

> * *Dans **ce livre**, on **y** raconte plusieurs histoires.*

Le pronom *on* ou *nous*

Dans un même texte, on utilise soit *on*, soit *nous*. Lorsqu'on emploie *on*, il faut utiliser les déterminants (*son, sa, ses*) et les pronoms (*se, soi-même*) appropriés de la 3ᵉ personne du singulier, et non ceux de la 1ʳᵉ personne du pluriel.

> *On sous-estime parfois **sa** (et non ***notre**) capacité à surmonter les obstacles.*

La fonction et la place des pronoms personnels compléments dans la phrase

Êtes-vous de ceux qui utilisent parfois, surtout à l'oral, des tournures fautives comme celles-ci : *donne-moi-z-en, parle-moi-z-en pas, souviens-toi-z-en* ? Si c'est le cas, lisez ce qui suit.

Phrase déclarative

Les pronoms personnels compléments se placent directement devant le verbe ou son auxiliaire, que la phrase soit positive ou négative. Dans ce dernier cas, l'élément *ne* du marqueur de négation se place avant les pronoms et l'élément *pas* se place après le verbe ou après son auxiliaire si le verbe est à un temps composé.

1 CD ou CI	2 CD	3 CI	4	5	6 Verbe ou auxiliaire
me te nous vous se	le la les	lui leur	y	en	

*Je **vous y** ai reconduit.*   *Nous **ne vous les** avons pas apportés.*
*Elles **la leur** ont offerte.*   *Vous **ne lui en** donnerez **pas** demain.*

Phrase interrogative

L'ordre des pronoms compléments demeure le même que dans la phrase déclarative, mais il y a inversion du verbe et du pronom sujet.

***La lui** donneras-**tu** demain ?*

Phrase impérative

Forme positive   Les pronoms compléments se placent après le verbe dans l'ordre suivant et se joignent à lui par un trait d'union.

1 Verbe	2 CD	3 CI	4	5
	me, moi te, toi nous vous le, la, les	me, moi te, toi nous vous lui, leur	y	en

*Parle-**lui-en**.*   *Rends-**le-nous**.*   *Donne-**la-moi**.* (et non *Donne-moi-la.)

Les pronoms *me, moi, te, toi* s'élident en *m'* et *t'* devant *en* et *y*.

*Donne-**m'en**. Fais-**m'y** penser. Remets-**t'en**.*

Forme négative   On retrouve le même ordre que dans la phrase déclarative.

*Ne **me la** donne pas.*

*Ne **me** racontez pas d'histoire.*   (et non **Racontez-moi pas d'histoire*.)

Testez-vous   10.2

Corrigé p. 292

Choisissez le pronom personnel approprié. Il faudra parfois le déplacer.

Si (locuteur parlant de lui et de son commerce) avons du papier glacé ? Oui, nous avons (de cela). Regardez sur cette étagère, (interlocuteur) trouverez (sur cette étagère) tout ce qu'il faut. (Interlocuteur) voyez le vendeur debout ? Demandez (à ce vendeur) de vous aider. (Personne qui parle) suis désolé, vraiment je suis (désolé), mais je dois d'abord répondre à ce client : (ce client) s'impatiente, car c'est (ce client) que je devais servir en premier. (Pronom personnel de sens indéfini évoquant le locuteur et son commerce) a pour politique : premier arrivé, premier servi.

▊ Le pronom possessif

Le pronom possessif indique que l'être ou la chose dont il est question est en rapport (d'appartenance, de possession, de parenté, d'origine) avec une des trois personnes grammaticales : celle qui parle, celle à qui l'on parle ou celle dont on parle.

> 2ᵉ pers. plur.

Nos enfants sont déjà arrivés ; où sont ***les vôtres*** *?*

Les formes du pronom possessif

Le pronom possessif est toujours composé de deux éléments : un déterminant défini et un mot possessif. Il a donc exclusivement une forme complexe, ce qui permet de le distinguer du déterminant possessif.

Il varie selon la personne grammaticale du possesseur (1re, 2e ou 3e personne du singulier ou du pluriel) ; il varie en genre et en nombre selon le référent auquel pense le locuteur.

> *Vos filles sont adroites ;* ***la mienne*** *est un peu gauche.*
>
> (Le pronom possessif *la mienne* désigne la personne grammaticale – 1re personne du singulier – et le genre et le nombre du référent – féminin singulier : la fille unique du locuteur.)

Le tableau suivant présente les diverses formes du **pronom possessif**.

Personne grammaticale du possesseur	Référent			
	Singulier		Pluriel	
	Masculin	Féminin	Masculin	Féminin
1re pers. sing.	le mien	la mienne	les miens	les miennes
2e pers. sing.	le tien	la tienne	les tiens	les tiennes
3e pers. sing.	le sien	la sienne	les siens	les siennes
1re pers. plur.	le nôtre	la nôtre	les nôtres	
2e pers. plur.	le vôtre	la vôtre	les vôtres	
3e pers. plur.	le leur	la leur	les leurs	

Testez-vous   10.3

Corrigé p. 292

Choisissez le pronom possessif approprié, en tenant compte des informations données entre parenthèses.

Après l'incendie, notre logement était dans un état lamentable, mais (celui des voisins) semble avoir été épargné. Nos effets personnels empestaient aussi la fumée, alors que (ceux des voisins) ne dégageaient aucune odeur du genre. Plusieurs (de nos effets personnels) ne sont plus utilisables.

Le pronom démonstratif

Le pronom démonstratif désigne une personne ou une chose en précisant sa présence dans le contexte linguistique (pronom de reprise) ou dans la situation de communication (pronom nominal).

> *Soyez gentil, posez **cela** sur le comptoir. Je dois vous dire **ceci** : nous sommes débordés en ce moment.*

Le pronom démonstratif, qu'il soit de forme simple ou complexe, **varie** habituellement en genre et en nombre. Le genre provient de l'antécédent du pronom ou encore de la réalité ou de l'idée à laquelle renvoie le pronom ; le nombre provient du référent auquel pense le locuteur.

> *Ces peintures m'intéressent toutes, mais **celle-ci** m'attire davantage.*

Les pronoms démonstratifs *ce, ceci, cela* et *c'* ont une forme neutre ; ils commandent donc un accord au masculin singulier (3ᵉ personne). Ils renvoient à des réalités non animées.

> ***Ceci** ne regarde que moi.*   ***Cela** est arrivé il y a trois jours.*

À l'écrit, le pronom démonstratif formé avec *–ci* renvoie à ce qui est le plus proche dans le contexte de la phrase ; celui formé avec *–là*, à ce qui est le plus éloigné. Il en va de même à l'oral pour désigner les objets présents dans la situation de communication, selon qu'ils sont proches ou éloignés du locuteur. Quant aux pronoms *ceci* et *cela*, le premier renvoie habituellement à ce qui va suivre et le second, à ce qui précède.

> *Le chapeau était déposé à côté de la tuque. **Celle-ci** était rouge et **celui-là**, bleu.*
> *Il doit pratiquer davantage, **cela** est sûr ; mais disons **ceci** : quel talent il a !*

Le tableau suivant présente les diverses formes du **pronom démonstratif**.

Formes	Singulier				Pluriel	
	Masculin	Féminin	Neutre (= masc. sing.)		Masculin	Féminin
Simples	celui	celle	ce ceci	cela ça (à l'oral)	ceux	celles
Complexes	celui-ci celui-là	celle-ci celle-là			ceux-ci ceux-là	celles-ci celles-là

Attention aux pronoms homophones *ce* (*c'*) et *se* (*s'*). Voir p. 219

Testez-vous   10.4

Corrigé p. 292

Choisissez le pronom démonstratif approprié en utilisant les informations données entre parenthèses.

Nous vendons des draps unis et des draps fleuris. (Les draps unis) sont en solde, mais (les draps fleuris) ont un excellent rapport qualité-prix. Je peux défaire quelques emballages pour vous, (défaire quelques emballages) me ferait plaisir.

▊ Le pronom interrogatif

Le pronom interrogatif sert à interroger sur l'identité ou sur la quantité des êtres ou des objets dans les phrases interrogatives ou à valeur interrogative. En plus de sa fonction syntaxique (sujet, complément, etc.), il peut jouer le rôle de marqueur interrogatif ou de subordonnant ; dans ce dernier cas, il marque l'enchâssement de la subordonnée complétive indirecte dans un GV.

>*Qui viendra à la fête ?*
>(Le pronom nominal est un marqueur interrogatif.)
>*Nous nous demandons qui sera présent à la fête.*
>(Le pronom nominal est un subordonnant.)
>*Parmi ces trois vestes, laquelle choisirez-vous ?*
>(Le pronom de reprise est un marqueur interrogatif.)

Les formes du pronom interrogatif

Le pronom interrogatif varie selon la fonction qu'il remplit et selon que le référent est animé ou non animé.

Le tableau suivant présente les diverses formes du **pronom interrogatif** selon sa fonction.

Formes	Sujet	CD	Attribut	Dans un GPrép CI
Simples	*qui* (animé)	*qui* (animé)	*qui* (animé)	prép. + *qui* (animé)
		que (non animé)	*que* (non animé)	prép. + *quoi* (non animé)
		quoi (non animé)		
Complexes	*qui est-ce qui* (animé)	*qui est-ce que* (animé)		prép. + *lequel, laquelle, lesquel(le)s* (animé et non animé)
	qu'est-ce que (non animé)	*qu'est-ce que* (non animé)		
	lequel, laquelle, lesquel(le)s (animé et non animé)			

Pour les variantes de *lequel*, voir p. 164.

Testez-vous 10.5

Corrigé p. 292

Utilisez les pronoms interrogatifs appropriés pour poser les questions en vous servant des informations données entre parenthèses.

(CD [non animé]) s'était-il passé, exactement ? On avait évoqué, derrière quelques portes closes, les noms de Rose et de Jasmine. (Sujet [animé]) des deux était dans le jardin, ce soir-là ? (CD [non animé]) elles avaient fourni comme alibis ? (Dans un GPrép CI [animé]) ce larcin pouvait-il bien profiter ? (CD [non animé]) fallait-il déduire de cette histoire ?

Le pronom relatif

Le pronom relatif a ceci de particulier qu'il cumule, si l'on peut dire, deux emplois. D'abord, il marque l'enchâssement d'une subordonnée relative dans un GN ; ensuite, il remplit une fonction à l'intérieur même de la subordonnée dont il fait partie.

> *Anne-Marie a une habitude **que** nous déplorons.*
> (Le pronom *que* permet l'enchâssement de la subordonnée *que nous déplorons* ; il est également CD du verbe *déplorons* à l'intérieur de la subordonnée relative.)

Les pronoms relatifs de reprise et les pronoms relatifs nominaux

Il est important de distinguer les pronoms relatifs de reprise des pronoms relatifs nominaux, car ils introduisent des subordonnées de fonctions différentes.

- Le **pronom relatif de reprise** introduit une subordonnée relative complément de l'antécédent (GN ou pronom) dans la phrase matrice. L'antécédent désigne le plus souvent une réalité précise. Il arrive que l'antécédent soit un pronom neutre (*ce*) dont le référent est défini par la subordonnée relative déterminative qui le suit.

  *Nous désirons vous présenter le candidat **qui nous semble le plus prometteur**.*

  (La subordonnée est complément du nom *candidat*.)

  *Nous faisons ce **que nous voulons**.*

  (La subordonnée est complément du pronom *ce*, dont le référent est défini par *que nous voulons*.)

- Le **pronom relatif nominal** introduit une subordonnée relative sujet ou complément du verbe de la phrase matrice. Le pronom relatif n'a alors pas d'antécédent.

  ***Qui vole un œuf** vole un bœuf.* (La subordonnée est sujet du verbe *vole*.)

  *Choisis **qui tu préfères** pour ton équipe.* (La subordonnée est CD du verbe *choisis*.)

Les formes du pronom relatif

Le pronom relatif peut avoir une forme simple ou complexe. Les pronoms *qui*, *que*, *quoi*, *dont* et *où* sont invariables, bien qu'ils aient le genre, la personne et le nombre de leur antécédent.

  *Les femmes **qui** se sont levées étaient en colère.*

Le pronom complexe *lequel* est formé du déterminant défini *le* et du déterminant interrogatif *quel*. Les deux éléments varient en genre et en nombre (*laquelle, lesquels, lesquelles*). Le déterminant défini peut aussi se contracter avec les prépositions *à* et *de* au masculin singulier et au pluriel: *auquel (à + lequel), auxquels (à + lesquels), auxquelles (à + lesquelles), duquel (de + lequel), desquels (de + lesquels)* et *desquelles (de + lesquelles)*.

Le choix du bon pronom relatif

On doit choisir le pronom relatif en tenant compte de deux choses:

- le **référent** animé ou non animé du pronom relatif;
- la **fonction** du pronom dans la subordonnée relative.

Ainsi, lorsque *qui* est précédé d'une préposition et qu'il est CI, son antécédent doit avoir le trait animé. Par exemple, la phrase **La compagnie pour **qui** il travaille va fermer ses portes* est agrammaticale. Il faudrait plutôt écrire *La compagnie pour **laquelle** il travaille...*

La meilleure façon de choisir le bon pronom relatif est de le remplacer par l'unité syntaxique qu'il remplace.

subordonnée relative

La compagnie [(...) il travaille] va fermer ses portes.

groupe de mots que remplace le pronom relatif : GPrép

*[il travaille **pour une compagnie**]*

Caractéristiques du GPrép que remplace le pronom relatif :

- le référent a le trait non animé ; il est féminin singulier ;
- sa fonction est CI (introduit par la préposition *pour*).

Si vous consultez le tableau des pronoms relatifs, vous choisirez sans difficulté « prép. + *laquelle* » :

*La compagnie **pour laquelle** il travaille va fermer ses portes.*

Le tableau suivant présente les diverses formes du **pronom relatif** selon sa fonction.

Fonctions	Référent animé	Référent non animé
Sujet	*qui* *lequel* (et ses variantes)	*qui* *lequel* (et ses variantes)
CD	*que*	*que*
CI	*dont* prép. + *qui* prép. + *lequel* (et ses variantes)	*dont* prép. + *quoi* prép. + *lequel* (et ses variantes) *où* (lieu, temps)
CP		*où* (lieu, temps) *lequel* (et ses variantes)
Compl. du nom	*dont*	*dont*
Compl. de l'adjectif	*dont*	*dont*
Attribut	*que*	*que*

Conseils pour la rédaction

L'emploi des pronoms relatifs *que* et *dont*

Le pronom relatif *que* est CD alors que *dont* (qui remplace un GPrép en *de*) est habituellement CI.

> **Le film **que** je te parle est excellent.*
>
> *Le film **dont** je te parle est excellent.* (on parle **de** quelque chose)

Cependant, lorsque vous utilisez la mise en évidence (phrase emphatique) et que l'élément que vous mettez en relief est introduit par la préposition *de*, il ne faut pas employer le pronom *dont* parce que cela constituerait une redondance.

> *C'est **de** l'examen **qu'**il sera question demain.* (et non **dont il sera question*)

Le pronom *lequel*

Le pronom *lequel* utilisé comme sujet est nécessairement précédé d'une virgule ; on peut le remplacer par *qui*. Lorsque *lequel* est complément, il est précédé d'une préposition et on peut le remplacer par *qui* précédé d'une préposition si l'antécédent désigne des personnes ; si la préposition précédant *lequel* est *parmi* ou *entre*, le remplacement par *qui* est toutefois impossible.

> *Nous aviserons notre client, **lequel** (ou qui) vous contactera.*
>
> *L'employé **auquel** (ou à qui) vous pensez nous a quittés.*
>
> *Les jeunes **parmi lesquels** elle était assise lui posaient des questions.*

Le pronom relatif précédé de *ce*

Lorsque le pronom relatif a comme antécédent une idée ou une phrase syntaxique, on le fait précéder du pronom *ce*.

> *Le film était excellent, **ce dont** il s'est réjoui.*

Le pronom *quoi*

Ce pronom a toujours un antécédent vague : *ce, quelque chose, chose, rien,* etc.

> *Je me doute de **ce à quoi** vous pensiez.*

Testez-vous   **10.6**

Corrigé p. 292

Trouvez le pronom relatif approprié, en tenant compte du contexte, et indiquez sa fonction.

Le documentaire (1) nous désirons produire et (2) doit être tourné dans une ville (3) il ne pleut presque jamais traiterait d'un sujet sur (4) nous avons effectué de nombreuses recherches : les effets de la lumière sur la psyché humaine.

▮ Le pronom numéral

Le pronom numéral est habituellement un **pronom de reprise** qui indique une quantité précise. Le pronom reprend alors partiellement l'antécédent sous la forme d'un sous-ensemble.

> *Parmi les lettres reçues,* ***trois*** *vous sont adressées.*

Le tableau suivant présente quelques **pronoms numéraux**.

AUTRES GRAPHIES

vingt et un
cent quarante-
   quatre mille
mille trois

Variables	Invariables
un(e), vingt(s), cent(s)	*deux,* vingt-et-un *, trente-deux, quatre-vingt-douze,* cent-quarante-quatre-mille *,* mille-trois *(...)*

▮ Le pronom indéfini

Le pronom indéfini indique une quantité nulle, imprécise ou totale, ou encore l'identité.

> *Les amis étaient arrivés tôt et* ***plusieurs*** *avaient apporté un instrument de musique.*
> (pronom de reprise partielle exprimant la quantité)

> *Il est interdit à* ***quiconque*** *de conduire sans permis.*
> (pronom nominal exprimant l'identité)

Les pronoms indéfinis ne varient pas tous de la même façon. Certains varient en genre, d'autres en nombre, d'autres encore sont invariables. Soulignons que les pronoms indéfinis invariables du singulier sont toujours masculins et commandent un accord au masculin singulier, alors que les pronoms invariables du pluriel peuvent commander un accord au féminin ou au masculin, selon le GN antécédent.

AUTRE GRAPHIE

défraîchies

> *Toutes ses amies voulaient participer, mais* ***personne*** *ne s'est finalement* ***présenté***.
> *Toutes les robes étaient en solde, mais* ***plusieurs*** *étaient* ***défraichies*** .

Vous avez sans doute constaté que plusieurs pronoms indéfinis ont des airs de famille avec les déterminants indéfinis. Vous avez vu juste : plusieurs d'entre eux sont identiques, dont *aucun*, *nul* et *certains*. D'autres ont une forme légèrement différente ; c'est le cas de *chaque* et *chacun*, que plusieurs rédacteurs confondent (voir p. 135).

Le tableau suivant présente quelques **pronoms indéfinis**.

	Singulier		Pluriel		Invariable (genre et nombre indiqués entre parenthèses)
	Masculin	**Féminin**	**Masculin**	**Féminin**	
Quantité nulle	pas un aucun nul plus un	pas une aucune nulle plus une			personne (masc. sing.) rien (masc. sing.)
Quantité imprécise (petite ou grande)	plus d'un	plus d'une	d'aucuns quelques-uns	d'aucunes quelques-unes	peu (masc./fém. plur.) un peu (masc./fém. sing.) moins de deux (masc./fém. plur.) plusieurs (masc./fém. plur.) beaucoup (masc./fém. plur.) bon nombre (masc./fém. plur.)
Totalité	tout chacun	chacune	tous	toutes	
Identité	l'un	l'une	les uns	les unes	n'importe qui/quoi (masc. sing.) n'importe lequel... (masc./fém. sing./plur.)
	aucun	aucune			
	autre l'autre un autre	une autre			
	ni l'un ni l'autre	ni l'une ni l'autre			
	quelqu'un quiconque		certains	certaines	
	quelque chose				
	le même	la même	les mêmes	les mêmes	
	qui (que) quoi (que) qui de droit				
	tel un tel	telle une telle			

Testez-vous 10.7

Corrigé p. 292

Récrivez le texte qui suit en supposant que toutes les personnes ayant participé au déménagement étaient du sexe féminin. Vous pourrez changer certains pronoms seulement.

Quel déménagement ! **Tous** voulaient aider, mais **personne** ne semblait avoir le sens de l'organisation. **Quelques-uns** transportaient des meubles, **d'autres** arrosaient les plantes, **plusieurs** rassuraient les animaux, **certains** tournaient en rond dans une pièce puis dans **l'autre**.

Le Coin des curieux

L'antécédent du pronom

Il faut prendre le temps de bien repérer l'antécédent du pronom de reprise et faire en sorte que celui-ci prenne le genre et le nombre de cet antécédent. Voici quelques erreurs à éviter.

- Confusion au sujet de l'antécédent

    *Quand Brigitte aura terminé sa composition, envoyez-**la**-moi.*

    Le pronom *la* peut renvoyer à Brigitte ou à sa composition. S'il s'agit de Brigitte, il faudra écrire, par exemple, *faites-la venir à mon bureau* ; s'il s'agit de sa composition, on écrira *envoyez-moi cette dernière*.

- Confusion entre la personne grammaticale d'un nom et la pluralité que peut désigner ce nom

    *Le centre promet de nouvelles activités, mais **ils** n'ont encore rien fait.*

    Le pronom personnel de reprise doit toujours porter le nombre de son antécédent, qui est singulier ici. Il faudra écrire *il n'a encore rien fait*.

- Début d'un texte et début d'un paragraphe

    La première phrase d'un texte ne doit pas référer au titre en utilisant un pronom. Quant à la première phrase d'un paragraphe, elle ne doit pas commencer avec un pronom de reprise renvoyant à un antécédent placé dans le paragraphe précédent.

    Titre : *Une grande marche pour la paix*
    Début du texte : **Elle s'est tenue vendredi dernier...*
    On écrira plutôt, par exemple : *Des milliers de gens sont descendus dans la rue vendredi...*
    Début du 2e paragraphe : **Ils étaient convaincus que...*
    On écrira plutôt : *Les manifestants étaient convaincus que...*

À retenir

Le pronom

Les deux grandes catégories de pronom

Le pronom de reprise (a un antécédent)	**Le pronom nominal** (n'a pas d'antécédent)
• Ce pronom désigne une réalité déjà évoquée dans le texte (*elle* → *réalité*) **Attention à l'antécédent des pronoms !** Le pronom de reprise ne doit laisser aucun doute dans l'esprit du lecteur quant au mot auquel il renvoie.	• Le sens de ce pronom n'est pas donné par le texte, mais par la situation de communication (*vous*) ou par la signification qu'a le pronom lui-même (*rien*).

Les sortes de pronoms

Personnel (désigne la personne qui parle, à qui on parle ou dont on parle)	**Possessif** (être ou chose ayant un rapport de possession ou autre avec une des trois personnes grammaticales)	**Démonstratif** (être ou chose présent dans le contexte linguistique ou dans la situation de communication)	**Interrogatif** (sert à interroger sur l'identité ou la quantité des êtres ou des choses)
je	le mien	ce	qui
tu	la mienne	ceci	que
il / elle / on	les miens	cela	quoi
nous	les miennes	ça	lequel
vous	le nôtre	celui	prép. + qui
ils / elles	la nôtre	celle(s)	prép. + quoi
lui / leur	les nôtres	ceux	prép. + lequel
le / la / les	le vôtre	celui-ci	qui est-ce qui
me / te / se	la vôtre	celle-ci	qui est-ce que
moi / toi / soi	les vôtres	ceux-ci	qu'est-ce qui
eux	le leur	celui-là	qu'est-ce que
en, y	etc.	etc.	etc.

| **Attention** à *leur*, invariable ; à *y*, qui ne s'emploie pas pour des personnes ; à la place des pronoms personnels compléments ; à l'emploi du trait d'union. | **Attention** à l'accent circonflexe sur *le / la / les nôtres* et sur *le / la / les vôtres*. | **Attention** aux homophones *ça* et *sa*. | **Attention** lorsque *qui* est sujet : le verbe est singulier. |

Les sortes de pronoms (suite)

Relatif (désigne la réalité exprimée par son antécédent)	**Numéral** (indique une quantité précise)	**Indéfini** (indique une quantité nulle, imprécise, totale, ou encore l'identité)
qui	un(e)	nul(le)
que	deux	pas un(e)
quoi	trois	plusieurs
dont	quatre	aucun(e)
où	cinq	personne
lequel	six	rien
laquelle	sept	tout(es), tous
lesquels	huit	chacun(e)
lesquelles	neuf...	certain(e)s
auquel	...vingt(s)...	beaucoup
à laquelle	...cent(s)...	quelqu'un(e)
auxquels		
auxquelles		

Attention à *que* (CD) et *dont* (CI). Choisir le pronom relatif en tenant compte de sa fonction et de son antécédent.

Attention à *vingt* et *cent*, qui varient en nombre, mais à deux conditions.

Attention à certains pronoms indéfinis qui ne varient qu'en genre ou en nombre ou qui sont invariables.

11 Le verbe

Objectifs

Au terme de ce chapitre, vous devriez pouvoir répondre aux questions suivantes :

▮ Comment fonctionne la conjugaison des verbes ?

▮ Comment le sens précis d'un verbe varie-t-il en fonction du mode et du temps ?

▮ Qu'est-ce qu'un auxiliaire ? Lequel choisir ?

▮ Tous les verbes peuvent-ils avoir un complément ?

Le plus beau mot du monde est un verbe : *aimer*. Que serait notre vie sans lui ? Et que deviendraient nos phrases sans verbes ? En fait, nous pourrions dire : pas de verbe, donc pas d'évènement ; pas d'histoire, donc pas de phrase.

Le verbe est le véritable pivot du système de la phrase, et mieux le connaitre peut nous éviter bien des maux de tête. Ainsi, si nous reconnaissons **la sorte** de verbe que nous utilisons dans une phrase — si nous savons, par exemple, que le verbe *aimer* est transitif direct et le verbe *obéir*, transitif indirect —, nous n'écrirons pas *Ils aiment et obéissent à leurs parents. Quant à la conjugaison, soulignons que connaitre et comprendre une seule page d'un guide de conjugaison, c'est les connaitre toutes et, par le fait même, se délivrer de la hantise de la conjugaison.

Le verbe, parce qu'il est au cœur de la phrase, devrait être également au cœur de nos préoccupations comme rédacteur.

Enfin, comme le nom et l'adjectif, le verbe appartient à une catégorie de mots ouverte, infinie : nous pouvons toujours créer de nouveaux verbes à partir de mots existants. Ainsi, le verbe *cliquer* vient du nom *clic* et le verbe *clavarder*, des noms *clavier* et *bavardage*.

11.1 Qu'est-ce qu'un verbe?

- **Le verbe exprime une action, un état ou un évènement.** Il constitue l'élément essentiel du prédicat de la phrase, donc de ce que l'on dit à propos du sujet.

- **Le verbe permet de situer l'action, l'état ou l'évènement dans le temps :** le passé, le présent ou l'avenir.

  *Il **ferma** la porte, car il **pleuvait**.*

  *Elle **arrivera** vers quinze heures.*

- **Le verbe est le noyau du groupe verbal.** Lorsque le verbe est conjugué à un mode personnel (l'indicatif, l'impératif ou le subjonctif), il est le noyau du GV constituant le prédicat.

  noyau

  *Pierre **lisait** dans sa chambre.*

  Lorsque le verbe à l'infinitif ou au participe présent n'a pas de sujet propre, il est le noyau d'un GVinf ou d'un GVpart.

  noyau   noyau

  ***Renonçant à la consommation**, elle songeait **à pratiquer la simplicité volontaire**.*

- **Le verbe est receveur d'accord.** Le verbe reçoit la personne et le nombre de son donneur d'accord. Celui-ci est habituellement le noyau d'un GN sujet. Si le verbe est à un temps composé, c'est l'auxiliaire qui reçoit les traits de personne et de nombre.

  3ᵉ pers. plur.   3ᵉ pers. plur.

  *Les petites **fleurs** des champs **embaumaient** l'air.*

- **Le verbe peut avoir différentes constructions.** La construction d'un verbe change selon qu'il exige ou non des expansions (verbe transitif, intransitif, attributif) ou selon son rapport avec le pronom qui l'accompagne (verbe impersonnel, verbe pronominal). Un même verbe peut aussi combiner plus d'une construction ; par exemple, il peut être pronominal et transitif : *Les deux amis se regardent.* Voyons ces constructions en détail.

Les verbes transitif et intransitif

- **Le verbe transitif** est celui qui a un complément.

  - Verbe transitif **direct** : le verbe se construit avec un CD, qui n'est pas introduit par une préposition.

*Nous **voyons la mer** depuis la chambre de notre hôtel.*

Quand le CD est un verbe à l'infinitif, il y a parfois une préposition.

*J'ai réussi **à louer** la plus belle chambre.*

– Verbe transitif **indirect** : le verbe se construit avec un CI, qui est introduit par une préposition (présente ou sous-entendue).

*« Nous **irons à la mer** dès l'aube demain matin », **lui dit**-il.*

Si un même verbe a un CD et un CI, on dira qu'il est transitif direct et indirect.

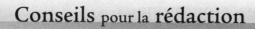

*Il **lui apporta la lotion** de bronzage.*

● **Le verbe intransitif** est celui qui n'a pas de complément.

*Il **dormait** si profondément que l'orage ne l'a pas réveillé.*

Certains verbes ne sont, par définition, que transitifs ou intransitifs (*dormir* est toujours intransitif), alors que d'autres sont parfois intransitifs, parfois transitifs (par exemple, *parler*).

*Leur enfant **parle** déjà.* (intransitif)

*Notre nièce **parle quatre langues**.* (transitif direct)

*Je **parle à Simon**.* (transitif indirect)

Conseils pour la **rédaction**

Un CD ou un CI ?

Plusieurs erreurs de syntaxe sont imputables à une méconnaissance de la notion de verbe transitif direct et indirect. Les deux phrases ci-dessous contiennent des erreurs de construction de verbe : il faut donner à chaque verbe le complément qui lui convient.

Formes fautives

*Je me rappelle de cela : il devait la téléphoner aujourd'hui.

*Nous avons besoin et cherchons un avocat.

Explications

On se rappelle quelque chose (CD) et on téléphone à quelqu'un (CI).

On a besoin de quelque chose (CI).

•••

●●●

> ### Formes correctes
>
> *Je me rappelle cela : il devait lui téléphoner aujourd'hui.*
>
> *Nous avons besoin d'un avocat et en cherchons un.*

Les verbes attributifs

Le verbe attributif se construit avec un attribut. Il existe des verbes essentiellement attributifs et des verbes occasionnellement attributifs.

- **Les verbes essentiellement attributifs** permettent d'associer un état au sujet. Ils se construisent toujours avec un attribut du sujet qui ne peut pas être supprimé. C'est le cas du verbe *être*, quand il ne signifie pas « exister » ou « se trouver », et des verbes comme *paraitre*, *sembler*, *devenir*, *rester*, *demeurer*.

    *Le sable **était** brulant, l'air **demeurait** lourd, la chaleur **devenait** suffocante.*

- **Les verbes occasionnellement attributifs** sont des verbes transitifs ou intransitifs qui peuvent se construire avec un attribut du sujet (qu'on peut supprimer) ou un attribut du complément direct (qu'on ne peut pas supprimer).

    *Ils sont revenus **épuisés** de leur expédition en haute mer.* (supprimable)

    *Ils ont cependant trouvé l'expérience **enivrante**.* (non supprimable)

AUTRES GRAPHIES

paraître
brûlant

Les verbes pronominaux

Le verbe pronominal est précédé d'un pronom personnel réfléchi qui désigne la même personne et le même nombre que le sujet.

*Nadia **se lève**.*

Aux temps composés, le verbe pronominal se conjugue toujours avec l'auxiliaire *être*; on dira donc *Je me suis fait mal* et non **Je m'ai fait mal*. Il faut aussi retenir que l'accord du participe passé d'un verbe pronominal obéit à des règles particulières (voir p. 105-106).

- **Le verbe essentiellement pronominal** n'existe qu'à la forme pronominale : *s'enfuir*, *s'évanouir*. Le pronom personnel qui le précède n'a aucune fonction.

    *Ils **s'étaient abstenus** de tout commentaire.*

- **Le verbe pronominal non réfléchi** est un verbe qui, en devenant pronominal, change complètement de sens.

    *Dans la foule, elle **aperçut** son amie Gabrielle.* (forme non pronominale)

    *Ils **s'étaient aperçus** du vol trop tard.* (forme pronominale)

- **Le verbe occasionnellement pronominal**, comme son nom l'indique, n'est pronominal que dans certains contextes. Il exprime alors une action que le sujet exerce sur ou pour lui-même (verbe pronominal **réfléchi**), ou encore une action que les personnes et les choses désignées par le sujet exercent les unes sur les autres (verbe pronominal **réciproque**).

  *Prêt pour le bal, le jeune homme **s'admirait** dans la glace.*
  (verbe pronominal réfléchi)

  *Les deux amis **se soutiennent** dans l'adversité.*
  (verbe pronominal réciproque)

- **Le verbe pronominal à sens passif** est utilisé sans indication d'agent.

  *Lors de l'encan, tout **s'est vendu** en une heure.*

Les verbes impersonnels

Le verbe impersonnel est employé avec le pronom *il* dit impersonnel, qui n'a aucun référent. Il ne se conjugue qu'à la 3ᵉ personne du singulier. Son participe passé est toujours invariable.

- **Il est essentiellement impersonnel** s'il est **toujours** employé avec le pronom *il* impersonnel.

  Il pleut, il neige, il faut, il s'agit…

- **Il est occasionnellement impersonnel** s'il s'agit d'un verbe qui reçoit **parfois** le pronom *il* impersonnel.

  *Il **est arrivé** une drôle d'histoire à Léa.*
  (verbe occasionnellement impersonnel ; on pourrait écrire aussi : *Une drôle d'histoire est arrivée à Léa.*)

Testez-vous 11.1

Corrigé p. 292

Indiquez quelle est la construction de chacun des verbes en caractères gras (transitif direct, transitif indirect ou intransitif ; essentiellement ou occasionnellement attributif ; essentiellement ou occasionnellement pronominal, pronominal non réfléchi, ou encore pronominal à sens passif ; occasionnellement ou essentiellement impersonnel). Certains verbes ont plus d'une construction.

Le deuxième conférencier, qui (1) **était** visiblement très timide, (2) **a commencé** et a fini son allocution en rougissant et en (3) **bégayant**. Quand quelqu'un lui (4) **a posé** une question, il (5) **s'est trompé** dans ses explications et (6) **désirait** manifestement (7) **s'enfuir** ! Il (8) **a fallu** qu'on insiste pour qu'il veuille bien répondre à une seconde et dernière question !

11.2　La conjugaison

Le verbe peut être **formé d'un ou de plusieurs éléments** : il est formé d'un seul mot dans les **temps simples** de la conjugaison (*Nous **mangerons***) ; il est formé d'un auxiliaire de conjugaison et d'un participe passé dans les **temps composés** de la conjugaison (*Nous **avons mangé***) ; il est formé d'un groupe de mots équivalant à un verbe dans une **locution verbale** (*Ils **avaient faim***).

Le verbe est **une classe de mots variable**. L'ensemble des formes que peut prendre le verbe s'appelle « conjugaison ». Les formes du verbe varient selon les facteurs suivants :

- le mode (indicatif, impératif, subjonctif, participe et infinitif) ;
- le temps (présent, passé composé, futur simple, conditionnel...) ;
- la personne (1re, 2e ou 3e) ;
- le nombre (singulier ou pluriel).

Le verbe est constitué de **deux parties** : le **radical**, qui porte le sens du verbe, et la **terminaison** qui, pour les temps simples, porte les marques du mode, du temps, de la personne et du nombre.

radical　terminaison

Ils [aim] *aient par-dessus tout se promener au clair de lune.*

(La terminaison —*aient* indique que le verbe est conjugué à l'indicatif imparfait, 3e personne du pluriel.)

Pour plusieurs verbes, le radical reste le même dans toute la conjugaison, comme *aimer*. D'autres verbes peuvent cependant avoir jusqu'à cinq radicaux dans leur conjugaison : c'est le cas du verbe *valoir*. Dans certains verbes, comme *être* et *avoir*, on ne peut pas séparer la terminaison du radical.

▌ Les auxiliaires de conjugaison

Les temps composés d'un verbe (par exemple, le passé composé ou le plus-que-parfait) sont formés à l'aide d'un auxiliaire, *être* ou *avoir*, et du participe passé du verbe. *Être* et *avoir* perdent alors leur sens propre.

Souvent, le choix de l'auxiliaire s'impose facilement : *Nous avons mangé de bonnes crêpes*. Plusieurs hésiteraient cependant entre **Nous nous avons préparé de bonnes crêpes* et *Nous nous sommes préparé de bonnes crêpes*. Ce qui suit vous éclairera sur l'auxiliaire à utiliser.

L'**auxiliaire** *avoir*, le plus souvent utilisé, est employé dans les cas suivants.

- Dans les temps composés de tous les verbes transitifs, de la plupart des verbes intransitifs et de tous les verbes impersonnels.

    *Comme il **a** neigé, nous **avons** téléphoné à Marc et l'**avons** invité au chalet.*

- Dans les temps composés des auxiliaires être et *avoir*.

    aux. être   aux. *avoir*

    *Michel **a été** blessé lors de l'incendie qui **a eu** lieu dans son hôtel.*

L'**auxiliaire** *être* s'utilise dans les cas suivants.

- Dans tous les temps des verbes utilisés à la forme passive.

    *Les feuilles **sont / ont été / seront** emportées par le vent.*

- Dans les temps composés de tous les verbes pronominaux.

    *Je me **suis** fait mal en tombant.* (et non **Je m'ai fait mal…*)

- Dans les temps composés de quelques verbes intransitifs indiquant un mouvement, un déplacement (*aller, entrer, rentrer, sortir, monter, descendre, tomber, arriver, partir, repartir, retourner, rester, venir, revenir, survenir, parvenir*), un changement d'état, une transformation (*naitre, devenir, décéder, mourir*).

    *Il **est** sorti à 20 h, il **est** revenu vers minuit.*

    *Elle **est** décédée hier matin.*

Conseils pour la rédaction

Les verbes construits tantôt avec *être*, tantôt avec *avoir*

Si un verbe de mouvement a un complément direct comme expansion, il se conjugue plutôt avec l'auxiliaire *avoir*.

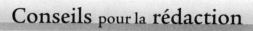

*J'**ai sorti le chat** pour la nuit.* (mais *Je **suis sorti** pendant quelques heures.*)

Certains verbes se construisent avec l'auxiliaire ***avoir*** lorsqu'on veut insister sur l'**action**, et avec l'auxiliaire ***être*** lorsqu'on veut plutôt souligner le **résultat** de cette action.

*Elle **a divorcé** l'an dernier. / Elle **est divorcée** depuis deux ans.*

*Ils **avaient déménagé** à l'automne. / Ils **étaient déménagés** à Vancouver.*

Un doute subsiste ? Consultez le dictionnaire.

Testez-vous   11.2

Corrigé p. 292

Conjuguez les verbes entre parenthèses au passé composé et choisissez le bon auxiliaire. N'oubliez pas d'accorder les participes passés !

Hier, nous (1. arriver) au chalet assez tard. Il faisait si chaud que nous (2. se précipiter) au lac. L'eau fraiche nous (3. revigorer) ! Lorsque nous (4. revenir) au chalet, nous (5. sortir) les bagages de la voiture, puis nous (6. se faire) à manger. Quand nous (7. monter) nous coucher, nous (8. entendre) un bruit suspect... Un raton laveur renversait la poubelle !

AUTRE GRAPHIE
fraîche

Une page type d'un guide de conjugaison

Avez-vous déjà tenté de comprendre une page d'un guide de conjugaison ? En repérant les éléments qui la structurent, en voyant comment l'information s'y recoupe continuellement, vous pouvez apprendre l'essentiel de la conjugaison verbale. Observez attentivement les tableaux de conjugaison des verbes *aimer* et *finir*, puis lisez les explications qui suivent.

Les personnes grammaticales

Il y a trois personnes grammaticales : la 1re, celle qui parle (le locuteur) ; la 2e, celle à qui l'on parle (l'interlocuteur) ; la 3e, la personne ou la chose dont parle le locuteur. Chaque personne a la forme du singulier et la forme du pluriel.

Les modes

- Il y a cinq modes dans la conjugaison française : l'indicatif, l'impératif, le subjonctif, l'infinitif et le participe.

AUTRE GRAPHIE
événement

- Le mode indique comment est présenté ou perçu l'état, l'action ou l'évènement exprimé par le verbe : envisagé dans sa réalité (indicatif), dans la pensée (subjonctif), comme un ordre (impératif), en tant que qualité, que propriété (participe), ou pour désigner simplement l'action (infinitif).

- Les **modes personnels** (l'indicatif, l'impératif et le subjonctif) se conjuguent avec les personnes grammaticales, contrairement aux **modes impersonnels** (l'infinitif et le participe).

Premier groupe : AIMER

INDICATIF

Présent		Passé composé	
j'	aim **e**	j'ai	aimé
tu	aim **es**	tu as	aimé
il	aim **e**	il a	aimé
nous	aim **ons**	nous avons	aimé
vous	aim **ez**	vous avez	aimé
ils	aim **ent**	ils ont	aimé

Imparfait		Plus-que-parfait	
j'	aim **ais**	j'avais	aimé
tu	aim **ais**	tu avais	aimé
il	aim **ait**	il avait	aimé
nous	aim **ions**	nous avions	aimé
vous	aim **iez**	vous aviez	aimé
ils	aim **aient**	ils avaient	aimé

Passé simple		Passé antérieur	
j'	aim **ai**	j'eus	aimé
tu	aim **as**	tu eus	aimé
il	aim **a**	il eut	aimé
nous	aim **âmes**	nous eûmes	aimé
vous	aim **âtes**	vous eûtes	aimé
ils	aim **èrent**	ils eurent	aimé

Futur simple		Futur antérieur	
j'	aim **erai**	j'aurai	aimé
tu	aim **eras**	tu auras	aimé
il	aim **era**	il aura	aimé
nous	aim **erons**	nous aurons	aimé
vous	aim **erez**	vous aurez	aimé
ils	aim **eront**	ils auront	aimé

Conditionnel présent		Conditionnel passé	
j'	aim **erais**	j'aurais	aimé
tu	aim **erais**	tu aurais	aimé
il	aim **erait**	il aurait	aimé
nous	aim **erions**	nous aurions	aimé
vous	aim **eriez**	vous auriez	aimé
ils	aim **eraient**	ils auraient	aimé

IMPÉRATIF

Présent		Passé	
aim	**e**	aie	aimé
aim	**ons**	ayons	aimé
aim	**ez**	ayez	aimé

SUBJONCTIF

Présent		Passé	
que j'	aim **e**	que j'aie	aimé
que tu	aim **es**	que tu aies	aimé
qu'il	aim **e**	qu'il ait	aimé
que nous	aim **ions**	que nous ayons	aimé
que vous	aim **iez**	que vous ayez	aimé
qu'ils	aim **ent**	qu'ils aient	aimé

INFINITIF		PARTICIPE	
Présent	Passé	Présent	Passé
aimer	avoir aimé	aim **ant**	aim **é**, **ée (s)**
		en aim **ant** (gérondif)	ayant aimé

Les temps verbaux

- Une action est située dans le temps par rapport au moment où le locuteur parle. Ce moment, qui correspond au présent, sépare ce qui lui est antérieur (le passé) et ce qui lui est ultérieur (l'avenir).

- Les **temps simples** sont formés d'un seul mot ; sur la page ci-contre, ils occupent la partie gauche du tableau. Chaque temps simple a, à sa droite, le **temps composé** correspondant qui est formé d'un auxiliaire (*être* ou *avoir*) et du participe passé du verbe. Ce n'est pas un hasard si le passé composé est situé à côté du présent ou le plus-que-parfait à côté de l'imparfait : c'est que l'auxiliaire du verbe conjugué à un temps composé est toujours au même temps que le verbe de la forme simple correspondante. Ainsi, le passé composé est formé de l'auxiliaire *avoir* au présent (*j'ai*, *tu as*, etc.) et du participe passé (*aimé*). Si vous comprenez ce principe, vous pourrez retenir facilement les temps de la conjugaison et la formation des temps composés.

Les terminaisons verbales

AUTRE GRAPHIE

connaître

Connaitre la terminaison des verbes, surtout celle des verbes modèles *aimer* et *finir*, permet de conjuguer correctement tous les verbes des 1er et 2e groupes. Il est aussi indispensable de bien connaitre la conjugaison des verbes *être* et *avoir*, puisqu'ils servent d'auxiliaires dans la composition de tous les temps composés.

Prenez le temps d'observer les terminaisons des verbes *aimer* et *finir*, et tentez de faire ressortir leurs différences (au présent, pour *aimer*, les trois personnes du singulier : *–e*, *–es*, *–e* ; pour finir : *–is*, *–is*, *–it*) et leurs similitudes (au présent, pour les deux verbes, les trois personnes du pluriel : *–ons*, *–ez*, *–ent*).

Au sujet du **subjonctif présent**, il est utile de retenir deux choses. Premièrement, à l'exception des verbes *être* et *avoir*, la terminaison de **tous** les verbes, aux trois personnes du singulier du subjonctif présent, est toujours la même : *–e*, *–es*, *–e* (*que j'aime, que je finisse, que je voie, que je meure, que je veuille, que je conclue, que je coure*, etc.). Si vous hésitez entre l'indicatif et le subjonctif, utilisez le remplacement : *Il faut que je vois / voie* ? Changez *voir* par *finir* : *Il faut que je finisse* (et non *que je finis*). Il faut prêter une attention particulière aux finales homophones de l'indicatif présent et du subjonctif présent.

Deuxièmement, rappelez-vous que pour former le subjonctif de plusieurs verbes, on utilise la 3e personne du pluriel du présent : on enlève le *–ent* et on le remplace par les terminaisons *–e*, *–es*, *–e*, *–ions*, *–iez*, *–ent*. Ainsi, à partir de *ils finiss–ent* : *que je finiss–e, que tu finiss–es, qu'il finiss–e...*

Deuxième groupe : FINIR

INDICATIF

	Présent		Passé composé
je	fin **is**	j'ai	fini
tu	fin **is**	tu as	fini
il	fin **it**	il a	fini
nous	fin **issons**	nous avons	fini
vous	fin **issez**	vous avez	fini
ils	fin **issent**	ils ont	fini

	Imparfait		Plus-que-parfait
je	fin **is**	j'avais	fini
tu	fin **is**	tu avais	fini
il	fin **it**	il avait	fini
nous	fin **issons**	nous avions	fini
vous	fin **issez**	vous aviez	fini
ils	fin **issent**	ils avaient	fini

	Passé simple		Passé antérieur
je	fin **is**	j'eus	aimé
tu	fin **is**	tu eus	aimé
il	fin **it**	il eut	aimé
nous	fin **îmes**	nous eûmes	aimé
vous	fin **îtes**	vous eûtes	aimé
ils	fin **irent**	ils eurent	aimé

	Futur simple		Futur antérieur
je	fin **irai**	j'eus	fini
tu	fin **iras**	tu eus	fini
il	fin **ira**	il eut	fini
nous	fin **irons**	nous eûmes	fini
vous	fin **irez**	vous eûtes	fini
ils	fin **iront**	ils eurent	fini

	Conditionnel présent		Conditionnel passé
je	fin **irais**	j'aurais	fini
tu	fin **irais**	tu aurais	fini
il	fin **irait**	il aurait	fini
nous	fin **irions**	nous aurions	fini
vous	fin **iriez**	vous auriez	fini
ils	fin **iraient**	ils auraient	fini

IMPÉRATIF

	Présent		Passé
fin	**is**	aie	fini
fin	**issons**	ayons	fini
fin	**issez**	ayez	fini

SUBJONCTIF

	Présent		Passé
que j'	fin **isse**	que j'aie	fini
que tu	fin **isses**	que tu aies	fini
qu'il	fin **isse**	qu'il ait	fini
que nous	fin **issions**	que nous ayons	fini
que vous	fin **issiez**	que vous ayez	fini
qu'ils	fin **issent**	qu'ils aient	fini

INFINITIF

Présent	Passé
finir	avoir fini

PARTICIPE

Présent	Passé
fin **issant**	fin **i, ie (s)**
en fin **issant** (gérondif)	ayant fini

Verbe AVOIR

INDICATIF			

Présent		Passé composé	
j'	ai	j'ai	eu
tu	as	tu as	eu
il	a	il a	eu
nous	avons	nous avons	eu
vous	avez	vous avez	eu
ils	ont	ils ont	eu

Imparfait		Plus-que-parfait	
j'	avais	j'avais	eu
tu	avais	tu avais	eu
il	avait	il avait	eu
nous	avions	nous avions	eu
vous	aviez	vous aviez	eu
ils	avaient	ils avaient	eu

Passé simple		Passé antérieur	
j'	eus	j'eus	eu
tu	eus	tu eus	eu
il	eut	il eut	eu
nous	eûmes	nous eûmes	eu
vous	eûtes	vous eûtes	eu
ils	eurent	ils eurent	eu

Futur simple		Futur antérieur	
j'	aurai	j'aurai	eu
tu	auras	tu auras	eu
il	aura	il aura	eu
nous	aurons	nous aurons	eu
vous	aurez	vous aurez	eu
ils	auront	ils auront	eu

Conditionnel présent		Conditionnel passé	
j'	aurais	j'aurais	eu
tu	aurais	tu aurais	eu
il	aurait	il aurait	eu
nous	aurions	nous aurions	eu
vous	auriez	vous auriez	eu
ils	auraient	ils auraient	eu

IMPÉRATIF			

Présent		Passé	
aie		aie	eu
ayons		ayons	eu
ayez		ayez	eu

SUBJONCTIF			

Présent		Passé	
que j'	aie	que j'aie	eu
que tu	aies	que tu aies	eu
qu'il	ait	qu'il ait	eu
que nous	ayons	que nous ayons	eu
que vous	ayez	que vous ayez	eu
qu'ils	aient	qu'ils aient	eu

INFINITIF		PARTICIPE	
Présent	Passé	Présent	Passé
avoir	avoir eu	ayant en ayant (gérondif)	eu, eue (s) ayant eu

Verbe ÊTRE

INDICATIF

Présent		Passé composé	
je	suis	j'ai	été
tu	es	tu as	été
il	est	il a	été
nous	sommes	nous avons	été
vous	êtes	vous avez	été
ils	sont	ils ont	été

Imparfait		Plus-que-parfait	
j'	étais	j'avais	été
tu	étais	tu avais	été
il	était	il avait	été
nous	étions	nous avions	été
vous	étiez	vous aviez	été
ils	étaient	ils avaient	été

Passé simple		Passé antérieur	
je	fus	j'eus	été
tu	fus	tu eus	été
il	fut	il eut	été
nous	fûmes	nous eûmes	été
vous	fûtes	vous eûtes	été
ils	furent	ils eurent	été

Futur simple		Futur antérieur	
je	serai	j'aurai	été
tu	seras	tu auras	été
il	sera	il aura	été
nous	serons	nous aurons	été
vous	serez	vous aurez	été
ils	seront	ils auront	été

Conditionnel présent		Conditionnel passé	
je	serais	j'aurais	été
tu	serais	tu aurais	été
il	serait	il aurait	été
nous	serions	nous aurions	été
vous	seriez	vous auriez	été
ils	seraient	ils auraient	été

IMPÉRATIF

Présent	Passé	
sois	aie	été
soyons	ayons	été
soyez	ayez	été

SUBJONCTIF

Présent		Passé	
que je	sois	que j'aie	été
que tu	sois	que tu aies	été
qu'il	soit	qu'il ait	été
que nous	soyons	que nous ayons	été
que vous	soyez	que vous ayez	été
qu'ils	soient	qu'ils aient	été

INFINITIF

Présent	Passé
être	avoir été

PARTICIPE

Présent	Passé
étant	été
en étant (gérondif)	ayant été

■ Les groupes de verbes

Il existe trois groupes de verbes en français : les verbes en **–er** (1er groupe), les verbes en **–ir** qui font –*issant* au participe présent (2e groupe) et tous les autres verbes (3e groupe).

Les verbes du 1er groupe

Tous les verbes qui se terminent en **–er** se conjuguent comme le verbe *aimer* en ce qui concerne leur terminaison (sauf *aller*, qui est irrégulier). Les verbes du 1er groupe sont — et de loin — les verbes les plus nombreux, et la quasi-totalité des verbes nouveaux tombent dans cette catégorie : *informatiser, cliquer, clavarder,* etc.

Il faut faire attention à l'orthographe de plusieurs verbes courants de ce groupe :

- **Les verbes en –cer** (*lancer*) : prennent une cédille sous le *c* devant *a* et *o* pour conserver le son « s » ;

  Il lança. Nous lançons.

- **Les verbes en –ger** (*partager*) : prennent un *e* après le *g* devant *a* et *o* pour conserver le son « j » ;

  Je partageais. Nous partageons.

- **Les verbes en –yer** (*appuyer*) : changent l'*y* en *i* devant un *e* muet ;

  J'appuierai. Il aboiera. Il paiera (ou **payera** : pour les verbes en –*ayer*, on a le choix).

- **Les verbes en –eler et –eter** : les verbes *appeler* et *jeter* (et leurs familles) redoublent le *l* ou le *t* devant un e muet.

  Je l'appelle.   Il rejette cette idée.

Les verbes du 2e groupe

Tous les verbes du 2e groupe se conjuguent comme le verbe *finir*.

Il faut faire attention au verbe *haïr* : il perd son tréma au singulier de l'indicatif présent et de l'impératif présent (*je hais, tu hais, il hait. Ne hais pas ton prochain.*) Si vous avez l'habitude de dire « *j'haïs* », « *tu haïs* », « *il haït* », essayez de vous en défaire parce que ces formes de conjugaison n'existent tout simplement pas !

Les verbes du 3e groupe

La conjugaison des verbes de ce groupe varie beaucoup. Il faut faire attention à l'orthographe et à la terminaison de plusieurs verbes courants de ce groupe :

- **mourir, courir, acquérir** : redoublent le *r* au futur simple et au conditionnel présent ;

  Nous mourrons. Ils courront. Elle acquerrait.

- **mentir, partir, sentir, sortir** et *se repentir* : perdent le *t* aux 1re et 2e personnes du singulier de l'indicatif présent et à la 2e personne du singulier de l'impératif présent ;

  Je sors. Tu mens. Pars sans moi.

- **vouloir, pouvoir, valoir** : se terminent par *x* aux 1re et 2e personnes du singulier de l'indicatif présent ;

  Je veux. Tu peux.

- **devoir, mouvoir** : seul leur participe passé masculin singulier prend un accent circonflexe ;

  *Il avait **dû** partir. Les sommes dues.*

- **vaincre, convaincre** : conservent le *c* aux trois personnes du singulier de l'indicatif présent ;

  Je vaincs. Tu vaincs. Il vainc.

- **les verbes en –dre** : gardent le *d* aux trois personnes du singulier de l'indicatif présent.

  Je couds. Tu couds. Il coud.

Exceptions : les verbes en –indre et en –soudre perdent ce *d* dans les mêmes circonstances.

  Je peins. Tu peins. Il peint. Je résous. Tu résous. Il résout

Testez-vous   11.3

Corrigé p. 292

Conjuguez correctement les verbes entre parenthèses, en prenant soin d'indiquer à quel groupe ils appartiennent.

J'(1. préférer, conditionnel passé) que tu m'(2. appeler, présent) plus tôt. Hier, je n'(3. avancer, indicatif imparfait) pas vite dans mes recherches et je t'(4. avouer, futur simple) que je (5. commencer, indicatif imparfait) à me décourager. Je me (6. sentir, indicatif présent) mieux maintenant. Cependant, j'(7. apprendre, passé composé) une triste nouvelle : il (8. paraître, indicatif présent) qu'un de tes voisins (9. périr, conditionnel passé) dans un incendie. C'est d'autant plus triste qu'il (10. bâtir, plus-que-parfait) une nouvelle maison et (11. compter, indicatif imparfait) y emménager sous peu. Offre mes condoléances à sa famille.

AUTRE GRAPHIE

paraître

11.3   Les modes et les temps : signification et emploi

De façon générale, le mode indique comment l'action est perçue. Le temps, quant à lui, indique quand a lieu l'action dont l'émetteur parle (maintenant, dans le passé, dans l'avenir). Le temps indique aussi quand une action a lieu par rapport à une autre action ; cela concerne la concordance des temps. Enfin, les temps simples évoquent l'aspect non accompli (non achevé) d'un évènement, alors que les temps composés évoquent son aspect accompli (achevé).

AUTRE GRAPHIE

évènement

Le mode indicatif et les temps qui le composent

AUTRES GRAPHIES

dîne
évènement

Le **mode indicatif** présente un évènement comme certain ou probable dans le passé, dans le présent ou dans l'avenir, ou encore comme hypothétique.

MODE INDICATIF	
PRÉSENT (*j'aime*)	
• Exprime un fait qui a lieu au moment où l'on parle.	*Gisèle **sourit**.*
• Exprime des vérités générales, un fait permanent, éternel.	*Deux et deux **font** quatre.* *Qui **dort** dine.*
• Exprime un fait qui se répète, qui est habituel.	*Notre fils **lit** au moins un roman par semaine.*
• Actualise des actions passées ou futures, des évènements dans un récit de fiction (présent de narration) ou historique (présent historique).	*« Si je suis passé chez le médecin ? Je le **quitte** à l'instant. »* *La forêt dense l'enveloppait. Soudain, une explosion.* *Son pouls **s'accélère**, il **se retourne**, il...*
PASSÉ COMPOSÉ (*j'ai aimé*)	
• Décrit un fait passé, achevé au moment où l'on parle, sans relation avec le présent.	*Ils **ont** beaucoup **voyagé**.* *Il m'**a appelé** quand il **a appris** cela.*
• Exprime un fait passé en relation avec le présent ou dont les conséquences durent encore.	*Magda **a** enfin **déniché** un emploi.*
• Exprime une action passée qui a un caractère instantané.	*Il riait aux éclats quand je **suis entrée**.*
• Peut exprimer une vérité générale.	*La nature **a** toujours **été** généreuse.*
• Présente, dans un récit, la trame des évènements de l'histoire.	*La chambre sentait l'usé, le fatigué. L'inspecteur **s'est tourné** vers Max en soupirant.*

MODE INDICATIF (suite)

IMPARFAIT (*j'aimais*)

• Exprime un fait qui dure dans le passé.	*Il n'**aimait** pas les artichauts.*
• Exprime un fait habituel ou un fait qui se répétait dans le passé.	*Elle ne **prenait** jamais de notes, mais **assistait** quand même au cours.*
• Exprime un fait passé qui était en train de se dérouler au moment où un autre fait passé est survenu.	*Elle **s'entretenait** avec le plombier quand sa voisine entra.*
• Exprime un fait hypothétique.	*Si tu **acceptais**, elle serait ravie.*
• Sert à décrire ou à expliquer. Dans un récit au passé, l'imparfait présente le cadre dans lequel une histoire se déroule.	*Zip et Bip **habitaient** la même planète. La saison des pluies de grenouilles **approchait**, ce qui **rendait** Bip passablement agité.*

PLUS-QUE-PARFAIT (*j'avais aimé*)

• Exprime principalement un fait passé achevé ayant précédé un autre fait passé.	*Elle **avait terminé** sa lettre lorsque Michel passa la prendre.*
• Exprime un fait hypothétique.	*Si j'**avais pu**, je serais parti plus tôt.*

PASSÉ SIMPLE (*j'aimai*)

• Ne s'utilise pratiquement qu'à l'écrit, surtout dans des textes littéraires ou historiques. • S'emploie pour indiquer un fait passé achevé, sans relation avec le présent. Il peut s'agir d'un fait momentané, d'un fait qui a duré (tout en étant limité dans le temps) ou de plusieurs faits qui se déroulent successivement dans un récit.	*[...] Le jour de la délivrance **arriva**. Un matin, la porte de la cage **s'ouvrit** lentement. Le tigre **comprit**. Il **bondit** hors de la cage et **s'enfuit** sans bruit. On ne le **revit** jamais.*

PASSÉ ANTÉRIEUR (*j'eus aimé*)

• Ne s'utilise généralement qu'à l'écrit, surtout dans les textes littéraires ou historiques, pour exprimer un fait passé, achevé, qui a précédé un autre fait passé (habituellement au passé simple).	*Après qu'il **eut reçu** sa lettre, il lui téléphona.*

FUTUR SIMPLE (*j'aimerai*)

• Exprime un fait qui aura lieu après le moment où l'on parle.	*Nous **recevrons** ce candidat demain.*
• Exprime une demande polie ou un ordre atténué (il remplace alors l'impératif).	*Vous **reprendrez** le chapitre trois de votre manuscrit.*
• Permet à l'émetteur, dans l'argumentation, de prendre ses distances à l'égard d'une opinion.	*Plusieurs **avanceront** que cette guerre était nécessaire.*

MODE INDICATIF (suite)	
FUTUR ANTÉRIEUR (*j'aurai aimé*)	
• Exprime un fait futur achevé précédant un moment précis dans le futur ou un autre fait futur.	*Ce travail **sera terminé** dans une heure.* *Quand tu **auras fini** ton travail, nous partirons.*
• Peut exprimer l'indignation.	*J'**aurai** tout **entendu** !*
CONDITIONNEL PRÉSENT (*j'aimerais*)	
• Exprime un fait futur par rapport à un fait passé.	*Elle m'a promis qu'elle me **téléphonerait**.*
• Exprime un fait soumis à une condition.	*Si on lui donnait sa chance, il **réussirait**.*
• Exprime un souhait, un désir, un conseil, une demande, un ordre (il remplace parfois l'impératif).	*Il **faudrait** vous reposer : **prendriez**-vous une semaine de congé ?*
• Exprime le doute quant à la validité d'une information.	*Selon la victime, ce **serait** la faute des médias.*
CONDITIONNEL PASSÉ (*j'aurais aimé*)	
• Exprime un fait futur antérieur à un autre fait futur dans le passé.	*Il nous a promis qu'il téléphonerait dès qu'il **aurait appris** la nouvelle.*
• Exprime un fait futur par rapport à un autre moment du passé.	*Nous savions que, quelques heures plus tard, tout **aurait** enfin **changé**.*
• Exprime un fait qui n'a pas eu lieu dans le passé, mais qui aurait dû ou aurait pu se produire.	*Nous **aurions dû** nous lever plus tôt : si nous étions partis à 6 h, nous **serions** déjà **arrivés**.*

La concordance des temps à l'indicatif

Dans toute phrase contenant une subordonnée, on doit prêter attention au rapport qui existe entre le temps du verbe de la subordonnée et le temps du verbe principal. Ce rapport est un rapport d'**antériorité**, de **simultanéité** ou de **postériorité** : l'action de la subordonnée a lieu avant, en même temps ou après celle du verbe principal.

> *Fred **a publié** un poème qu'il **avait écrit** dans sa jeunesse.*

Dans le cas présent, l'action d'écrire le poème, dans la subordonnée, s'est produite avant celle de le publier, dans la phrase enchâssante.

C'est le temps du verbe principal qui détermine le temps de la subordonnée, puisque c'est en fonction de cette action que l'action de la subordonnée se situe dans le cours du temps. Voyons, de façon schématique, la place que les temps verbaux les plus importants occupent sur la ligne du temps.

PASSÉ			PRÉSENT	FUTUR	
Plus-que-parfait (passé antérieur)	**Imparfait* Passé composé** (passé simple)**	**Conditionnel présent**	**Présent**	**Futur antérieur**	**Futur simple**
action antérieure à un fait passé	action simultanée à un fait passé	action postérieure à un fait passé	action présente	action future antérieure à un fait à venir	action future
*Fred a publié un poème qu'il **avait écrit** dans sa jeunesse.*	*Il a constaté qu'il **manquait** une strophe.* *Il a téléphoné à son ami quand il **a découvert** cela.*	*Il a promis à Paul qu'il lui **montrerait** son recueil.*	*Il **lit**.*	*Paul lui fera part de ses commentaires après qu'il **aura lu** le recueil.*	*Ils **célèbreront** la parution du recueil la semaine prochaine.*

* L'imparfait est préféré pour exprimer une action passée qui dure ou qui se répète.
** Le passé composé (ou le passé simple) est choisi pour exprimer une action ponctuelle.

AUTRE GRAPHIE
célébreront

Selon le tableau, le verbe *écrire* de notre exemple doit être au plus-que-parfait de l'indicatif parce que cette action est antérieure, dans le passé, à l'action de *publier*. En français, il y a un seul moment présent, mais le passé, lui, peut être découpé en plusieurs moments différents (plus-que-parfait, passé composé, imparfait, etc.). On dira que les verbes, dans cette phrase, «concordent» parce qu'ils rendent compte du moment précis où a lieu chaque action de la phrase.

Lorsque vous rédigez vos propres textes, voici comment procéder pour respecter la concordance des temps.

- Notez le temps du verbe principal, puisque c'est ce verbe qui commande le temps de la subordonnée.

  Il a publié un poème qu'il (écrire) dans sa jeunesse.
  (Dans cet exemple, le verbe principal (*a publié*) est au passé composé.)

- Posez-vous la question suivante: l'action de la subordonnée est-elle antérieure, simultanée ou postérieure à celle du verbe principal? Ici, elle est antérieure.

- Consultez le tableau qui précède et choisissez le temps approprié. Vous opterez pour le plus-que-parfait, pour une action antérieure à une autre dans le passé.

  Fred a publié un poème qu'il avait écrit dans sa jeunesse.

L'emploi du conditionnel dans la phrase de condition

La phrase de condition exprime une hypothèse ou une situation non réalisée. Dans une telle phrase, qui débute par *si*, il y a deux aspects à considérer : la condition (exprimée par l'imparfait ou le plus-que-parfait, non par le conditionnel) et la conséquence (exprimée par le conditionnel présent ou passé).

Conditions	Conséquences
dans le moment présent	**dans le moment présent**
imparfait Si tu l'**aimais**,	cond. présent tu ne le **tromperais** pas.
dans le moment présent	**dans un moment passé**
imparfait Si vous **étiez** plus sérieux,	cond. passé vous **auriez respecté** l'échéancier.
dans un moment passé	**dans le moment présent**
plus-que-parfait Si tu m'**avais** tout **expliqué**,	cond. présent je ne **serais** pas fâchée.
dans un moment passé	**dans un moment passé**
plus-que-parfait Si tu **avais assisté** à cet atelier d'écriture,	cond. présent tu l'**aurais apprécié**.

Lorsqu'une subordonnée commence par *si*, sans exprimer une condition, on peut utiliser le conditionnel.

> J'ignore si Michèle **accepterait** une telle offre.
> (La subordonnée correspond ici à une interrogation indirecte.)

■ Le mode impératif et les temps qui le composent

Le mode impératif sert essentiellement à énoncer un ordre, qui peut se présenter sous forme de prière, de souhait ou de commandement. Dans tous les cas, l'émetteur tente d'influencer le comportement de la personne à laquelle il s'adresse. Cette personne, sous-entendue dans la phrase, ne peut être que l'interlocuteur (2e personne du singulier ou du pluriel) ou un locuteur pluriel (1re personne du pluriel).

> **Cessez** ce tapage et **faites** vos devoirs.
> **Parlons** moins fort.

MODE IMPÉRATIF	
PRÉSENT (*aime, aimons, aimez*)	
• Exprime l'ordre de faire quelque chose immédiatement ou dans un futur très proche.	***Partez*** *tout de suite et* ***téléphonez***-*nous dès votre arrivée.*
• Peut exprimer une supposition ou une condition. La phrase syntaxique impérative, qui remplace alors une subordonnée en *si*, est coordonnée ou juxtaposée à une phrase syntaxique déclarative.	***Viens*** *nous rendre visite, nous t'emmènerons faire du ski.*
PASSÉ (*aie aimé, ayons aimé, ayez aimé*)	
• Peu utilisé, il indique qu'un fait devra être accompli à un moment déterminé de l'avenir.	***Ayez fini*** *ce projet pour la fin du mois prochain.*

Notez les particularités suivantes de l'impératif.

- À la 2e personne du singulier, le verbe ne prend jamais de *s* s'il se termine par *e* ou *a*, sauf devant *en* et *y* (pour des raisons d'euphonie).

    Va *dans le jardin,* ***cueille*** *quelques fleurs et* ***donnes***-*en à Virginie.*

- Le mode impératif peut être remplacé par le subjonctif, l'infinitif et l'indicatif présent ou futur (voir le tableau relatif à chaque mode).

    Qu'ils ***passent*** *plutôt vers 10 h.*

▮ Le mode subjonctif et les temps qui le composent

AUTRE GRAPHIE
événement

Le mode subjonctif présente souvent un évènement comme envisagé uniquement dans l'esprit, comme incertain, sans précision de temps ; il est aussi utilisé dans les phrases subordonnées introduites par certaines conjonctions exprimant le temps, le but, etc., ou encore lorsque le verbe principal exprime la volonté, le désir, le doute, l'obligation, etc.

Le subjonctif s'impose dans la subordonnée

- lorsque le verbe principal exprime :
    - des sentiments, des émotions   *Léa* ***regrette*** *[*qu'il ***faille*** *déjà partir.]*
    - la volonté, le désir   *L'organisateur* ***veut*** *[*que tu ***sois*** *présent.]*
    - le jugement   ***Il vaut mieux*** *[*que vous le lui ***disiez*** *vous-même.]*
    - le doute   *Je* ***doute*** *[*qu'il ***puisse*** *venir.]*
    - la nécessité, l'obligation   ***Il faut*** *[*que cette auteure ***relise*** *son contrat.]*
    - la possibilité   ***Il se peut*** *[*que nous ***arrivions*** *en retard.]*

Notez que lorsque le verbe principal est un verbe d'opinion ou de pensée, on utilise habituellement l'indicatif dans la subordonnée, à moins que ce verbe soit employé à la forme négative ou interrogative et que l'on veuille mettre en relief le point de vue subjectif de celui qui parle ou encore souligner que le fait exprimé est mis en doute.

> *Je **crois** que cet auteur **est** heureux.*
>
> *Je **ne crois pas** que cet auteur **est** / **soit** heureux.*
>
> (Si la personne qui parle émet une simple opinion, elle dira *soit*;
> si elle tient cette opinion pour un fait, elle dira *est*.)

- **lorsque la subordonnée est introduite par les locutions conjonctives suivantes :**

Locutions conjonctives de subordination	
avant que, en attendant que, jusqu'à ce que, d'ici à ce que	*Avant que deux semaines soient passées, la directrice a pris sa décision.* (temps)
afin que, pour que, de peur que... ne, de crainte que... ne	*Elle téléphone à l'auteur afin qu'ils puissent se rencontrer demain.* (but)
bien que, quoique, encore que, malgré que, moyennant que, sans que (concession négative, opposition)	*Quoiqu'il soit surpris, il accepte de participer à une lecture publique.* (concession)
à condition que, pour autant que, si tant est que, pourvu que	*Il accepte son offre à condition qu'elle lui permette de revoir le tout.* (condition)
en admettant que, à supposer que	*À supposer que certaines clauses ne soient pas acceptables à ses yeux, il négociera.* (hypothèse)

Il est parfois difficile de savoir si telle ou telle locution conjonctive commande l'indicatif ou le subjonctif. Voici quelques locutions conjonctives courantes **exigeant l'emploi de l'indicatif** dans la subordonnée: *après que, aussitôt que, dès que, depuis que, pendant que, de (telle) sorte que* (exprimant la conséquence).

MODE SUBJONCTIF	
PRÉSENT (*que j'aime*)	
• Si le GV fait partie d'une phrase subordonnée, le subjonctif présent exprime une action qui se passe en même temps ou après l'action du verbe principal.	*Nous regrettions qu'il **soit** si tard.* *Elle souhaite que vous **soyez** plus concis.*
• Peut exprimer un sentiment vif, par exemple l'indignation, ou encore le souhait, l'ordre (dans ces deux derniers cas, il a alors la valeur de l'impératif).	*Moi ! **Que** je **m'astreigne** à une telle discipline !* ***Puissiez**-vous être le plus heureux possible.*

MODE SUBJONCTIF (suite)

PASSÉ (*que j'aie aimé*)

• Le subjonctif passé peut exprimer un fait passé par rapport au moment de la parole ou par rapport à un autre fait.	*Moi ! Que j'**aie menti** !* *Que vos articles **soient** tous **rédigés** avant le retour du rédacteur en chef.*
• Si le GV fait partie d'une phrase subordonnée, le subjonctif passé exprime une action qui précède l'action du verbe principal lorsque celui-ci est au présent, au passé ou au futur.	*Vous regrettiez qu'il ne **soit** pas **venu**.* *Il doutera qu'elle **ait dit** la vérité.* *Je suis étonné qu'il m'**ait écrit**.*

Le mode infinitif et les temps qui le composent

Le mode infinitif est la forme nominale du verbe. C'est pourquoi le verbe à l'infinitif a souvent les mêmes fonctions que le nom, sans pour autant perdre ses propriétés verbales par rapport aux autres éléments qui dépendent de lui dans la phrase.

> Anaïs adore **parler** de son voyage en Asie.
>
> (Le GVinf *parler de son voyage en Asie* est CD de *adore* ; à l'intérieur de ce groupe, *parler* a comme CI le GPrép *de son voyage en Asie*.)

MODE INFINITIF

PRÉSENT (*aimer*)

• Exprime un fait présent ou futur par rapport au moment de la parole ou par rapport à un autre fait.	*Je préfère **utiliser** l'aquarelle quand je peins.* *Il a l'intention de **partir** bientôt.*
• Peut remplacer l'impératif.	*Ne pas **marcher** sur le gazon.*

PASSÉ (*avoir aimé*)

• Exprime une action antérieure à celle du verbe principal.	*Après **avoir lu** le dernier chapitre, il s'endormit.*
• Exprime une action qui sera accomplie à un certain moment dans l'avenir.	*Il faut **avoir donné** notre réponse avant le 20 mai.*

Le mode participe et les temps qui le composent

Le mode participe est la forme adjectivale du verbe. C'est pourquoi il a souvent les mêmes fonctions que l'adjectif, sans pour autant perdre ses propriétés verbales par rapport aux éléments qui dépendent de lui dans la phrase.

> **Connaissant** ses goûts, il l'a invitée dans un restaurant libanais.
>
> (Le GVpart *connaissant ses goûts* est complément du pronom *il*. À l'intérieur même du groupe, le participe *connaissant* a comme CD le GN *ses goûts*.)

MODE PARTICIPE

PRÉSENT (*aimant*)

• Exprime généralement une action en train de s'accomplir au même moment que l'action exprimée par un autre verbe conjugué à un mode personnel.	*Je l'ai vu **marchant** dans la rue.*
• Pour ce qui est du **gérondif**, il permet de préciser, comme CP, le cadre de l'action exprimée par le verbe principal ou encore d'illustrer, comme modificateur, comment l'action est réalisée.	*En **courant**, vous le rattraperez.* (CP) *Elle travaille en **chantant**.* (modificateur)

PASSÉ (*aimé, ée*)

• Est utilisé dans tous les temps composés. Employé seul, il est utilisé comme adjectif, avec un sens habituellement passif.	*Cette symphonie **écrite** en quelques jours a **ébloui** les mélomanes et la critique.*

PASSÉ COMPOSÉ (*ayant aimé*)

• Exprime une action antérieure à celle du verbe principal de la phrase.	***Ayant réussi** son examen, il a été récompensé.*

Testez-vous   11.4

Corrigé p. 292

Indiquez le mode et le temps des verbes en caractères gras.

Cher Antoine,

J'**ai reçu** votre lettre hier. Que de bonnes nouvelles elle m'**apportait**! De mon côté, tout va mal. La voiture **est** au garage — et je n'ai pas obtenu le contrat sur lequel je comptais. J'**aurais dû** remettre à plus tard les rénovations de l'atelier...

Vous me **demandiez** des nouvelles de Bill. Il **rentre** la semaine prochaine. Je vous en **dirai** plus long quand il **sera revenu** : il a très peu écrit ces dernières semaines. Il m'a toutefois affirmé qu'il **prendrait** contact avec vous sous peu. Nous nous reverrons bientôt. **Portez**-vous bien en attendant. Amitiés.

Adélaïde

Le Coin des curieux

Subjonctif ou infinitif?

Nous avons vu que le subjonctif est obligatoire lorsque nous exprimons le doute, le désir, etc.; nous devons aussi y avoir recours lorsque la subordonnée est introduite par certaines locutions conjonctives. Cependant, lorsque le sujet de la subordonnée est le même que celui du verbe principal, on doit utiliser l'infinitif plutôt que le subjonctif et remplacer la locution conjonctive par la locution prépositive correspondante.

> **Isabelle** *se hâte de terminer son roman* **afin de partir** *pour la Grèce.*
>
> ***Isabelle** *se hâte de terminer son roman* **afin qu'elle parte** *pour la Grèce.*

Dans cet exemple, la locution conjonctive *afin que* a été remplacée par la locution prépositive *afin de*. Toutes les locutions conjonctives suivantes peuvent ainsi être remplacées lorsqu'on doit utiliser l'infinitif.

Les seules locutions conjonctives qui résistent à une telle substitution et qui ne peuvent pas être suivies de l'infinitif sont les suivantes: *jusqu'à ce que, pourvu que, bien que, quoique.*

Locutions conjonctives		Locutions prépositives	Locutions conjonctives		Locutions prépositives
avant que	→	avant de	de (telle) façon que	→	de façon à
afin que	→	afin de	de (telle) manière que	→	de manière à
pour que	→	pour	à moins que	→	à moins de
de peur que	→	de peur de	sans que	→	sans
de crainte que	→	de crainte de	à condition que	→	à condition de

À retenir

Les verbes

Constructions		
Verbe transitif	• Direct (a un CD) • Indirect (a un CI)	*Je l'aide.* *Tu me parles.*
Verbe intransitif	• N'a pas de complément	*Il tonne.*
Verbe attributif	• Essentiellement • Occasionnellement	*Il est joli.* *Je te sais bon.*
Verbe pronominal	• Essentiellement • Occasionnellement • Non réfléchi • À sens passif	*Elle s'enfuit.* *Il s'en doute.* *Je me lave.* *Tout s'est vendu.*
Verbe impersonnel	• Essentiellement • Occasionnellement	*Il faut voir.* *Il tombe des clous.*

Conjugaison		

LES TROIS GROUPES DE VERBES		
Verbes en –er (1er groupe)	**Verbes en –ir et faisant –issant** au participe présent (2e groupe)	**Autres verbes** (3e groupe)
Verbe modèle : *aimer*	Verbe modèle : *finir*	Pas de verbe modèle

Modes	Temps simples	Temps composés	Attention !
Indicatif Exprime la réalité passée, présente ou future	Présent *J'aime* Imparfait *J'aimais* Passé simple *J'aimai* Futur simple *J'aimerai* Cond. présent *J'aimerais*	Passé composé *J'ai aimé* Plus-que-parfait *J'avais aimé* Passé antérieur *J'eus aimé* Futur antérieur *J'aurai aimé* Cond. passé *J'aurais aimé*	• Quelques locutions conjonctives de subordination exigent l'emploi de l'indicatif dans la subordonnée : *après que, dès que, depuis que, puisque, aussitôt que…*
Impératif Exprime l'ordre, la prière, le souhait	Présent *Aime*		• Sujet sous-entendu. • Seulement trois personnes. • Pas de *s* à la 2ᵉ personne du singulier quand la terminaison est *e* ou *a*.
Subjonctif Exprime quelque chose envisagé dans l'esprit	Présent *Que j'aime*	Passé *Que j'aie aimé*	• On trouve la terminaison à l'aide de la 3ᵉ personne du pluriel de l'indicatif présent. • 1ʳᵉ, 2ᵉ et 3ᵉ personnes du singulier au subjonctif présent : terminaison *e, es, e* (sauf pour *être* et *avoir*). • Subjonctif souvent obligatoire dans la subordonnée à cause du verbe principal ou de certaines locutions conjonctives de subordination.
Infinitif Est la forme nominale du verbe	Présent *Aimer*	Passé *Avoir aimé*	• Souvent précédé d'une préposition. • Il suit souvent un verbe conjugué.
Participe Est la forme adjectivale du verbe	Présent *Aimant*	Passé *Aimé(e)(s)* *Ayant aimé(e)(s)*	• Le participe passé est variable en genre et en nombre. • Il y a quatre catégories d'emploi du participe passé : employé comme adjectif ; avec l'auxiliaire *avoir* ; avec l'auxiliaire *être* ; dans un verbe impersonnel. • Pour trouver la terminaison du participe passé au masculin singulier : mettre au féminin (*construit-e*).

12 Les mots invariables

Objectifs

Au terme de ce chapitre, vous devriez pouvoir répondre aux questions suivantes :

▌ Y a-t-il plusieurs sortes d'adverbes ? À quoi servent-ils ?

▌ Quelles erreurs faut-il éviter dans l'emploi des prépositions ?

▌ Quelle conjonction choisir pour exprimer le lien approprié entre divers éléments dans la phrase ?

L es adverbes, les prépositions et les conjonctions sont des mots invariables, c'est-à-dire qu'ils ne changent pas de forme. Vous ne trouverez donc ici aucune règle d'accord. Les difficultés que soulèvent ces trois catégories de mots sont, par conséquent, d'un autre ordre.

Il importe de savoir, par exemple, que le mot *bien* est un adverbe pour respecter son invariabilité dans la phrase *Ce sont des gens bien*. Il faut aussi se demander fréquemment, lorsqu'on utilise les prépositions : « Ai-je choisi la préposition que cet adjectif ou ce verbe commande ? » Ainsi, on écrit *monter **dans** un train* et non ***sur** un train*.

Quant aux conjonctions, ce sont des mots porteurs de sens, comme les adverbes et les prépositions ; elles établissent des liens logiques, chronologiques ou autres entre les éléments qu'elles relient. Ainsi, lorsque, comme lecteur, vous rencontrez le mot *car*, vous vous attendez à connaitre la justification d'un fait. Vous comprendrez que tout rédacteur doit bien connaitre les mots invariables et les choisir judicieusement afin d'exprimer sa pensée avec clarté.

AUTRE GRAPHIE

connaître

12.1   L'adverbe

L'adverbe est une classe de mots formée à la fois d'une liste fermée et d'une liste ouverte. La liste fermée comprend des mots comme *peu, beaucoup, très, bien, demain*, et la liste ouverte, d'innombrables adverbes en *–ment*, dérivés d'adjectifs (*lent / lentement, grand / grandement*, etc.).

L'adverbe est un mot **invariable**, à une exception près, celle de *tout* (voir p. 107). Il demeure invariable même lorsqu'il est en relation avec un nom à la manière d'un adjectif.

> *Les pneus **avant** de la voiture sont usés.*

Le sens de l'adverbe

L'adverbe simple (*là, demain, jamais*) ou l'adverbe complexe (*peut-être, sans doute, pas du tout*), que l'on appelle aussi « locution adverbiale », peut exprimer le lieu, le temps, la manière, etc. (voir le tableau).

- Quelques adverbes peuvent changer de sens selon :
  - le contexte ;
    *David avait l'air **si** surpris !* (= tellement)
    *« Vous n'êtes pas d'accord ? » « **Si**. »* (= oui)

  - leur place dans la phrase.
    *Ce garçon est **franchement** prodigieux.* (= vraiment)
    ***Franchement**, ce garçon est prodigieux.* (= sincèrement)

- Certains adverbes, que l'on appelle « corrélatifs », sont employés avec un autre terme (*soit... soit, tantôt... tantôt, aussi... que*, etc.).
    ***Tantôt** il pleurait, **tantôt** il riait aux éclats.*

ADVERBES					
de temps					
alors	autrefois	depuis	hier	naguère	soudain
après	avant	désormais	jadis	parfois	souvent
après-demain	avant-hier	dorénavant	jamais	puis	tantôt
aujourd'hui	bientôt	encore	longtemps	quand	tard
auparavant	déjà	enfin	lors	quelquefois	tôt
aussitôt	demain	ensuite	maintenant	sitôt	toujours

Il faut ajouter dans cette catégorie un grand nombre d'adverbes en –ment (*antérieurement, dernièrement, brièvement*, etc.) et des locutions adverbiales (*tout de suite, tout à l'heure, tout à coup*, etc.).

•••

de lieu

ailleurs	autour	ci	dehors	dessus	là	partout
alentour	avant	contre	derrière	devant	loin	près
arrière	çà	dedans	dessous	ici	outre	proche

Il faut ajouter dans cette catégorie plusieurs locutions adverbiales (*au-dedans, au-dehors, ci-après, ci-contre,* etc.).

de manière

ainsi	comment	ensemble	mieux	quasi
bien	d'aplomb	exprès	pis	vite
comme	debout	mal	plutôt	volontiers

Il faut ajouter dans cette catégorie un grand nombre d'adverbes en –*ment* (*lentement, proprement,* etc.), des locutions adverbiales (*à tort, à loisir, à propos, à part, à volonté,* etc.) et des adjectifs pris comme adverbes (*bon, haut, cher,* etc.).

de quantité et d'intensité

assez	combien	environ	peu	quelque	tout
aussi	comme...!	fort	(le) plus	si	très
autant	comment	guère	presque	tant	trop
beaucoup	davantage	moins	que...!	tellement	

Il faut ajouter dans cette catégorie des adverbes en –*ment* (*abondamment, énormément, grandement,* etc.) et plusieurs locutions adverbiales (*pas mal, tout à fait, pas du tout, à peu près, à demi, à peine,* etc.).

d'affirmation

absolument	bien sûr	d'accord	oui	sans doute	volontiers
assurément	certainement	effectivement	précisément	si	vraiment
aussi	certes	exactement	que si	sûr	

de doute ou de probabilité

à peu près	peut-être	sans doute
apparemment	probablement	vraisemblablement

de négation

jamais	ne... guère	nullement
ne	ne... pas	pas du tout
ne... aucun	non	

•••

d'interrogation		
combien	où	quand
comment	pourquoi	

indiquant l'ordre des idées			
bref	enfin	puis	deuxièmement
d'abord	ensuite	premièrement	troisièmement

indiquant divers liens logiques			
ainsi	c'est pourquoi	donc	par contre
alors	conséquemment	en effet	pourtant
au contraire	d'ailleurs	néanmoins	puis
cependant	de plus	par conséquent	toutefois

▓ L'adverbe dans la phrase et dans le texte

Les fonctions de l'adverbe

L'adverbe est le **noyau du groupe adverbial** (GAdv), lequel peut avoir les **fonctions** suivantes : complément, attribut ou modificateur (voir le chapitre 4, p. 62). Comme noyau du GAdv, l'adverbe peut avoir trois **expansions** : un GAdv, une subordonnée corrélative ou un GPrép.

*Tu sais très **bien** que, **loin** de toi, je m'ennuie **tellement** que je ne dors plus.*

Autres emplois des adverbes

Outre les fonctions syntaxiques décrites ci-dessus, les adverbes jouent certains **rôles** importants dans **la phrase** et dans **le texte**.

• **L'adverbe coordonnant** Lorsqu'un adverbe coordonne des éléments dans la phrase, il devient adverbe de coordination et joue le rôle de coordonnant (voir le chapitre 3, p. 33). Les adverbes de coordination sont souvent mobiles et ils peuvent se combiner entre eux ou avec des conjonctions de coordination.

*Elle avait du talent, (et) **pourtant** elle hésitait (pourtant) à chanter.*

- **L'adverbe marqueur interrogatif ou marqueur exclamatif** L'adverbe interrogatif ou exclamatif joue le rôle de marqueur dans la construction de phrases interrogatives ou exclamatives.

  > *Quand reviendras-tu ? Comme tu me manques !*

  Dans la subordonnée interrogative ou exclamative indirecte, ce marqueur est aussi subordonnant.

  > *Je me demande **quand** tu reviendras.*

- **L'adverbe organisateur textuel** Certains adverbes contribuent à structurer un texte, à en faire ressortir l'organisation, le plan, la logique. Ils fournissent des points de repère chronologiques, temporels, logiques, argumentatifs ou autres au lecteur, le guidant en quelque sorte au fil de sa lecture.

  > *Parlons **d'abord** de l'intrigue. **Ensuite**, nous analyserons les personnages.*

- **L'adverbe substitut** Lorsque l'adverbe reprend l'idée énoncée par un groupe de mots dans le texte, il permet la reprise de l'information et assure, par le fait même, la cohérence du texte.

  > *Elle est née en pleine Révolution tranquille. Ses parents avaient **alors** 20 ans.*
  > (= à sa naissance)

- **L'adverbe modalisateur** L'adverbe modalisateur permet à l'émetteur d'exprimer son point de vue sur ce qu'il dit (voir p. 242-243).

  > *Ils étaient attendus vers 17 h. **Évidemment**, ils sont arrivés en retard.*

Notez que les adverbes peuvent parfois, si l'on peut dire, cumuler deux emplois. Ainsi, dans la phrase qui suit, l'adverbe *ici* est à la fois complément de phrase et substitut.

> CP et substitut
> *Venez à Vancouver. Vous trouverez **ici** un style de vie qui vous plaira.*

Testez-vous   12.1

Corrigé p. 292-293

Indiquez ce qu'expriment les adverbes en caractères gras (temps, lieu, manière, etc.) et précisez leur fonction ou leur rôle.

Cette **très** vieille maison deviendrait **sans doute** magnifique avant **longtemps** si on la rénovait. **Quand** pourrions-nous le faire, cependant ? Il faudrait **vraiment** s'y mettre **bientôt**, avant qu'elle se détériore **trop**. **Puis** cela nous demanderait d'investir beaucoup d'argent. Il faudrait **premièrement** refaire le toit. Deuxièmement, nous pourrions changer toutes les fenêtres. Venez **à côté**, dans la cuisine. **Ici**, il y aurait peu de travaux à effectuer. **Alors**, qu'en dites-vous ?

12.2   La conjonction

La conjonction ne forme pas le noyau d'un groupe de mots dans la phrase. Elle y joue cependant un **rôle** crucial : elle permet, comme coordonnant ou comme subordonnant, de joindre des groupes de mots ou des phrases syntaxiques ; ce faisant, elle exprime habituellement le rapport de sens qui les unit et devient, par le fait même, un marqueur de relation.

La conjonction est un mot invariable. Il existe des conjonctions simples (*et, ou, lorsque, puisque*) et des conjonctions complexes, aussi appelées « locutions conjonctives » (*parce que, depuis que, c'est-à-dire*).

Le sens de la conjonction

La conjonction peut exprimer les rapports suivants.

- Addition, liaison (*et, ni, aussi, de même que, or*)
- Alternative (*ou, ou bien, soit... soit, tantôt... tantôt*)
- But recherché ou à éviter (*afin que, pour que*)
- Cause, justification (*car, comme, parce que, puisque, étant donné que*)
- Comparaison (*comme, de même que, ainsi que*)
- Concession, opposition, restriction (*mais, bien que, or*)
- Condition, supposition (*si, au cas où, à condition que, pourvu que*)
- Conséquence (*aussi, de sorte que*)
- Explication (*à savoir, c'est-à-dire, soit*)
- Temps (*dès que, quand, lorsque, comme, avant que, alors que, depuis que*)

*Il appellera **dès que** le contrat sera terminé **afin que** vous veniez.*

La conjonction de coordination

La conjonction de coordination permet de joindre des groupes de mots de même fonction syntaxique et des phrases syntaxiques de même niveau. Avec l'adverbe de coordination, elle fait donc partie des coordonnants.

*Il n'aimait pas cette nouvelle ville **ni** ses habitants.*
(jonction de deux GN compléments directs)

*Votre projet nous passionne, **mais** est-il réalisable dans les délais prévus ?*
(jonction de phrases syntaxiques de même niveau)

Il n'y a pas de combinaison possible entre les conjonctions de coordination.

L'homme était coupable, **et aussi fut-il condamné à trois mois de prison.*

Cependant, une conjonction de coordination et un adverbe de coordination peuvent être associés s'ils sont compatibles.

*Il quitta la prison **et ensuite** s'en alla loin, très loin de sa vie passée.*

Le tableau suivant présente les principales conjonctions de coordination.

CONJONCTIONS DE COORDINATION				
Principales conjonctions de coordination simples		**Principales conjonctions de coordination complexes**		
mais	ni	à savoir	c'est pourquoi	soit... soit...
ou	or	aussi bien	et puis	
et	aussi	c'est-à-dire	ou bien	
car	soit			

Conseils pour la rédaction

L'utilisation de la conjonction de coordination

- Les phrases syntaxiques que la conjonction de coordination joint doivent être de même niveau (voir le chapitre 3, p. 33-34); les groupes de mots qu'elle joint doivent avoir la même fonction syntaxique.

    *Elle dit qu'elle viendra **mais** que vous ne l'accompagnerez pas.*
    (La conjonction *mais* joint deux phrases subordonnées.)

    *La directrice **et** son adjoint vous rencontreront demain.*
    (La conjonction *et* joint deux GN sujets.)

- Prenez le temps de bien comprendre les rapports de sens que vous désirez exprimer entre les éléments coordonnés, de façon à utiliser les conjonctions appropriées.

    *J'adore la marche, cela me détend, car je dors mieux.

    J'adore la marche, <u>cause</u> ***car*** *cela me détend* <u>addition</u> ***et*** *m'aide à dormir.*

- Sur le plan du sens, il faut toujours faire preuve de cohérence dans la coordination. La conjonction de coordination doit aussi joindre des mots ou des groupes de mots de même catégorie.

    Ils aiment le cinéma **et aller au théâtre.*

> Ou on parle de deux formes d'art (deux GN : le cinéma et le théâtre), ou on parle de deux activités (deux GVinf : aller au cinéma et aller au théâtre) : *Ils aiment le cinéma **et** le théâtre.*

- Attention particulièrement à la conjonction *et* : elle sert souvent de mot passepartout dans la langue parlée familière.

  Le directeur a proposé un changement d'horaire **et il nous a demandé notre avis **et** nous lui avons répondu que cet horaire nous convenait.*

  Il faudrait plutôt écrire :

  *Le directeur nous a proposé un changement d'horaire, **puis** il nous a demandé notre avis. Nous lui avons **alors** répondu que cet horaire nous convenait.*

La conjonction de subordination

La conjonction de subordination permet d'enchâsser une phrase subordonnée dans une autre phrase syntaxique ; il y a alors jonction de deux phrases syntaxiques qui ne sont pas de même niveau. La conjonction de subordination est un subordonnant.

> *Nous avons convoqué les trois ministres **pour qu'**elles puissent débattre de la question.* (but)

Il faut tenir compte du rapport de sens que l'on veut exprimer entre les deux phrases syntaxiques pour utiliser la conjonction appropriée. Le tableau suivant présente les principales conjonctions de subordination.

CONJONCTIONS DE SUBORDINATION			
Principales conjonctions de subordination simples			
comme, lorsque, puisque, quand, que, quoique, si (*s'* devant *il[s]*)			
Principales conjonctions de subordination complexes			
à ce que	bien que	étant donné que	sans que
à condition que	cependant que	excepté que	sans quoi
afin que	chaque fois que	jusqu'à ce que	sauf que
ainsi que	comme si	loin que	selon que
alors que	dans la mesure où	maintenant que	si bien que
à mesure que	d'autant plus que	malgré que	si ce n'est que
à moins que	d'autant que	même si	si tant est que
après que	de ce que	moins que	sitôt que

...

à supposer que	de crainte que	non moins que	soit que
attendu que	de (telle) façon que	non plus que	sous prétexte que
au cas où	de manière que	outre que	suivant que
au fur et à mesure que	de même que	parce que	supposé que
au lieu que	de peur que	pendant que	surtout que
au moment où	de (telle) sorte que	plutôt que	tandis que
au point que	depuis que	pour autant que	tant que
aussi bien que	dès que	pour peu que	une fois que
aussitôt que	d'ici à ce que	pour que	vu que
autant que	en sorte que	pourvu que	
avant que	encore que	quand bien même	

Conseils pour la rédaction

Répétition de la conjonction de subordination

Lorsque deux phrases subordonnées sont coordonnées, certaines conjonctions comme *que* et les marqueurs d'interrogation indirecte se répètent ; d'autres, par exemple *puisque*, *comme* et *quand*, sont remplacées par *que* au lieu d'être répétées (voir le chapitre 3, p. 44).

> Il faut **que** je la rencontre **et qu'**elle m'explique ce cas.
>
> **Puisque** nous sommes seuls **et que** vous êtes discrète, je vous dirai tout.

12.3 La préposition

La préposition simple (*à*, *de*, *pour*, *sans*) ou la préposition complexe, aussi appelée « locution prépositive » (*à cause de*, *grâce à*, *près de*), n'a pas d'autonomie syntaxique comme le nom, l'adjectif, le verbe et l'adverbe, et elle ne peut pas s'employer seule. La préposition introduit toujours un autre groupe (un GN, un GVinf, etc.), avec lequel elle forme un GPrép. Ce dernier peut avoir les fonctions syntaxiques suivantes : complément, attribut ou modificateur (voir le chapitre 4, p. 63).

Ils rêvaient **de partir loin**, *ils aspiraient* **à une autre vie**.

▉ Le sens de la préposition

La préposition exprime surtout les rapports suivants.

- Accompagnement (*avec, en compagnie de*)
- Addition (*outre, de plus*)
- Agent (*par, de*)
- Appartenance (*de, à*)
- Attribution (*à, pour*)
- But (*pour, à, afin de*)
- Cause (*pour, à cause de*)
- Condition (*à condition de*)
- Conséquence (*au point de*)
- Exception, exclusion (*sans, sauf*)
- Lieu (*en, dans, à, chez, sous*)
- Manière, moyen (*par, en, sans*)
- Opposition (*contre, en dépit de*)
- Temps (*avant, après, depuis*)

- Certaines prépositions fréquemment utilisées changent de sens selon le contexte : *pour, à, de, en, avec, par, sur*, etc. Il est important d'en vérifier les sens possibles dans un bon dictionnaire.

  *Ils vont **à** (lieu) Québec, chez un ami **à** (appartenance) moi, pour remettre **à** (attribution) sa femme un prix littéraire.*

- Certains mots comme *après, avant, contre, pour*, etc. appartiennent à la fois à la classe des prépositions et à celle des adverbes. Comment faire la différence ? La préposition introduit toujours un autre groupe avec lequel elle forme le GPrép, alors que l'adverbe peut former à lui seul un groupe syntaxique : *Passez **devant** (GAdv) ; nous entrerons **après vous** (GPrép).*

Le tableau suivant présente les principales prépositions.

PRÉPOSITIONS				
Principales prépositions simples				
à	dans	entre	par	sous
après	de	envers	parmi	suivant
attendu	depuis	excepté	passé	sur
avant	derrière	hormis	pendant	touchant

•••

avec	dès	hors	pour	vers
chez	devant	jusque	sans	vu
concernant	durant	malgré	sauf	
contre	en	outre	selon	

Principales prépositions complexes

à cause de	au cours de	aux environs de	en deçà de	par-dedans
à condition de	au-dedans de	avant de	en dedans de	par-delà
à côté de	au-dehors de	dans le but de	en dehors de	par-derrière
à défaut de	au-delà de	d'après	en dépit de	par-dessous
afin de	au-dessous de	d'avec	en dessous de	par-dessus
à force de	au-dessus de	de chez	en face de	par-devant
à la façon de	au-devant de	de derrière	en faveur de	par-devers
à la merci de	au lieu de	de dessous	en plus de	par rapport à
à la mode de	au milieu de	de dessus	en vue de	près de
à l'abri de	au moyen de	de devant	étant donné	proche de
à l'égard de	au pied de	de façon à	face à	quant à
à l'exception de	au prix de	d'entre	faute de	quitte à
à l'insu de	au sujet de	de la part de	grâce à	sauf à
à l'intention de	au travers de	de manière à	hors de	sous prétexte de
à moins de	auprès de	de par	jusqu'à	vis-à-vis de
à partir de	autour de	de peur de	le long de	y compris
à raison de	aux alentours de	du côté de	loin de	
à travers	aux dépens de	en bas de	lors de	

▮ Le choix de la préposition et son utilisation

Le choix de la préposition dépend souvent du mot qui la commande. Ce mot peut être un verbe, un nom ou un adjectif. Ainsi, le verbe *jouer* peut se construire avec *à* (*jouer aux cartes, jouer au badminton*), *de* (*jouer du violon*) ou *avec* (*jouer avec ses amis, jouer avec le feu*). En cas de doute, consultez un dictionnaire au mot qui commande une préposition pour choisir celle qui convient.

Les prépositions *à*, *de* et *en* se répètent habituellement devant chaque complément.

> *Elle en a parlé **à** ses parents et **à** ses beaux-parents.*

Ces prépositions ne se répètent pas dans les cas suivants.

• Lorsque les termes coordonnés forment une locution figée.

> *Il le lui dira en temps et **ø** lieu, à son retour de l'École des arts et **ø** métiers.*

- Lorsque les termes coordonnés désignent un groupe ou une idée unique.
  *Discutez-en avec vos amis et **ø** connaissances.*

- Lorsque les termes coordonnés représentent le même être ou le même objet.
  *Nous offrirons ces billets à sa cousine et **ø** amie, Gertrude.*

- Puisque l'expression ***d'autres*** contient déjà la préposition ***de*** (sous la forme élidée ***d'***), on n'ajoute pas un autre ***de***.
  *Il parlait **d'autres** amis* (et non *de d'autres amis*).

Conseils pour la rédaction

Des erreurs à éviter

Voici quelques prépositions que le bon rédacteur doit tenir à l'œil.

Les prépositions *avec, entre, pendant, pour* et *sans*

L'omission du complément que ces prépositions doivent introduire est réservée à la langue parlée familière. Il ne faudra donc pas écrire **J'ai rencontré Arthur et j'ai dîné avec*, mais plutôt *J'ai rencontré Arthur, et j'ai dîné avec lui*.

Il faut se souvenir que la proposition ***avec*** est affirmative. Dans une phrase négative, il faudra la remplacer par ***sans*** : *Elle venait **sans** livres au cours* (et non **Elle venait avec pas de livre au cours*).

Le mot *dû*

Le mot *dû* n'est pas une préposition ; la phrase **Dû à son intolérance, il a perdu tous ses amis* est donc fautive, car *dû* utilisé ainsi est un anglicisme. Le mot *dû*, en français, est le participe passé du verbe *devoir* et on l'emploie comme tel (*Il a dû renoncer à son voyage*) ou comme adjectif signifiant «causé par» (*Notre retard est dû à l'embouteillage*). On écrira donc, plutôt, ***Vu*** / ***À cause de*** *son intolérance, il a perdu tous ses amis*.

La locution *au niveau de*

Cette préposition exprime un degré comparatif de rang, d'élévation, de hauteur. On peut dire *se mettre au niveau d'une personne, être au niveau de sa tâche*, etc.

Au niveau de ne doit donc pas remplacer les prépositions suivantes : *au point de vue de, par rapport à, en ce qui concerne, au sujet de, sur le plan de*. Il faudrait donc écrire : *La loi devrait être plus sévère **en ce qui a trait à*** (et non *au niveau de*) *la conduite avec facultés affaiblies*.

La locution *face à*

Cette préposition signifie «en faisant face à» (*Elle avait construit sa maison face à la mer*). On peut aussi l'utiliser avec un complément désignant une

•••

réalité abstraite, évoquant un obstacle quelconque (*Face à tant d'hostilité, Gabriel a refusé de poursuivre la discussion*). Il faut éviter de l'utiliser dans d'autres contextes où elle aurait le sens de *concernant* ou *relativement*.

Les locutions *quant à* et *tant qu'à*

Plusieurs confondent les prépositions *quant à* et *tant qu'à*. La première signifie « pour ce qui est de » ; la seconde est utilisée avec l'infinitif et signifie « puisqu'il faut ».

> *Irez-vous ?* **Quant à** *moi, j'ai accepté l'invitation, et* **tant qu'**à *y aller, je préfère arriver tôt.*

La locution *suite à*

Dans la formule d'introduction d'une lettre, on doit plutôt écrire « **En réponse à** *votre lettre...* ».

Dans le corps d'un texte, on remplacera cette locution fautive par *à cause de* ou *à la suite de*.

> *L'édifice a été détruit* **à cause d'**un incendie.

Les locutions *grâce à* et *à cause de*

Dans un contexte favorable, on utilise *grâce à* ; dans un contexte défavorable, on emploie *à cause de*.

> *Elle a obtenu ce poste* **grâce à** *ses compétences, mais elle l'a vite perdu* **à cause de** *ses retards.*

Le Coin des curieux

L'emploi de la préposition

Plusieurs élèves ne se méfient pas assez des prépositions. Ils montent allègrement *sur* les autobus, siègent *sur* des comités, marchent *sur* la rue et négligent de respecter certaines règles régissant la construction des verbes avec des prépositions. Nous signalons donc ici par quelques exemples les principales difficultés dans l'emploi des prépositions. Un conseil : consulter un dictionnaire vous permettra de résoudre la plupart de ces difficultés.

Les anglicismes

L'influence de la langue anglaise est si forte que nombre d'anglicismes se sont infiltrés dans la langue française. Ces anglicismes touchent aussi l'emploi des prépositions. Nous ne pouvons les énumérer tous ici, mais nous attirons votre attention sur quelques cas fréquents[1].

---

1. Vous pouvez consulter l'ouvrage suivant, entièrement consacré aux anglicismes : *Le Colpron. Le nouveau dictionnaire des anglicismes*, 4ᵉ éd., par Constance Forest et Denise Boudreau, Laval, Éditions Beauchemin, 1998.

...

Emploi fautif	Emploi correct
être **sur** un comité	faire partie d'un comité
monter **sur** le train / l'autobus / l'avion	monter **dans** le train / l'autobus / l'avion
dépendant de / dépendamment de	selon, suivant, en fonction de
tomber **en amour**	tomber amoureux
être **sur** le téléphone	être **au** téléphone
demeurer **sur** la rue Fabre	demeurer rue Fabre
mesurer deux mètres **par** quatre mètres	mesurer deux mètres **sur** quatre mètres

Préposition utilisée pour un complément commun à deux verbes

Lorsqu'un complément est commun à deux verbes et qu'il est introduit par une préposition, celle-ci doit convenir aux deux verbes. (Revoir à ce sujet la notion de verbes transitifs et intransitifs, p. 174.)

*Il insiste pour **rencontrer** et **parler** à la directrice*.

Il insiste pour **rencontrer la directrice** et **lui parler**.

Dans le cas suivant, les deux verbes sont transitifs indirects, mais n'ont pas la même construction.

*Ils craignaient que les terroristes **entrent** et **sortent du pays** trop facilement*.

On entre *dans* un pays. Il faudrait donc écrire :

[...] **entrent dans** le pays et **en sortent** [...]

Deux prépositions précédant un GN mais n'ayant pas la même construction

Il faut éviter le genre d'erreur suivant.

***Au début** et **pendant le film**, plusieurs personnes ont quitté la salle*.

On ne peut pas dire : *au début le film*.

Il faudrait donc écrire : ***Au début du film** et **pendant celui-ci** [...]*.

À retenir

Les mots invariables

L'adverbe

L'adverbe est le noyau du GAdv. Il est invariable, même lorsqu'il est en relation avec un nom à la manière d'un adjectif (sauf dans le cas de *tout* lorsqu'il précède un adjectif commençant par une voyelle ou un *h* aspiré).

Ce qu'exprime l'adverbe	
temps (*alors, hier, après*)	affirmation (*oui, vraiment, sûr*)
quantité ou intensité (*peu, très*)	interrogation (*où, quand*)
négation (*jamais, ne... pas*)	manière (*ainsi, bien, vite*)
liens logiques (*ainsi, donc*)	doute ou probabilité (*sans doute*)
lieu (*là, ailleurs, derrière*)	ordre des idées (*d'abord, en bref*)

FONCTIONS ET RÔLES DE L'ADVERBE	
Fonctions	**Rôles**
Complément de phrase	Coordonnant
Attribut	Marqueur interrogatif ou exclamatif
Modificateur	Substitut
	Modalisateur

Note : Un adverbe peut cumuler deux emplois, par exemple être CP et organisateur textuel.

La conjonction

La conjonction ne forme pas le noyau d'un groupe de mots, mais elle est très importante : elle permet, comme coordonnant ou comme subordonnant, de joindre des groupes de mots ou des phrases syntaxiques en exprimant le rapport de sens qui les unit. Elle est donc un marqueur de relation incontournable.

Ce qu'exprime la conjonction

addition, liaison (*et*)	opposition (*mais*)
comparaison (*ainsi que*)	but (*pour que*)
concession (*bien que*)	explication (*soit*)
alternative (*ou*)	cause, justification (*parce que*)
conséquence (*aussi*)	condition, supposition (*si*)

LES DEUX SORTES DE CONJONCTION

Conjonction de coordination	Conjonction de subordination
Elle joint des groupes de mots de même fonction (*Max et Ève jouent.*) et des P de même niveau (*Je pars et tu restes.*).	Elle permet d'enchâsser une phrase subordonnée dans une autre phrase syntaxique. (*Il apprécie qu vous soyez venus.*)

Faire en sorte...

- d'exprimer le bon rapport de sens entre les éléments coordonnés. (**Elle veut y aller et il est très tard.*)
- de coordonner avec cohérence. (**Il ira à la mer et sa tante.*)
- de ne pas abuser de la conjonction *et*. (**Ils sont arrivés et on a mangé et on est allés au musée et on est rentrés tard.*)

Faire en sorte...

- de répéter la conjonction *que* ou le marqueur d'interrogation indirecte lorsque deux subordonnées sont coordonnées. (*Il faut qu'il voie Lina et qu'elle lui dise tout.*)
- de remplacer les conjonctions *puisque*, *comme* et *quand* par *que* au lieu de les répéter lorsque deux subordonnées sont coordonnées. (**Comme** *tu arrives tôt et qu'il fait beau, allons marcher.*)

La préposition

La préposition, noyau du GPrép, ne peut pas être employée seule : elle introduit toujours un autre groupe, avec lequel elle forme le GPrép, qui peut remplir les fonctions de complément, d'attribut ou de modificateur. Son choix dépend du mot qui la commande : le verbe, le nom ou l'adjectif.

Ce qu'exprime la préposition

accompagnement (*avec*)	but (*pour*)	appartenance (*à*)
attribution (*à*)	lieu (*chez*)	condition (*à condition de*)
conséquence (*au point de*)	agent (*par*)	manière, moyen (*en*)
exception, exclusion (*sauf*)	cause (*à cause de*)	
addition (*de plus*)	opposition (*contre*)	

13 Les homophones

Objectifs

Au terme de ce chapitre, vous devriez pouvoir répondre aux questions suivantes :

▓ Quels sont les cas d'homophonie les plus fréquents ?

▓ Comment éviter de confondre la plupart des homophones ?

Les homophones sont des mots qui se prononcent de la même façon, mais qui n'ont ni la même orthographe ni la même signification. *__Se__ n'est pas Jules qui __ce__ trompe.*

Dans cette phrase fautive, le rédacteur a confondu *se* et *ce*, deux mots homophones.

AUTRE GRAPHIE

connaît

Les fautes venant de la confusion d'homophones sont révélatrices de faiblesses, de lacunes très importantes dans l'utilisation des connaissances linguistiques. Ainsi, il est évident que l'auteur, dans le cas présent, ne connait bien ni les classes de mots ni les fonctions syntaxiques des groupes de mots dans la phrase, ou qu'il n'y a pas réfléchi au moment où il rédigeait sa phrase. Il a donc confondu le pronom démonstratif *ce* (qui est le plus souvent utilisé comme sujet) et le pronom personnel réfléchi *se* (qui est toujours employé avec un verbe pronominal).

Ce chapitre traite abondamment des classes de mots, mais il établit aussi le lien avec la fonction syntaxique des groupes de mots, car les deux sont souvent indissociables. Il vous amène donc à faire une synthèse des connaissances acquises jusqu'à maintenant.

13.1   Qu'est-ce que des homophones ?

Les **homophones** sont des mots qui ont la **même prononciation**, mais qui n'ont ni la même orthographe ni le même sens. C'est le cas des mots *on* et *ont*. Dans le premier cas, il s'agit d'un pronom personnel ; dans le second, du verbe ou de l'auxiliaire de conjugaison *avoir*. Quand vous rédigez une phrase avec *on* ou *ont*, il vous faut donc vérifier si vous avez besoin d'un pronom sujet (*on*) ou d'un mot servant à évoquer une action (*ont*).

▌ La solution aux problèmes d'homophonie

C'est sans doute tricher un peu que de parler de solution miracle aux problèmes d'homophonie, mais le miracle peut réellement s'accomplir si, dans la plupart des cas, vous connaissez la classe des mots que vous utilisez et la fonction des groupes de mots dont ils font partie. Prenons l'exemple, encore une fois, de *on* et *ont*.

> **On** *réussit là où ils* **ont** *échoué.*

Dans cette phrase, le sujet de *réussit* est *on*, pronom personnel indéfini. Le deuxième verbe dans la phrase a déjà un sujet : *ils*. Cependant, ce verbe étant au passé composé, il doit nécessairement être formé d'un auxiliaire (*ont*) et d'un participe passé (*échoué*). Cet exemple réussira, nous l'espérons, à vous convaincre que l'écriture correcte en français fait aussi appel à la logique, à la compréhension du texte.

Il est un autre outil que vous pouvez utiliser très souvent pour différencier nombre d'homophones : le remplacement, une des quatre manipulations syntaxiques dont nous avons parlé au chapitre 1. Ainsi, dans le cas de *on / ont*, essayez de remplacer chacun des deux mots par *avait* : vous constaterez que seul *ont* peut l'être.

13.2   Les principales confusions homophoniques

Une des meilleures façons de différencier les homophones, c'est de comprendre à quelle classe de mots nous avons affaire. Les explications qui suivent sont donc, pour la plupart, conformes à ce principe. Nous utilisons aussi le remplacement ou des trucs mnémotechniques quand cela est possible.

a / à

- *a* : verbe ou auxiliaire *avoir*, indicatif présent, 3e personne du singulier. Si le mot *a* peut être remplacé par *avait*, il s'agit bien du verbe ou de l'auxiliaire *avoir* (et comme *avait* n'a pas d'accent grave...).

- *à* : préposition (*à*, *de*, *pour*, *sans*, etc.) ; comme toutes les prépositions, *à* introduit un groupe de mots avec lequel il forme un GPrép.

    *Elle **a** légué sa fortune **à** ses petits-enfants.*

ce / se

- *ce* : déterminant ou pronom démonstratif. Un bon truc : si vous pouvez dire *ce livre-là*, vous êtes en présence du déterminant *ce*.
- *se* : pronom personnel réfléchi qui accompagne les verbes pronominaux, 3e personne du singulier ou du pluriel.

    *Thomas **se** disait **ce** matin-là que **ce** serait agréable de **s**'offrir une journée de congé.*

ces / ses / c'est / s'est

- *ces* : déterminant démonstratif ; précise le nom pluriel qu'il introduit.
- *ses* : déterminant possessif ; précise le nom pluriel qu'il introduit.
- *c'est* : pronom démonstratif *ce* élidé suivi du verbe *être*, 3e personne du singulier de l'indicatif présent.
- *s'est* : pronom personnel réfléchi *se* élidé suivi d'un verbe pronominal au passé composé (formé de l'auxiliaire *être* et d'un participe passé), 3e personne du singulier.

    ***C'est** difficile, mais elle **s'est** entêtée et **ses** notes témoignent du bel effort investi dans **ces** travaux-là.*

cet / cette

Le déterminant démonstratif *ce* est remplacé par *cet* devant un nom masculin commençant par une voyelle ou un *h* muet (*cet autobus*, *cet homme*), alors que le déterminant *cette* ne détermine qu'un nom féminin (*cette nouvelle*, *cette héroïne*).

    *Ce Hollandais est monté dans **cet** avion avec **cette** valise qui appartient à **cet** autre voyageur.*

davantage / d'avantage(s)

- *davantage* : adverbe ; peut être remplacé par *plus*.
- *d'avantage(s)* : préposition *de* élidée suivie du nom *avantage(s)* qui signifie « un certain profit », « un bénéfice » (par opposition à « inconvénient »).

    *Le candidat ne voulait pas en dire **davantage** parce qu'il ne voyait pas **d'avantage** à parler contre ses anciens supérieurs. De plus, il jugeait que son expérience passée avait présenté plus **d'avantages** que d'inconvénients.*

du / dû (due, dus, dues) / dut

- *du* : déterminant contracté.
- *dû* : verbe *devoir*, participe passé, masculin singulier (fém. sing., masc. plur., fém. plur.) ; peut aussi être un nom.
- *dut* : verbe *devoir*, 3e personne du singulier de l'indicatif passé simple.

    *Irma attendait son **dû**. Mario aurait **dû** lui rendre la somme **due** trois mois plus tôt, mais il avait oublié et elle **dut** lui en reparler.*

es/est/ait (aie, aies, aient)

Ici, il importe avant tout de différencier le verbe (ou l'auxiliaire) *être* du verbe (ou de l'auxiliaire) *avoir* et de reconnaitre le temps, le mode et la personne auxquels ils sont conjugués.

> Il **est** clair qu'il faut que j'**aie** / que tu **aies** / qu'il **ait** / qu'ils **aient** 60 % pour réussir ce cours. Toi, tu **es** le meilleur de la classe.

eu (eue, eus, eues)/eut/eût

- *eu* : participe passé du verbe ou de l'auxiliaire *avoir*, masculin singulier (fém. sing., masc. plur., fém. plur.).
- *eut* : verbe ou auxiliaire *avoir*, 3e personne du singulier de l'indicatif passé simple.
- *eût* : verbe ou auxiliaire *avoir*, 3e personne du singulier du subjonctif imparfait.

> Bien qu'il **eût** du génie, il a **eu** peu de succès. Mais il **eut** un moment de gloire.

fut/fût

- *fut* : verbe *être*, 3e personne du singulier de l'indicatif passé simple.
- *fût* : verbe *être*, 3e personne du singulier du subjonctif imparfait.

> Il **fut** d'une grande patience, bien qu'il **fût** malade.

il a/il l'a/il la

- *il a* : pronom personnel *il* suivi du verbe ou de l'auxiliaire *avoir*.
- *il l'a* : pronom personnel *il* suivi du pronom personnel CD *le* ou *la* élidé (qu'on peut remplacer par *les*) et du verbe ou de l'auxiliaire *avoir*.
- *il la* : pronom personnel *il* suivi du pronom personnel CD *la* (qu'on peut remplacer par *le* ou *les*).

> Quelle belle gravure ! **Il a** envie de l'acheter. **Il la** fait mettre de côté et se précipite à la maison. Il doit être de retour pour 17 h, **il l'a** promis à Marie.

la/là/l'a

- *la* : déterminant défini, il précise le nom (ou le pronom) qu'il accompagne ; pronom personnel, il est complément direct.
- *là* : adverbe de lieu.
- *l'a* : pronom personnel *le* ou *la* élidé suivi du verbe ou de l'auxiliaire *avoir*.

> C'est **là** que j'avais déposé **la** calculatrice, mais, ne **la** trouvant plus, je présume que ma collègue **l'a** empruntée.

leur(s) variable/leur invariable

Leur peut être déterminant possessif, pronom possessif ou pronom personnel. Dans les deux premiers cas, il est variable. Notez que le pronom possessif est toujours précédé du déterminant défini *le*, *la* ou *les*. Dans le troisième cas, il est invariable ; en fait, lorsque *leur* est placé devant un verbe, il est toujours pronom personnel et invariable (*leur* sans s est déjà le pluriel de *lui*; si vous pouvez remplacer *leur* par *lui*, il s'agit bien du pronom personnel).

> *Il **leur** faudrait comprendre que **leurs** tâches sont simples : tailler nos arbres et couper **les leurs**.*

m'est / m'ait (m'aie, m'aies, m'aient)

- *m'est* : pronom personnel *me* élidé suivi du verbe ou de l'auxiliaire *être* à la 3e personne du singulier de l'indicatif présent.
- *m'aie, m'aies, m'ait* ou *m'aient* : pronom personnel *me* élidé suivi du verbe ou de l'auxiliaire *avoir* à la 1re, 2e ou 3e personne du singulier, ou à la 3e personne du pluriel du subjonctif présent.

> *Cette montre **m'est** très chère et, bien que mes enfants **m'aient** conseillé d'en acheter une autre, j'hésite à m'en départir.*

ni / n'y

- *ni* : conjonction de coordination qui exprime la négation.
- *n'y* : adverbe de négation *ne* élidé suivi du pronom personnel *y*.

> *Le texte était si nébuleux que **ni** le professeur **ni** les élèves **n'y** ont compris quoi que ce soit !*

ont / on / on n'

- *ont* : verbe ou auxiliaire *avoir* à la 3e personne du pluriel de l'indicatif présent ; on peut le remplacer par *avaient*.
- *on* : pronom personnel indéfini ; est toujours sujet ; on peut le remplacer par un nom propre.
- *on n'* : pronom personnel indéfini *on* suivi de la négation *ne... pas* ou de la locution restrictive *ne... que*, qui signifie *seulement*. Lorsque la phrase est négative, il ne faut pas oublier de mettre le *n'* de négation entre le pronom *on* et le verbe qui commence par une voyelle.

> ***On** sait qu'ils **ont** gagné, mais **on n'**arrive pas encore à leur concéder la victoire.*

ou / où

- *ou* : conjonction de coordination qui exprime l'alternative ; on peut la remplacer par *ou bien*.
- *où* : pronom relatif ou adverbe interrogatif.

> *Irez-vous **où** vous deviez aller **ou** renoncerez-vous, à cause du mauvais temps ?*

parce que / par ce que

- *parce que* : locution conjonctive qui exprime la cause ; on peut souvent la remplacer par *car*.
- *par ce que* : préposition *par*, suivie du pronom démonstratif *ce* et du pronom relatif *que* ; on peut insérer *tout* entre *par* et *ce*.

> *Jules a été étonné **par** (tout) **ce que** Paul lui a dit **parce que** c'était difficile à croire.*

peu / peux / peut

- *peu (de)* : adverbe ou déterminant indéfini qui signifie « une petite quantité ».
- *peux* : verbe *pouvoir*, 1re et 2e personnes du singulier de l'indicatif présent.
- *peut* : verbe *pouvoir*, 3e personne du singulier de l'indicatif présent.

> Je **peux** t'expliquer : il a **peu** d'amis parce qu'il ne **peut** pas se séparer de ses livres.

près / prêt

- *près* : adverbe lorsqu'il peut former à lui seul un groupe syntaxique ; signifie « proche ».
- *près* : forme la locution prépositive *près de* qui introduit un groupe complément ; signifie « à petite distance de » ou « sur le point de ».
- *prêt* : nom qui désigne une somme prêtée ou adjectif signifiant « disposé à, décidé à ». Quand *prêt* est adjectif, il peut se mettre au féminin (*prête*).

> Ils étaient **prêts** à acheter cette maison, car elle était située tout **près** de la nôtre — trop **près**, selon nous. Il ne restait plus qu'à obtenir un **prêt** de la banque.

quand / quant / qu'en

- *quand* : conjonction de subordination ou adverbe interrogatif, surtout lié à la notion de temps.
- *quant* : ce mot forme, avec *à*, la locution prépositive *quant à* qui a le sens de « en ce qui a trait à ».
- *qu'en* : conjonction de subordination, pronom relatif ou pronom interrogatif *que* élidé suivi du pronom personnel (ou de la préposition) *en*.

> **Quant** à Marie, elle estime **qu'en** participant à cette réunion, elle pourra s'opposer au projet **quand** il en sera question.

quel(le) / qu'elle / quelque / quel(le) que / quelle qu'elle

- *quel / quelle* : déterminant exclamatif ou interrogatif ; précise le nom qu'il introduit.
- *qu'elle* : pronom relatif ou conjonction de subordination *que* élidé suivi du pronom personnel *elle* (sujet).
- *quelque* : déterminant indéfini (variable) ou adverbe (invariable).
- *quel / quelle que* : locution pronominale formée de *quel / quelle* et *que*. Cette locution est employée avec le verbe *être*. *Quel / quelle* devient alors attribut du sujet et s'accorde en genre et en nombre avec ce dernier.
- *quelle qu'elle* : locution pronominale *quelle que* suivie du pronom personnel *elle* (sujet).

> Il y a **quelques** semaines, ma meilleure amie a décidé d'acheter une maison à la campagne : **quelle** bonne idée ! Dès **qu'elle** pourra se libérer, elle commencera ses recherches, **quelle que** soit la saison, et déclinera toute invitation, **quelle qu'elle** soit, afin de se consacrer uniquement à son projet.

quelquefois / quelques fois

- *quelquefois* : adverbe ; a le sens de « parfois ».
- *quelques fois* : déterminant indéfini suivi du nom *fois* ; signifie « en de rares occasions, un petit nombre de fois ». *Quelques fois* est souvent précédé d'un déterminant. On peut aussi remplacer cette expression par *les fois*.

  *****Quelquefois**, je me dis que les **quelques fois** où je me suis trompé, j'aurais dû en tirer une leçon.*

qui / qu'y

- *qui* : pronom relatif sujet ou pronom interrogatif.
- *qu'y* : pronom relatif *que* élidé (CD du verbe) suivi du pronom personnel *y*.

*Le journaliste **qui** a rédigé cet article affirme qu'il a obtenu ses renseignements légalement. « **Qu'y** voyez-vous de mal ? » s'est-il défendu.*

qui l' / qu'il

- *qui l'* : pronom relatif ou interrogatif *qui* suivi du pronom personnel CD *le* ou *la* élidé (que l'on peut remplacer par *les*).
- *qu'il* : pronom relatif ou conjonction de subordination *que* élidé suivi du pronom personnel sujet *il* (que l'on peut remplacer par *elle*) ou du pronom impersonnel *il*.

  *Max dit **qu'il** (elle) veut venir à la fête. **Qui l'**emmènera ? J'ai une cousine **qu'il** lui faut rencontrer et **qui l'**impressionnera avec sa collection de disques.*

quoique / quoi que

- *quoique* : conjonction de subordination qui a le sens de « bien que, malgré le fait que ».
- *quoi que* : pronom indéfini ; a le sens de « quelle que soit la chose que ».

  *****Quoi que** vous disiez, je vous en veux... **quoique** je comprenne très bien vos motifs.*

sa / ça / ç'a / çà

- *sa* : déterminant possessif ; précise le nom féminin qu'il introduit.
- *ça* : pronom démonstratif ; on peut le remplacer par *cela*.
- *ç'a* : pronom démonstratif *ce* élidé suivi de l'auxiliaire *avoir* ; on peut le remplacer par *cela a*.
- *çà* : adverbe de lieu.

  *****Ça** ne le désolait pas trop, disait-il, de voir **sa** maison partir à la dérive, de voir flotter **çà** et là les meubles, mais **ç'a** été difficile de repartir à zéro à son âge.*

sans / s'en / c'en

- *sans* : préposition exprimant l'absence, le manque.
- *s'en* : pronom personnel réfléchi *se* élidé suivi du pronom personnel *en* ; cet emploi nous indique que nous sommes en présence d'un verbe pronominal.

- *c'en* : pronom démonstratif *ce* élidé suivi du pronom personnel *en* (et, habituellement, du verbe *être*).

  > **C'en** est trop : Marc **s'en** est encore mêlé **sans** nous demander notre avis !

Adverbes formés avec *tôt*

Comment différencier *plutôt* de *plus tôt*, *aussitôt* de *aussi tôt* et *bientôt* de *bien tôt* ? Si vous pouvez dire *plus tard* au lieu de *plus tôt*, *aussi tard* au lieu de *aussi tôt* et *bien tard* au lieu de *bien tôt*, vous écrivez l'adverbe en deux mots.

> Les voisins sont arrivés **aussi tôt** (= aussi tard) qu'ils ont pu et nous ont **aussitôt** (≠ aussi tard) offert leur aide.

Noms et verbes homophones

Auriez-vous de la difficulté à rédiger sans fautes la phrase suivante ?

> Léopold (**cri** / **crie**), mais son (**cri** / **crie**) se perd dans la nuit.

Si oui, sachez que votre problème n'est pas insoluble. En réalité, il suffit, pour surmonter ce genre de difficulté, de retourner au tableau de conjugaison du verbe *aimer*, verbe modèle pour tous les verbes du 1er groupe : vous noterez que la terminaison du verbe *aimer*, au présent de l'indicatif, est toujours *-e/-es/-e/-ent*. Ainsi, comme nous avons besoin d'un verbe dans la première phrase syntaxique, nous écrirons *Léopold crie*. En ce qui concerne le nom qui, vous l'aurez remarqué, est précédé d'un déterminant, il s'écrit simplement *cri*. Quelques verbes du 3e groupe présentent le même genre de difficulté.

> Il **entretient** bien sa grande maison, mais cet **entretien** l'épuise, parfois.

 Le **Coin** des **curieux**

Les homophones à l'intérieur d'une même classe de mots

La classe du nom

Ces homophones sont très nombreux. Un bon vocabulaire, le sens de l'observation, la consultation fréquente d'un dictionnaire et, évidemment, le contexte de la phrase vous aideront à les différencier. En voici quelques exemples :

> amande / amende   cahot / chaos   parti / partie   statue / statut

La classe du verbe

Connaître la conjugaison des verbes est indispensable à plus d'un égard. Cela permet, entre autres, d'éviter les erreurs d'homophonie suivantes.

•••

- Ne pas confondre les terminaisons courantes ayant le son [é].

  aimé : participe passé

  aimer : infinitif présent

  aimez : 2e personne du pluriel de l'indicatif présent

  aimai : 1re personne du singulier de l'indicatif passé simple

  aimerai : 1re personne du singulier de l'indicatif futur simple

  aimerez : 2e personne du pluriel de l'indicatif futur simple

- Ne pas confondre les finales homophones de certains verbes en *–ier* et en *–ire*, à certains temps de la conjugaison.

  *Je **relis** ce livre. (relire) / Je **relie** ce livre. (relier)*

  *Tu te **dédis** souvent. (dédire) / Tu me **dédies** ton poème. (dédier)*

  *Elle **lit** une biographie. (lire) / Elle **lie** deux gerbes de fleurs. (lier)*

- Ne pas confondre les finales homophones de plusieurs personnes de la conjugaison d'un même verbe, surtout celles de l'indicatif présent et du subjonctif présent.

  *je **crois** / que je **croie**   tu **crois** / que tu **croies**   il **croit** / qu'il **croie***

À retenir

Les principales erreurs liées aux homophones

Homophones

a / à	eu (eue, eus, eues) / eut / eût	ont / on / on n'	quelque / quel(le) que
ce / se	fut / fût	ou / où	quelquefois / quelques fois
cet / cette	il a / il l'a / il la	parce que / par ce que	qui / qu'y
ces / ses / c'est / s'est	la / là / l'a	peu / peux / peut	qui l' / qu'il
davantage / d'avantage(s)	leur(s) / leur (inv.)	près / prêt	quoique / quoi que
du / dû (due, dus, dues) / dut	m'est / m'ait (m'aie, m'aies)	quand / quant / qu'en	sa / ça / ç'a / çà
es / est / ait (aie, aies, aient)	ni / n'y	quel(le) / qu'elle	sans / s'en / c'en

Adverbes	Noms et verbes homophones
aussitôt / aussi tôt	cri / crie, pli / plie...
bientôt / bien tôt	balai / balaie, essai / essaie...
plutôt / plus tôt	entretien / entretient...
	etc.
Aussitôt que vous télépho- nerez, nous sauterons dans la voiture et vous rejoindrons le **plus tôt** possible.	« Le roseau **plie** mais ne rompt pas », rappelait la monitrice lors d'un **entretien** avec Hugo.

Partie 3

Le texte

Dans les chapitres qui suivent, vous étudierez les règles à appliquer lors de la rédaction de textes. La connaissance de ces règles contribuera à développer à la fois votre habileté de lecteur et celle de scripteur. L'habileté en rédaction est étroitement liée à l'expérience de la lecture, à la capacité de saisir les mécanismes à l'œuvre dans la production écrite. Ces chapitres vous proposent donc des activités de lecture — compréhension et analyse sommaire de textes — et de rédaction.

Vous trouverez d'abord, dans chacun des chapitres, un texte à l'étude et des pistes de lecture visant à développer vos habiletés de lecteur et d'observateur. Vous devrez ensuite chercher le sens des mots que vous ne connaissez pas, en tenant compte du contexte dans lequel ils sont employés. Chaque chapitre comporte également une partie intitulée « Observations au fil du texte ». Ces observations sont là pour souligner l'application de certaines règles de syntaxe ou d'accord, ou encore certains aspects formels du texte, aspects qui enrichissent le contenu du récit lui-même.

Votre compréhension du texte s'approfondira davantage lorsque vous parcourrez, dans le chapitre 14, les explications sur la cohérence textuelle. Vous y apprendrez que tout texte, celui que vous lisez ou celui que vous écrivez, doit obéir à certaines règles pour être cohérent.

Dans le chapitre 15, vous apprendrez à rédiger un résumé et un paragraphe informatif. Des consignes claires vous guideront dans la rédaction de ces textes. Nous vous expliquerons également comment citer un texte et nous vous aiderons à améliorer votre style.

Ainsi, grâce aux observations, aux questions posées au fil des chapitres et aux explications des règles qui régissent la structure des textes et en assurent la cohérence, vous pourrez voir comment votre propre réflexion sur les textes d'autrui peut contribuer à enrichir les vôtres. Vous aurez développé, par la même occasion, l'habileté nécessaire pour tirer le plus grand profit possible de vos lectures, autant sur le plan scolaire que sur les plans professionnel et personnel.

Lire, observer, réfléchir, comprendre : voilà donc le chemin le plus sûr pour arriver à rédiger soi-même des textes clairs, bien structurés et, mieux encore, intéressants à lire !

La cohérence textuelle

Objectifs

*Au terme de ce chapitre, vous devriez pouvoir répondre
aux questions suivantes :*

- Comment améliorer ses habiletés en lecture ?
- Qu'est-ce que la cohérence d'un texte ?
- Qu'est-ce qui contribue à assurer l'unité de sens
  d'un texte ?
- Quand on choisit d'écrire un texte au présent,
  peut-on utiliser aussi des temps du passé ?
- Comment conjuguer habilement reprise de
  l'information et progression de l'information ?

Quel genre de lecteur êtes-vous ? Celui dont les yeux ne font que
glisser sur les pages ? Ou, au contraire, celui, curieux et actif, qui
lit avec un dictionnaire à proximité et un crayon à la main,
réfléchissant, annotant, cherchant à retirer le maximum de sa lecture ?
Les bons rédacteurs sont habituellement de bons lecteurs.

Comment devient-on bon lecteur ? Cherchez d'abord la signification des
mots inconnus, pour éviter que le sens d'un passage ne vous échappe.
Ensuite, arrêtez-vous, au fil de votre lecture, lorsque certaines caractéristiques
linguistiques, narratives ou stylistiques du texte vous frappent.

Après la lecture d'un récit, demandez-vous : De quoi ce texte parle-t-il ?
Que raconte-t-il ? Qu'est-ce que le narrateur n'a pas dit mais que je peux
déduire ? Comment progresse l'information ? Ce retour sur le texte vous
permet notamment d'en dégager le thème, l'idée directrice et son
cheminement dans le texte. Grâce à ces éléments, vous tirerez meilleur
profit de vos lectures et améliorerez la qualité de vos propres textes.

14.1 Lecture d'un texte : *Continuité des parcs*, de Julio Cortázar

Pour bien comprendre un texte, vous devez le lire plusieurs fois (de préférence avec un crayon, n'oubliez pas !), dans des conditions qui favoriseront votre concentration et votre réflexion.

Pistes de lecture

Avant même de lire un texte, cependant, il est toujours préférable de se renseigner sur son auteur. En effet, tout renseignement que vous obtiendrez sur lui et sur son œuvre enrichira d'autant votre lecture. Voici donc, d'abord, un mot au sujet de l'auteur Julio Cortázar et de la nouvelle que nous lirons, *Continuité des parcs*. Puisque la nouvelle de Cortázar appartient à un genre particulier, le fantastique, nous avons aussi ajouté un court texte explicatif sur ce genre de récit.

L'auteur

Julio Cortázar est né en 1914, à Bruxelles, de parents argentins. La famille retournera toutefois en Argentine au terme de la Première Guerre mondiale. En 1951, Cortázar quitte l'Argentine pour s'installer à Paris, où il vivra jusqu'à sa mort en 1984. Julio Cortázar a pratiqué tous les genres : roman, poésie, nouvelle, conte, essai. Il a également traduit en espagnol plusieurs écrivains français et anglais, notamment Edgar Allan Pœ. Dans l'œuvre de Cortázar, l'insolite, le fantastique occupe une place prépondérante : réalité et fiction se côtoient, s'entrecroisent, se mêlent parfois inextricablement. L'écrivain affirmait à ce sujet que le fantastique lui était familier depuis l'enfance et que, pour lui, l'écriture était avant tout une activité ludique.

Continuité des parcs

La nouvelle fantastique *Continuité des parcs*, extraite du recueil *Les armes secrètes*, est la plus courte qu'ait écrite Julio Cortázar. Un court récit n'exige toutefois pas moins de travail qu'un plus long, semble-t-il. L'auteur expliqua ainsi un jour qu'il avait réécrit cette nouvelle une quinzaine de fois — ce qui était contraire à ses habitudes, car il ne retravaillait en général aucune de ses nouvelles —, mais qu'il n'en était pas encore entièrement satisfait : il aurait désiré en améliorer les éléments de rythme et de tension. Quoi qu'il en soit, la lecture de cette nouvelle si habilement construite révèle le talent indéniable de Cortázar. Notez, entre autres choses, comment le personnage du lecteur passe de sa réalité à la fiction du roman dans lequel il est plongé.

Le récit fantastique

Partons d'une définition. Le récit fantastique raconte une histoire qui commence dans un monde apparemment normal. Tôt ou tard, cependant, le récit bascule dans l'anormal, un anormal fort inquiétant que la raison naturelle ne peut pas expliquer. Incontestablement, curiosité et
5 peur gagnent alors la personne qui lit.

La peur constitue donc le moteur essentiel du récit fantastique. Elle peut prendre diverses formes, mais c'est toujours, selon le célèbre auteur Lovecraft, une peur de ce qu'on ne connait pas. L'inconnu attise la curiosité et la crainte, deux puissantes motivations pour continuer une lecture. Au fond, quand on
10 lit un récit fantastique, on aime se faire peur tout en ne courant aucun danger réel. On aime perdre à loisir la maitrise du monde prétendu normal dans lequel on vit et s'angoisser face à une réalité quotidienne qui se détraque.

À quelle condition le récit fantastique peut-il produire cet effet ? Il doit créer une atmosphère qui provoquera de réelles sensations chez la
15 personne qui lit. La description des lieux, des objets et des personnages joue donc un rôle essentiel. Le monde a l'air réel, normal, mais quelques indices sèment progressivement l'inquiétude. Il importe de souligner que le monde du fantastique n'est pas celui du merveilleux où rien n'est à expliquer parce que tout est possible, ni celui de la science-fiction où tout
20 s'explique par un développement de la science future. Au contraire, quand survient l'insolite, l'anormal, l'irréel, il faut en effet que le lecteur hésite entre une explication rationnelle ou surnaturelle. Il restera ainsi dans le doute, dans l'interrogation, dans un trouble perturbant et... délicieux.

AUTRES GRAPHIES
connaît
maîtrise

Première lecture

Lisez maintenant le texte de Cortázar et soulignez tous les mots que vous ne connaissez pas.

Continuité des parcs

Il avait commencé à lire le roman quelques jours auparavant. Il l'abandonna à cause d'affaires urgentes et l'ouvrit de nouveau dans le train, en retournant à
5 sa propriété. Il se laissait lentement intéresser par l'intrigue et le caractère des personnages. Ce soir-là, après avoir écrit une lettre à son fondé de pouvoir et discuté avec l'intendant une question de
10 métayage, il reprit sa lecture dans la

•••

tranquillité du studio, d'où la vue s'éten-
dait sur le parc planté de chênes. Installé
dans son fauteuil favori, le dos à la porte
pour ne pas être gêné par une irritante
15 possibilité de dérangements divers, il
laissait sa main gauche caresser de temps
en temps le velours vert. Il se mit à lire
les derniers chapitres. Sa mémoire rete-
nait sans effort les noms et l'apparence
20 des héros. L'illusion romanesque le prit
presque aussitôt. Il jouissait du plaisir
presque pervers de s'éloigner petit à
petit, ligne après ligne, de ce qui l'entourait, tout en demeurant conscient que sa
25 tête reposait commodément sur le velours
du dossier élevé, que les cigarettes
restaient à portée de sa main et qu'au-delà
des grandes fenêtres le souffle du crépuscule semblait danser sous les chênes.

30 Phrase après phrase, absorbé par la
sordide alternative où se débattaient les
protagonistes, il se laissait prendre aux
images qui s'organisaient et acquéraient
progressivement couleur et vie. Il fut ainsi
35 témoin de la dernière rencontre dans la
cabane parmi la broussaille. La femme
entra la première, méfiante. Puis vint
l'homme, le visage griffé par les épines
d'une branche. Admirablement, elle
40 étanchait de ses baisers le sang des égratignures. Lui se dérobait aux caresses. Il
n'était pas venu pour répéter le cérémonial d'une passion clandestine protégée
par un monde de feuilles sèches et de
45 sentiers furtifs. Le poignard devenait
tiède au contact de sa poitrine. Dessous,
au rythme du cœur, battait la liberté
convoitée. Un dialogue haletant se déroulait au long des pages comme un fleuve de
50 reptiles, et l'on sentait que tout était
décidé depuis toujours. Jusqu'à ces

caresses qui enveloppaient le corps de
l'amant comme pour le retenir et le
dissuader, dessinaient abominablement
55 les contours de l'autre corps, qu'il était
nécessaire d'abattre. Rien n'avait été
oublié : alibis, hasards, erreurs possibles.
À partir de cette heure, chaque instant avait
son usage minutieusement calculé. La
60 double et implacable répétition était à peine
interrompue le temps qu'une main frôle
une joue. Il commençait à faire nuit.

Sans se regarder, étroitement liés à la
tâche qui les attendait, ils se séparèrent
65 à la porte de la cabane. Elle devait suivre
le sentier qui allait vers le nord. Sur le
sentier opposé, il se retourna un instant
pour la voir courir, les cheveux dénoués.
À son tour, il se mit à courir, se courbant
70 sous les arbres et les haies. À la fin, il dis-
tingua dans la brume mauve du crépuscule l'allée qui conduisait à la maison.
Les chiens ne devaient pas aboyer et ils
n'aboyèrent pas. À cette heure, l'inten-
75 dant ne devait pas être là et il n'était pas
là. Il monta les trois marches du perron
et entra. À travers le sang qui bourdon-
nait dans ses oreilles, lui parvenaient
encore les paroles de la femme. D'abord
80 une salle bleue, puis un corridor, puis
un escalier avec un tapis. En haut, deux
portes. Personne dans la première pièce,
personne dans la seconde. La porte du
salon, et alors, le poignard en main, les
85 lumières des grandes baies, le dossier
élevé du fauteuil de velours vert et,
dépassant le fauteuil, la tête de l'homme
en train de lire un roman.

Source : Julio Cortázar, *Continuité des parcs*,
dans *Les armes secrètes*, traduit par C. et
R. CAILLOIS, © Éditions Gallimard.

Deuxième lecture

Relisez le texte et notez les procédés linguistiques suivants :

- les différentes façons de désigner l'homme qui lit le roman et les autres personnages ;
- l'utilisation des différents temps du passé ;
- ce qui donne un rythme haletant à la fin du récit.

Notez également les aspects narratifs suivants :

- le découpage du texte en trois parties ;
- les passages où l'on décrit l'activité du lecteur ;
- l'effet de la lecture sur le personnage principal ;
- l'abolition de la frontière entre la réalité et la fiction ;
- les pistes qui annoncent l'issue de la nouvelle.

Le vocabulaire

Autre graphie

connaît

La matière première d'un auteur, ce sont les mots. En effet, c'est à l'aide des mots que l'écrivain exprime sa pensée, communique sa vision du monde, crée un univers romanesque. Le lecteur à qui le texte est destiné, vous en l'occurrence, doit donc s'assurer qu'il connait et comprend le sens de tous les mots qu'il rencontre : sa lecture s'en trouvera enrichie — et son vocabulaire aussi !

Testez-vous   14.1

Corrigé p. 293

Donnez le sens des mots en caractères gras, après avoir précisé à quelle catégorie grammaticale chacun d'eux appartient.

1. « Ce soir-là, après avoir écrit une lettre à son fondé de pouvoir et discuté avec l'intendant une question de **métayage**, il reprit sa lecture dans la tranquillité du studio [...]. » (l. 7-11)
2. « Phrase après phrase, absorbé par la **sordide** alternative où se débattaient les **protagonistes**, il se laissait prendre aux images [...]. » (l. 30-34)
3. « Il n'était pas venu pour répéter le cérémonial d'une passion **clandestine** [...]. » (l. 41-43)
4. « Dessous, au rythme du cœur, battait la liberté **convoitée**. » (l. 46-48)
5. « Un dialogue **haletant** se déroulait au long des pages [...]. » (l. 48-49)

▉ Observations au fil du texte

Les observations qui suivent vous permettront de constater qu'une bonne connaissance des règles de la langue contribue à rendre la lecture de tout texte plus vivante, plus riche, plus significative.

Les pronoms et les substantifs

L'homme, vous l'avez sans doute remarqué, n'est jamais désigné autrement que par le pronom personnel *il*, sans aucun référent sur son identité. Or, les deux personnages du roman qu'il est en train de lire sont présentés, eux, à l'aide de substantifs : « les protagonistes », « l'homme », « la femme » et « l'amant ». N'est-ce pas étrange et révélateur tout à la fois que l'amant et la femme, des êtres de fiction, aient plus de substance, plus de réalité que celui qui est en train de lire leur histoire ?

La longueur des phrases

Un texte réussi est un texte dont le fond (l'histoire) et la forme (comment est racontée l'histoire) se complètent, s'enrichissent mutuellement. Le premier paragraphe contient plusieurs phrases longues, descriptives (forme), ce qui accentue l'état de bienêtre que ressent le lecteur qui s'abandonne au plaisir de la lecture (fond). Dans le deuxième paragraphe, les nombreuses phrases courtes (forme) traduisent plutôt l'urgence de la situation, la fébrilité du couple devant la tâche qui l'attend (fond). Il en va de même dans la deuxième moitié du dernier paragraphe du texte : le climat de tension est bien rendu par les phrases courtes, où l'action se résume à une succession de lieux. Le fond et la forme, ici, se marient très bien.

Des indices de progression du récit

Avez-vous remarqué comment l'auteur parle du personnage lecteur et de sa lecture dans les premières lignes de la nouvelle ? S'il nous parle d'abord de l'activité physique de commencer à lire, de cesser puis de reprendre la lecture, il glisse tout doucement vers l'intérêt du lecteur pour son livre (l. 5-7), puis pour ses personnages (l. 18-20). Cet intérêt devient « illusion romanesque » envahissante (l. 20-21), « plaisir presque pervers » (l. 21-23). En insistant sur cette progression « ligne après ligne » (l. 23), « phrase après phrase » (l. 30), l'auteur fait du personnage lecteur un « témoin » de l'activité des autres personnages, auxquels il donne ainsi une présence soudainement plus consistante que celle du lecteur. De ce dernier on ne trouve plus que quelques signes aux lignes 48-49 (« Un dialogue haletant se déroulait au long des pages »), aux lignes 56-57 quand il résume la préparation du meurtre, puis lors de la fin inattendue de la nouvelle (l. 87-88).

L'apport de la ponctuation et les phrases non verbales

Selon vous, dans la dernière phrase du texte, quelle atmosphère la série de virgules et l'absence de verbe contribuent-elles à créer ? N'avez-vous pas senti, à ce moment de votre lecture, la tension qui s'accentuait, le rythme qui allait croissant jusqu'à... cette issue venue vous surprendre, vous, dans votre propre fauteuil?

14.2 La cohérence textuelle : un instrument pour la compréhension et la rédaction

Pour le lecteur comme pour le rédacteur, un texte cohérent est celui qui se lit et se comprend bien parce qu'il est structuré, clair, et qu'il suit une direction précise.

AUTRE GRAPHIE
enchaînement

Comment l'auteur arrive-t-il à organiser de manière cohérente et structurée l'enchainement des phrases qui constituent son texte? La réponse est simple : il garde à l'esprit, en tout temps, les principes suivants.

1 L'unité du sujet
2 L'absence de contradiction
3 L'harmonisation des temps verbaux
4 La présence d'organisateurs textuels
5 La constance du point de vue
6 La reprise de l'information
7 La progression de l'information

La cohérence textuelle se manifeste aussi dans les marques d'organisation non linguistiques (mise en pages, titres, sous-titres, choix du caractère, etc.).

L'unité du sujet

Le sujet, dans un texte comme dans une phrase, désigne de quoi l'on parle. Tout ce que l'on dit ou raconte dans le texte doit se rattacher au sujet choisi afin de conserver l'unité de ce dernier.

Le thème

Dans un texte littéraire, on parle de «thème» plutôt que de «sujet». Le thème assure l'unité organique du récit, représente en quelque sorte sa raison d'être. Pour trouver le thème, on se pose simplement la question: **De quoi le texte parle-t-il?**

Quel serait, selon vous, le thème de la nouvelle *Continuité des parcs*?

Il se peut que vous ayez envie de répondre «une conspiration», «un homicide», «la trahison d'une épouse». Cela vous étonnera peut-être, mais l'auteur exploite le thème de la lecture : c'est l'activité de lecture qui ouvre le récit, le traverse et le clôt. Un personnage est en train de lire un roman mettant en scène deux amants qui ont l'intention d'éliminer le mari encombrant, lequel mari se trouve être le lecteur du roman. C'est même par la lecture que l'auteur parvient à nous surprendre et à donner à sa nouvelle une couleur fantastique en nous faisant plonger au cœur du récit que lit son personnage.

Autre graphie
entraîne

Faut-il conclure à un manque d'unité de la nouvelle de Cortázar puisque, s'amorçant par l'histoire d'un homme qui lit, elle nous entraine vers deux autres personnages qui préparent un meurtre ? En fait, nous nous trouvons en présence d'une histoire enchâssée dans une autre histoire, d'où l'apparence d'un changement de thème. Cependant, la fin de la nouvelle fait converger les deux histoires : c'est l'homme qui lit que l'on assassine. Aurions-nous pu le prévoir ? L'auteur a-t-il placé dans la nouvelle des indices pour nous prévenir ? Avons-nous bien lu ? Quel aiguillage avons-nous raté ? Le titre n'est-il pas cet indice ? Le parc devant lequel le lecteur s'installe est le même que celui dans lequel les amants préparent leur coup. Le lieu devient donc source d'unité de la nouvelle et la lecture, le thème qui la traverse et lui donne tout son sens.

L'idée directrice

Autre graphie
maîtresse

L'idée directrice, aussi appelée « idée maitresse », résume en quelques mots ou en une courte phrase l'essentiel du texte, de l'histoire qui a servi à traiter le thème. Elle est le fil conducteur qui relie tous les éléments du texte. Pour trouver l'idée directrice, on se pose simplement la question : **Qu'est-ce que le texte raconte ?**

Essayez d'expliquer en une courte phrase ce que raconte la nouvelle *Continuité des parcs*.

L'idée directrice pourrait être formulée ainsi : Plongé dans la lecture d'un roman, un homme ne se rend pas compte que les deux protagonistes se préparent à le supprimer.

La nouvelle de Cortázar traite donc de la lecture et de son effet, de la façon dont la fiction s'infiltre dans la réalité du lecteur. En effet, lorsque nous nous plongeons dans un livre, dans une histoire, nous perdons la notion du temps, de l'espace, nous nous éloignons de la réalité... pour pénétrer dans une autre réalité, celle fabriquée de toutes pièces (habituellement !) par un auteur. Ainsi, à l'instar du lecteur du roman, la plupart des lecteurs de la nouvelle, trop absorbés dans leur lecture, n'ont pas relevé les indices qui auraient dû leur permettre de faire le lien entre l'environnement du lecteur et celui du roman qu'il est en train de lire.

Les autres informations à déduire d'un texte

Lorsque nous dégageons le thème et l'idée directrice d'un récit, l'unité du texte se révèle à nous. Notre travail de lecteur ne s'arrête toutefois pas là.

Comprendre un texte, c'est aussi pouvoir lire entre les lignes, interpréter, faire des déductions, relever des détails qui enrichiront notre lecture et notre compréhension. Dans un récit comme celui de Cortázar, où l'auteur ménage sa chute en ne donnant pas trop d'informations, c'est le plus souvent après coup que le lecteur saura repérer les indices semés au fil du récit — et qu'il pourra reconstituer l'unité de ce dernier. N'est-ce pas là, d'ailleurs, le plus grand plaisir que s'offrent auteur et lecteur : pour l'un faire découvrir, pour l'autre découvrir ?

Conseils pour la rédaction

Ne pas s'éloigner de son sujet

Tout texte que vous rédigez traite d'un sujet — et d'un sujet seulement, si vaste soit-il. Les mentions «non pertinent», «hors sujet», «digression» ou «superflu» qui apparaissent parfois en marge de travaux d'élèves renvoient toutes à la même réalité : le rédacteur est en train de s'égarer, de s'éloigner de son sujet et, ce faisant, de perdre son lecteur.

Prenons un exemple tiré du texte décrivant le récit fantastique (p. 231). Comparez les lignes 17 à 20 à ce qui suit et voyez par vous-même combien il est déstabilisant pour le lecteur d'être projeté hors du sujet.

> *Il importe de souligner que le monde du fantastique n'est pas celui du merveilleux où rien n'est à expliquer parce que tout est possible, **quoique ce genre ne soit pas à dédaigner, car les enfants, entres autres, l'adorent**, ni celui de la science-fiction où tout s'explique par un développement de la science future.*

Testez-vous 14.2

Corrigé p. 293

Dans la nouvelle *Continuité des parcs*, l'homme en train de lire un roman est à ce point absorbé par sa lecture qu'il n'établit pas le lien entre le récit et sa propre vie. Pourtant, plusieurs indices auraient dû lui permettre de voir le rapport entre la fiction et la réalité. Quels sont ces indices ? (Trouvez-en au moins quatre.)

◼ L'absence de contradiction

L'absence de contradiction est sans doute l'un des principes de cohérence textuelle les plus faciles à comprendre et à appliquer : dans un texte, aucun énoncé ne doit contredire ce qui a été dit dans un passage précédent, ni contredire l'univers (réel ou fictif) évoqué par ce texte.

Dans la nouvelle *Continuité des parcs*, la fin déroutante du récit nous donne momentanément l'impression qu'il y a contradiction entre l'univers présenté dans le récit et celui évoqué dans le dénouement. Y a-t-il véritable contradiction ? En fait, quelque chose de la fin heurte l'esprit, semble ne pas avoir de sens. Cela tient au croisement de deux univers dans la dernière phrase du récit : celui du lecteur de la nouvelle et celui des personnages du roman. Cet effet déstabilisant est voulu : c'est le propre du fantastique de plonger le lecteur dans un « trouble perturbant et... délicieux » (p. 231). À la deuxième lecture, il devient évident qu'il n'y a pas contradiction, mais glissement d'un univers à l'autre, à la faveur de la lecture faite par le personnage lecteur. Cet effet de lecture sert l'idée directrice du récit.

Conseils pour la rédaction

Ne pas se contredire

Si un passage de votre texte déroge au principe de la non-contradiction, il recevra probablement la mention « incohérence » ou « contradiction ». Voyons deux exemples de contradiction.

- **Contradiction de l'auteur avec lui-même**

  La nouvelle Continuité des parcs *est un récit fantastique dont la chute est **déroutante**, du moins lors d'une première lecture. [...] Dès qu'il parcourt les dernières lignes du texte, le lecteur **se rend compte facilement** que le fauteuil de velours vert de la victime est le même que celui de l'homme en train de lire le roman.*

  (Si la chute est déroutante, le lecteur ne peut pas se rendre compte de quoi que ce soit facilement.)

- **Contradiction entre ce que l'auteur énonce et l'univers qu'il évoque**

  *Le **récit fantastique** Continuité des parcs *est si habilement mené que nous tombons facilement dans le piège que l'auteur du **récit de science-fiction** nous a tendu, à l'instar du lecteur de roman dans l'histoire.*

  (Le fantastique et la science-fiction, bien qu'ils appartiennent tous deux à ce que d'aucuns appellent la paralittérature, sont deux genres différents.)

▓ L'harmonisation des temps verbaux

Il faut distinguer concordance des temps et harmonisation des temps verbaux. La concordance des temps concerne le rapport qui existe entre le temps du verbe de la subordonnée et le temps du verbe principal. L'harmonisation des temps verbaux concerne le **système de temps que vous**, comme auteur, **choisissez pour rédiger tout votre texte**. Ce système peut être celui du présent, du passé composé ou du passé simple.

Est-ce que cela veut dire que, si l'on choisit par exemple le système du présent, on ne peut utiliser aucun autre temps ? Non ! Le système de temps comprend un temps principal (par exemple le présent), avec lequel sont utilisés d'autres temps appropriés au contexte, dans le respect des règles de la concordance des temps (par exemple l'imparfait, le passé composé, le futur). Reportez-vous à la réalité de tous les jours : vous décrivez à un ami votre nouvelle voisine, qui « vient » de tel endroit, qui « exerce » tel métier... et avec qui vous « avez diné » hier. Le passé composé, dans cette description au présent, est arrivé tout naturellement, puisque vous évoquiez un fait passé. Il en va de même pour tout texte écrit. Voici quelques données utiles pouvant éclairer vos choix de rédacteur.

AUTRE GRAPHIE

dîné

Le système du présent

C'est le système le plus souvent utilisé, qui convient à tous les genres de textes, en particulier aux textes d'analyse et d'explication. Il s'utilise avec à peu près tous les temps lorsque le contexte le demande. Son emploi dans le texte sur le récit fantastique présenté au début du chapitre est tout à fait indiqué, puisqu'on explique quelque chose, qu'on exprime des vérités générales sur le genre fantastique.

Le système du passé simple

On utilise le passé simple uniquement à l'écrit, dans des textes narratifs ou descriptifs : on l'évite donc dans les textes de type informatif ou argumentatif. Ce temps crée un effet d'éloignement dans le temps, c'est pourquoi on le trouve souvent dans les contes pour enfants. Dans la nouvelle *Continuité des parcs*, c'est le système du passé simple qui a été privilégié. Notez que les actions sont exprimées au passé simple, alors que les passages descriptifs sont rédigés à l'imparfait.

Le système du passé composé

Contrairement au passé simple, le passé composé s'utilise aussi bien à l'oral qu'à l'écrit. Il convient à la plupart des textes courants ou littéraires. Même si le passé composé et le passé simple sont deux temps du passé, ils ne sont pas nécessairement interchangeables et il faut éviter de glisser d'un système à l'autre dans le même texte. Notez l'absence totale de verbes au passé composé dans le texte de Cortázar, rédigé au passé simple.

Conseils pour la rédaction

S'en tenir à un système de temps

La principale erreur que commettent nombre d'élèves consiste à choisir un système de temps, disons le présent, puis, au fil du texte, sans motif aucun ou par distraction, à glisser vers un autre système, par exemple le passé simple.

> *Le lecteur de roman dans* Continuité des parcs ***retient*** *sans difficulté le nom et l'apparence des deux personnages dont il* **lit** *l'histoire. Il* ***devint** *même si absorbé par l'intrigue qu'il* ***eut l'impression** *d'être témoin de leur rencontre.*

◼ La présence d'organisateurs textuels

L'organisateur textuel marque les différentes parties d'un texte, d'un paragraphe ou d'un passage et en hiérarchise le contenu, ce qui nous permet de saisir l'organisation du texte, sa structure. Les organisateurs textuels facilitent donc grandement notre lecture et, par le fait même, notre compréhension.

Organiser un texte : organiser le temps, l'espace, l'esprit

Les organisateurs textuels servent surtout à organiser le texte selon trois perspectives :

- **L'organisation temporelle** situe le lecteur dans le temps.

  > ***Ce soir-là, après avoir écrit une lettre à son fondé de pouvoir et discuté avec l'intendant une question de métayage****, il reprit sa lecture [...]. (l. 7-10)*

- **L'organisation spatiale** situe le lecteur dans l'espace.

  > *[...] ils se séparèrent* **à la porte de la cabane***. [...]* **Sur le sentier opposé***, il se retourna un instant pour la voir courir, les cheveux dénoués. (l. 64-68)*

- **L'organisation logique** marque le raisonnement, reflète le cheminement logique de la pensée. Elle peut ainsi mettre en évidence les différentes parties d'un texte ou d'un paragraphe, hiérarchiser l'information, annoncer l'ordre des énoncés, les causes, les effets, les conclusions à tirer, etc.

  > *[...] quand survient l'insolite, l'anormal, l'irréel, il faut* **en effet** *que le lecteur hésite entre une explication rationnelle ou surnaturelle. Il restera* **ainsi** *dans le doute [...]. (p. 231, l. 20-23) (raisonnement)*
  >
  > *Partons d'une définition. (p. 231, l. 1) (cheminement de la pensée)*

Les organisateurs textuels marquant les étapes du texte doivent être du même ordre.

> *Premièrement, deuxièmement, troisièmement / D'abord, ensuite, puis* (et non
> *Premièrement, *ensuite, troisièmement*)

Les éléments du texte qui servent d'organisateurs textuels

Ces éléments sont nombreux. Voyons les principaux.

- **L'adverbe** est souvent détaché du reste de la phrase : il peut faire partie ou non de la structure de cette phrase (*d'abord, puis, ensuite, tout à coup, premièrement, enfin, alors...*).
- **Un GN** pouvant remplir n'importe quelle fonction dans la phrase (*deux jours plus tôt, l'intérieur de la cabane, le fin mot de cette histoire...*).
- **Un GPrép** (*dans le train, sur le sentier opposé, En haut, vers la fin du jour...*).
- **Une phrase syntaxique**, surtout une subordonnée circonstancielle complément de phrase (*Pour que le récit fantastique produise cet effet, Quand survient l'insolite...*).

On trouvera à l'Annexe 3 (p. 284) une liste d'organisateurs textuels et de marqueurs de relation.

Dans le texte littéraire *Continuité des parcs*, les organisateurs textuels concourent surtout à établir la chronologie des évènements et les descriptions spatiales. Dans les dix dernières lignes, l'action se résume à une succession de lieux et de déplacements implicites dans ces lieux : ce sont les organisateurs textuels (*d'abord, puis, puis, En haut, et alors*) qui marquent la succession de ces déplacements implicites.

Les organisateurs textuels ne sont pas nécessairement les mêmes lorsqu'on passe d'un texte narratif à un texte explicatif ou informatif. Ainsi, on notera que les organisateurs textuels du texte explicatif sur le récit fantastique servent surtout à souligner la logique (*cependant, donc, mais...*) et le cheminement des idées (*partons d'une définition*).

Conseils pour la rédaction

Liens logiques et organisateurs textuels

S'il vous arrive de lire, dans vos travaux, des observations telles que « sans lien avec ce qui précède », « absence de lien », « lien boiteux », « transition abrupte », « décousu », c'est qu'il vous faut probablement utiliser davantage les organisateurs textuels pour établir des liens entre les parties du texte, entre les idées que vous avez exprimées, entre les évènements décrits, etc.

> *L'amant semblait savoir où aller. *La femme connaissait sans doute les lieux du crime.*

AUTRE GRAPHIE
événements

•••

•••

Ici, le problème qui se pose est d'ordre logique : il conviendrait de mettre plus en évidence le lien logique entre la première phrase et celle qui suit. Voyez comme tout s'éclaire en ajoutant l'organisateur textuel approprié et en remaniant légèrement le texte.

L'amant semblait savoir où aller. **En effet**, *sa* maîtresse *, qui connaissait sans doute les lieux du crime, l'avait renseigné sur...*

AUTRE GRAPHIE
maîtresse

La constance du point de vue

Pour pouvoir préciser le point de vue que l'auteur a adopté dans son texte, il faut se poser les trois questions suivantes.

AUTRE GRAPHIE
événements

- Le locuteur (auteur, narrateur ou autre) manifeste-t-il sa présence dans son texte ? Dans le texte littéraire, l'auteur se dissimule souvent derrière un narrateur ou un personnage, et c'est celui-ci qui exprimera un point de vue sur des personnages, sur leurs faits et gestes, et sur les différents évènements.
- Le locuteur s'adresse-t-il directement au lecteur ?
- Le locuteur prend-il position sur ce qu'il dit ?

Quels que soient les choix du locuteur, son point de vue doit demeurer constant dans tout le texte.

Le locuteur se désigne-t-il dans le texte ?

Lorsque le locuteur utilise les pronoms *je* ou *nous* et les déterminants ou les pronoms possessifs de la 1re personne, il se manifeste dans son texte, alors que s'il emploie le pronom personnel indéfini *on*, il signale plutôt son effacement.

Le locuteur interpelle-t-il le destinataire ?

Si le locuteur s'adresse directement à son destinataire, il utilisera des pronoms comme *tu* et *vous*, ainsi que les déterminants ou pronoms possessifs de la 2e personne. On pourra noter aussi dans son texte la présence de verbes à l'impératif et de mots mis en apostrophe.

Le locuteur exprime-t-il son point de vue sur ce qu'il dit ?
— La modalisation

AUTRE GRAPHIE
interpeller

Lorsque le locuteur prend position dans son texte, on parle de point de vue **engagé**. S'il ne s'exprime pas sur ce qu'il affirme, on parle de point de vue **distancié** (ou neutre). Cependant, le locuteur peut ne pas se désigner dans son texte ni interpeler le lecteur sans pour autant adopter un point de vue distancié.

Le point de vue engagé

Lorsque le locuteur adopte un point de vue engagé, il introduit dans son texte des marques de modalité, c'est-à-dire des expressions par lesquelles il nous indique son jugement sur ce dont il parle :

- les auxiliaires de modalité *devoir, pouvoir, falloir* et *vouloir* suivis d'un infinitif (*L'homme qui lisait le roman **devait** être très absorbé dans sa lecture puisque…*) ;
- des adverbes modalisateurs (*incontestablement, heureusement, probablement…*) ;

- les verbes *paraitre* et *sembler* (*Il **semblait** avoir perdu contact avec la réalité…*) et les verbes de jugement (*croire, prétendre, penser, estimer, trouver…*) ;
- le futur antérieur (*L'amant **aura reconnu** la maison du crime parce que…*) et le conditionnel (*L'amant **aurait tué** le lecteur de roman…*) ;
- des noms, des verbes, des adverbes et des adjectifs connotés. Un mot connoté est un mot qui a une valeur méliorative (positive) ou péjorative (négative) : il exprime donc la subjectivité, l'affectivité de l'auteur (*bêtise, merveille, se détraquer, extrêmement, bizarre…*) ;
- une construction impersonnelle (*Il se peut que…*) ;
- un GPrép (*au fond, sans doute, en vérité…*) ;
- une phrase ou des éléments incidents, notamment sous forme de GPrép (avec pronom personnel ou déterminants possessifs de la 1re personne (*à mon avis, à notre grande surprise, selon ce que j'en sais…*) ;
- des marqueurs exclamatifs et des interjections, avec la ponctuation appropriée (*Comme la fin de cette nouvelle est déconcertante ! Hélas !*) ;
- des guillemets encadrant une expression ou un mot auquel l'auteur attribue un sens particulier ou différent, sur un ton ironique ou moqueur (*Elle avait écrit son « poème » en cinq minutes…*).

Le point de vue distancié

On dit du locuteur qu'il adopte un point de vue distancié lorsqu'il ne prend pas position sur ce qu'il dit, lorsqu'il n'introduit aucune marque de modalité nous indiquant son jugement sur ce dont il parle. Le locuteur peut néanmoins rapporter l'opinion d'une autre personne (*selon les spécialistes…*).

Dans la nouvelle *Continuité des parcs*, on reconnait des marques de modalité jouant un rôle très précis, et ce, même si le narrateur ne manifeste pas sa présence. Plusieurs adjectifs connotés sont destinés à créer un certain climat de peur, d'attente inquiète : *irritante* (l. 14), *sordide* (l. 31), *clandestine* (l. 43), *implacable* (l. 60). Il en va de même pour le *fleuve de reptiles* (l. 49-50) et les deux adverbes *admirablement* (l. 39) et *abominablement* (l. 54). Remarquez également l'auxiliaire de modalité *devoir* utilisé trois fois : *Elle devait suivre le sentier* (l. 65-66), *Les chiens ne devaient pas aboyer* (l. 73) et *l'intendant ne devait pas être là* (l. 74-75). Les deux derniers exemples montrent que le narrateur sait quelque chose qu'il ne révèle pas, et que c'est au lecteur de le trouver, par déduction.

Dans le texte décrivant le récit fantastique (p. 231), on trouve quelques marques de modalité. Elles permettent de mettre en relief les caractéristiques les plus importantes du genre fantastique, sans indiquer pour autant un point de vue engagé.

Des expressions comme *incontestablement* (l. 4), *Au fond* (l. 9) et *il importe* (l. 17) expriment le caractère certain des explications données sur le genre fantastique. De même, les mots *inquiétant* (l. 3), *puissantes* (l. 9) et *délicieux* (l. 23) ne servent pas à exprimer le jugement de l'auteur, mais plutôt des traits du récit fantastique.

Conseils pour la rédaction

Point de vue à privilégier

Dans le résumé que vous aurez bientôt à rédiger, vous devrez privilégier le point de vue distancié. Tenez-vous-en aux faits, n'interprétez pas, ne jugez pas : s'il est possible d'utiliser le terme *conspirateurs* pour désigner la femme et son amant, le nom *lâches* serait néanmoins inapproprié, puisqu'il témoignerait d'un jugement personnel et qu'il relèverait davantage du commentaire que du résumé.

▌ La reprise de l'information

La reprise de l'information consiste à désigner une nouvelle fois des éléments qui ont déjà été évoqués dans le texte. Cette reprise peut s'effectuer à l'aide de formes linguistiques variées.

> *Un homme a commencé à lire un roman quelques jours plus tôt.* ***Il*** *retourne à son* ***livre***, ***dont il*** *raffole, en s'installant confortablement chez* ***lui***, *dans un fauteuil de son salon.* ***Sa lecture***, ***qui le*** *captive,* ***lui*** *fait perdre conscience du* ***lieu où il*** *se trouve.*

De façon générale, la reprise de l'information...

- sert à éviter les répétitions, mais constitue aussi le fil conducteur du texte, en assure la continuité ;
- peut toucher un mot, un groupe de mots, une phrase entière, une partie de texte ;
- est habituellement faite par un GN, un pronom ou un GAdv ;
- peut être **totale** (elle désigne une réalité déjà évoquée dans le texte) ou **partielle** (elle reprend une *partie* seulement d'une réalité déjà désignée ou encore ne reprend que *le sens* exprimé par l'antécédent plutôt que la réalité précise qu'il désigne).

Voyons maintenant plus en détail comment s'effectue la reprise de l'information.

Reprise de l'information par un GN

La richesse des mots de la langue permet de procéder de diverses façons pour désigner une réalité déjà nommée.

• Même GN avec un déterminant identique ou différent

> *[...] **sa tête** reposait commodément sur le **velours** du **dossier élevé** [...]. (l. 24-26)*
> *[...] **le dossier élevé** du fauteuil de **velours** vert et, dépassant le fauteuil, **la tête** de l'homme en train de lire un roman. (l. 85-88)*

• Terme synonyme ou nom de même famille

> *Il avait commencé **à lire le roman**... il reprit sa **lecture** [...]. (l. 1-10)*

• Terme générique (mot englobant celui qui est repris)

> *[...] elle **étanchait de ses baisers** le sang des égratignures. Lui se dérobait aux **caresses**. (l. 39-41)*

• Terme synthétique (mot résumant une partie du texte)

> ***Rien n'avait été oublié : alibis, hasards, erreurs possibles.** À partir de cette heure, chaque instant avait son usage minutieusement calculé. **La double et implacable répétition** était à peine interrompue [...]. (l. 56-61)*

• Terme spécifique (mot englobé dans celui que l'on reprend)

> *[...] absorbé par la solide alternative où se débattaient les **protagonistes** [...]. La **femme** entra la première [...]. (l. 30-37)*

• Périphrase (groupe de mots désignant une réalité qu'un seul mot peut nommer) qui peut parfois être une métaphore.

> *[...] elle **étanchait de ses baisers** le sang des égratignures. Lui se dérobait aux caresses. Il n'était pas venu pour répéter **le cérémonial d'une passion clandestine** [...]. (l. 39-43)*

• Par association (mot évoquant, entre autres, la relation de la partie au tout)

> *Installé dans son **fauteuil** favori [...] il laissait sa main gauche caresser de temps en temps le **velours vert**. **Il** se mit à lire les derniers chapitres. **Sa mémoire** [...]. (l. 12-18)*

La nouvelle de Cortázar repose de façon cruciale sur la reprise de l'information. Cette reprise s'applique aussi bien au thème central de la lecture qu'à l'intrigue sous-jacente qui passionne le personnage lecteur. L'effet de surprise de la fin tient à la découverte que nous faisons : le lecteur et la victime ne font qu'un et sont dans le même lieu. L'évidence est créée par la reprise des mêmes termes pour décrire les lieux et les personnages (lecteur et victime) : cela nous incite à jeter un regard en arrière pour chercher d'autres exemples de ces reprises de l'information qui auraient dû nous mettre sur la piste de la chute de la nouvelle.

Conseils pour la rédaction

Les GN de reprise

Lorsque vous rédigez un texte, assurez-vous que le déterminant référent que vous utilisez marque bien une reprise de l'information.

Début d'un texte *La nouvelle raconte*... (Quelle nouvelle?)

Correction *La nouvelle* Continuité des parcs *raconte*...

(Ici on sait de quelle nouvelle il est question.)

Reprise de l'information par un pronom

Les pronoms constituent le principal instrument de reprise de l'information puisque, par définition, ils renvoient à une réalité évoquée dans les phrases précédentes. Ce sont donc des instruments privilégiés de la cohérence textuelle qu'il faut interpréter ou choisir avec soin.

Pronom personnel

__La femme__ entra la première, méfiante. Puis vint __l'homme__, le visage griffé par les épines d'une branche. Admirablement, __elle__ étanchait de ses baisers le sang des égratignures. __Lui__ se dérobait aux caresses. __Il__ n'était pas venu pour [...]. (l. 36-42)

Pronom relatif

[...] absorbé par la sordide __alternative où__ se débattaient les protagonistes, il se laissait prendre aux __images qui__ s'organisaient [...]. (l. 30-33)

Pronom indéfini

Pour créer de réelles sensations chez le lecteur, les descriptions des lieux et des personnages ont un rôle essentiel. __Chacune__ peut contribuer à l'impression de peur.

Pronom possessif

Le lecteur de récit fantastique aime se faire peur devant une réalité fictive qui se détraque alors que __la sienne__, bien réelle, demeure rassurante.

Pronom démonstratif suivi ou non d'un GPrép ou d'une subordonnée relative

Il jouissait du plaisir presque pervers de s'éloigner petit à petit, ligne après ligne, de __ce qui l'entourait__ [...]. (l. 21-24)

Dans la nouvelle de Cortázar, les pronoms prennent une importance capitale. D'entrée de jeu, dès le premier mot du texte, l'auteur s'abstient de nommer son personnage principal (le lecteur) et ne le désigne que par le pronom personnel *il*. Ce procédé provoque d'abord notre curiosité, mais notre intérêt se tourne bientôt vers les amants désignés par des noms, *la femme*, *l'homme*, auxquels renvoient par la suite les pronoms : en tant que lecteurs, nous sommes ainsi portés à trouver plus consistants les personnages des amants meurtriers. Cependant, à la fin de la nouvelle, nouveau renversement : pour la première fois, le lecteur est désigné par un nom, *l'homme*, au moment de devenir la victime.

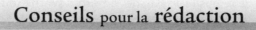

Conseils pour la rédaction

Les pronoms de reprise

L'utilisation des pronoms de reprise est une source d'erreurs fréquentes. Voici quelques notions qu'il importe de garder à l'esprit quand on rédige.

- Chaque pronom personnel de la 3e personne doit reprendre un élément du contexte (mot, groupe de mots, phrase, etc.) et avoir le genre et le nombre de cet antécédent.

  Les élèves avaient étudié la nouvelle Continuité des parcs. ***Il** raconte l'étrange histoire d'un homme victime d'un meurtre dont il lit le récit.* (Le pronom *Il* n'a pas le genre de son antécédent : on doit remplacer ce pronom par *Elle*.)

- Attention notamment au nom collectif (bien qu'il désigne un ensemble de personnes ou d'objets, il n'en demeure pas moins un nom singulier).

  Un attroupement s'était formé autour de l'écrivaine : **ils voulaient tous une dédicace.*

- L'antécédent du pronom de reprise doit pouvoir être rapidement et clairement identifié par le lecteur : ce n'est pas le cas lorsque le pronom de reprise renvoie à plus d'un antécédent possible.

  L'écrivaine invitée et la jeune Anna ont eu une discussion animée.

  ***Elle** a affirmé qu'**elle** préférait la nouvelle au roman.*

  (Qui a affirmé quelque chose : l'écrivaine ou Anna ?)

- Les glissements d'identité sont à éviter.

  *L'être humain a besoin de se nourrir l'esprit. *C'est pourquoi **on** lit des livres, **on**...* (Puisque le GN *L'être humain* est clairement défini, il est préférable de le reprendre avec le pronom personnel *il* plutôt qu'avec le pronom personnel indéfini *on*, qui suppose un référent différent.)

···

> - Le complément du nom dans un GN sujet ne peut pas être repris par un pronom : il est plutôt repris par un GN.
>
>   > *La lecture de polars détend l'esprit : **ils** permettent au lecteur une évasion totale.* (Le noyau du GN sujet étant *lecture*, c'est lui qui doit être repris par un pronom : *elle permet...* S'il faut reprendre le complément du nom, il est préférable d'utiliser un autre GN : *Ce genre littéraire...*)

Reprise de l'information par un GAdv

Quelques adverbes jouent aussi le rôle de substituts : des adverbes de lieu (*ici, là*), des adverbes de temps (*alors, là*), des adverbes synthétiques qui reprennent ou résument une ou plusieurs phrases du texte (*ainsi, également*).

> *[...] il distingua dans la brume mauve l'allée qui conduisait à la **maison** [...]. À cette heure, l'intendant ne devait pas être **là** et il n'était pas **là**.* (l. 70-76) (adverbe de lieu)
>
> ***Il se mit à lire** les derniers chapitres. Sa mémoire retenait sans effort les noms et l'apparence des héros. L'illusion romanesque le prit presque **aussitôt**.* (l. 17-21) (adverbe de temps)
>
> *[...] il se laissait prendre aux images qui s'organisaient et acquéraient progressivement couleur et vie. Il fut **ainsi** témoin de la dernière rencontre [...].* (l. 32-35) (adverbe synthétique)

Les adverbes de reprise sont peu nombreux et peu fréquents dans les textes. C'est le cas dans la nouvelle de Cortázar.

▉ La progression de l'information

Tout texte suit deux mouvements différents. D'une part, il reprend des éléments déjà présentés : cette reprise de l'information forme en quelque sorte le fil conducteur du texte et en assure la continuité. D'autre part, il crée une progression en introduisant constamment de l'information nouvelle sans créer de redites ni briser le fil conducteur.

Observez comment l'extrait suivant donne beaucoup d'information sur l'intrigue du roman que lit le personnage.

> *Il fut **ainsi témoin** de la dernière rencontre dans la cabane parmi la broussaille. La femme entra la première, méfiante. Puis vint l'homme, le visage griffé par les épines d'une branche. Admirablement, elle étanchait de ses baisers le sang des égratignures. Lui se dérobait aux caresses. Il n'était pas venu pour répéter le cérémonial d'une passion clandestine protégée par un monde de feuilles sèches et de sentiers furtifs. Le poignard devenait tiède au contact de sa poitrine. Dessous, au rythme du cœur, battait la liberté convoitée. Un **dialogue haletant** se déroulait **au long des pages comme un fleuve de reptiles**, et l'on sentait que tout était décidé depuis toujours.* (l. 34-51)

Dans ce passage révélateur, le personnage principal apprend certains éléments qui forment l'intrigue du roman qu'il lit : un homme et une femme se rencontrent, ce sont des amants, ils projettent de tuer une personne qui est un obstacle à leur amour. Nous sentons leur fébrilité.

La continuité entre ce passage et ce qui précède est assurée par la reprise du thème de la lecture : l'adverbe *ainsi* réfère aux phrases précédentes décrivant l'activité du lecteur, de même que le mot *témoin* qui le désigne explicitement. De leur côté, *dialogue haletant*, *au long des pages* et *comme un fleuve de reptiles* renvoient au texte que parcourt le lecteur et à l'impression d'urgence et de menace qu'il ressent.

Voyons comment un auteur peut conjuguer continuité et progression de l'information dans son texte.

Le thème et le propos dans la phrase

Le **thème**, c'est l'**information connue**. Celle-ci est habituellement placée avant le verbe et constitue souvent le sujet de la phrase.

> *Il se mit à lire les derniers chapitres.* ***Sa mémoire*** *retenait sans effort les noms et l'apparence des héros.* (l. 17-20)

Le **propos**, c'est l'**information nouvelle**. Celle-ci est habituellement placée après le verbe. Le verbe lui-même fait partie du propos ou du thème : dans l'exemple qui suit, il fait partie du propos.

> *Il* ***se mit à lire les derniers chapitres****. Sa mémoire* ***retenait sans effort les noms et l'apparence des héros****.* (l. 17-20)

La progression textuelle, on l'aura compris, est surtout assurée par le propos.

Comment greffer la nouvelle information au texte

Souvent, l'information nouvelle se greffe au thème qui, lui, est une reprise totale ou partielle du thème ou du propos de la phrase précédente.

Progression à thème constant

L'information nouvelle insérée dans le propos (en caractères gras) se greffe à un thème (souligné) qui est le même, en tout ou en partie, que celui de la phrase précédente.

> *Sans se regarder,* <u>*étroitement liés à la tâche qui les attendait, ils*</u> ***se séparèrent à la porte de la cabane****.* <u>*Elle*</u> ***devait suivre le sentier qui allait vers le nord****. Sur le sentier opposé,* <u>*il*</u> ***se retourna un instant pour la voir courir, les cheveux dénoués****.* (l. 63-68)

> (Le thème de la première phrase, *ils* qui désigne les deux amants, est repris partiellement par le pronom *Elle* désignant la femme dans la deuxième phrase et par le pronom *il* désignant l'homme dans la troisième phrase.)

Progression à thème renouvelé

L'information nouvelle se greffe à un nouveau thème, qui peut avoir des provenances différentes.

Progression linéaire   Ici, le thème de la nouvelle phrase est une reprise (totale ou partielle) du **propos** de la phrase précédente, et la nouvelle information s'y greffe.

> *À partir de cette heure, chaque instant **avait son usage minutieusement calculé**. La double et implacable répétition était à peine interrompue le temps qu'une main frôle une joue.* (l. 58-62)
>
> (Le thème de la deuxième phrase est une reprise par un nom synthétique, *répétition*, du propos de la première phrase portant sur la planification du crime.)

Progression par hyperthème   Parfois un thème ou un propos se développent au fil du texte : s'en dégagent plusieurs thèmes apparemment distincts qui entretiennent des liens étroits.

> *À la fin, il distingua dans la brume mauve du crépuscule l'allée qui conduisait à la **maison**. Les chiens ne devaient pas aboyer et ils n'aboyèrent pas. À cette heure, l'intendant ne devait pas être là et il n'était pas là. Il monta les trois **marches du perron** et entra.* (l. 70-77)
>
> (Les thèmes des deuxième et troisième phrases, *chiens* et *intendant*, sont une reprise, par association, d'un élément du propos de la première phrase, *maison*, qui commande également, par association, une partie du propos de la dernière phrase, *marches du perron*.)

Rupture thématique   Ici, le thème de la nouvelle phrase n'entretient aucun lien avec le thème ou le propos de la phrase précédente, et la nouvelle information se greffe à ce nouveau thème. Dans un tel cas, un organisateur textuel devient très utile pour marquer le lien qui existe entre les deux phrases.

> *Lui se dérobait aux caresses. Il n'était pas venu pour répéter le cérémonial d'une passion clandestine protégée par un monde de feuilles sèches et de sentiers furtifs. Le poignard devenait tiède au contact de sa poitrine.* (l. 41-46)
>
> (Le thème de la dernière phrase est en rupture par rapport aux phrases précédentes et dévoile un nouvel aspect de l'intrigue : la préparation d'un crime. Le lien avec la phrase précédente se fait dans le propos où le nom *poitrine* nous renvoie par association aux pronoms *Il* et *Lui* désignant l'homme.)

La nouvelle de Cortázar impressionne par la qualité de sa construction. Le thème principal de la lecture et de ses effets sur le lecteur se mêle étroitement à celui d'un couple d'amants voulant supprimer un mari gênant. Les phrases de la première moitié de la nouvelle nous renvoient essentiellement à la lecture et mettent en place, par leur thème, un personnage et, par leur propos, un lieu qui deviennent tous deux, après une transposition dans l'univers du roman, la cible et le lieu du crime. C'est par le propos des phrases sur la lecture que nous, lecteurs, entrons dans la description du complot et de sa réalisation, et par le propos de celles décrivant l'action du criminel que nous découvrons que le lecteur et la victime ne font qu'un. L'écriture serrée de la nouvelle nous fait croire par moments à une rupture thématique du récit, mais il n'en est rien. Par exemple, dans la séquence narrative très vive décrivant l'amant parcourant les étages et les salles de la maison, le décousu apparent du texte est compensé par les nombreux marqueurs de l'espace et de la succession, qui font écho à la phrase «lui parvenaient encore les paroles de la femme», et aux nombreux énoncés faisant état d'un plan bien établi: «tout était décidé», «rien n'avait été oublié», «usage minutieusement calculé».

Conseils pour la rédaction

Éviter les redites

Lorsque vous voyez en marge de votre travail des remarques telles que «redite», «répétition» ou «redondance», c'est que votre texte n'avance pas, qu'il piétine: en d'autres termes, l'information qu'il contient ne progresse pas. Pour remédier à ce problème, posez-vous souvent ces questions en vous relisant: dans cette phrase, quelle est l'information connue? quelle est l'information nouvelle? Méfiez-vous particulièrement de l'information qui *semble* nouvelle mais qui, en fait, n'est que la reprise, sous une forme différente, d'une information: *Les amants sont très perturbés par le geste qu'ils se préparent à poser. *Cela les préoccupe beaucoup*. Dans cet exemple, il faudrait plutôt **montrer comment** leur trouble se manifeste.

Éviter la rupture thématique

Il se peut que vous péchiez aussi par excès contraire et ayez tendance à ajouter beaucoup d'information nouvelle à votre texte, mais sans prendre le temps de la greffer correctement au reste du texte — ce qui occasionnera les commentaires suivants de la part du correcteur: «sans lien avec ce qui précède», «lien boiteux», «décousu», «transition abrupte». Il n'est certes pas défendu d'introduire un thème sans rapport avec celui de la phrase précédente ou avec son propos, mais dans ce cas, pensez à utiliser un **organisateur textuel** pour faire le lien entre les deux phrases et rétablir ainsi la cohérence textuelle. Ainsi, il n'y a aucun rapport évident entre les deux phrases suivantes: *La femme, par ses caresses, exprimait son amour. *L'arme du crime sur la poitrine de l'homme rappelait à celui-ci le meurtre à commettre*. Le lecteur est dérouté. Il ne le sera plus si nous écrivons plutôt: *La femme, par ses caresses, exprimait son amour.* **Par contre, au contact de l'arme sur sa poitrine**, *l'homme pensait au meurtre à commettre*.

Testez-vous 14.3

Corrigé p. 293

1 Dans le texte suivant, relevez:

a) une erreur relative à l'unité du sujet;

b) une contradiction;

c) le glissement injustifié du système de temps choisi à un autre.

2 Trouvez cinq marques de modalité révélant un point de vue engagé et expliquez quel est ce point de vue.

3 Relevez deux organisateurs textuels marquant le raisonnement logique et trois établissant les étapes du texte.

4 Pour chacun des mots en caractères gras, dites quel élément d'information il reprend.

5 Dans le premier paragraphe du texte, expliquez la progression de l'information d'une phrase à l'autre.

La nouvelle de Cortázar illustre bien le genre fantastique. Au début du **récit**, par exemple, rien ne semble anormal: un homme reprend la lecture d'un roman commencée quelques jours plus tôt. Suivent de longs passages descriptifs.

Pourtant, le lecteur de la nouvelle aurait pu relever quelques indices révélateurs, telle l'extrême facilité avec **laquelle** l'homme retient le nom et l'apparence des protagonistes. Ces indices étonnent le lecteur de la nouvelle. Il y a plus encore.

Certes, l'univers de conspiration décrit par le narrateur trouble le lecteur, mais tout demeure néanmoins vraisemblable... jusqu'à la chute magistrale. Maupassant a écrit beaucoup de nouvelles fantastiques, mais **aucune** n'a une fin aussi inattendue.

On remarque, en terminant, l'absence quasi totale de marques de modalité dans le dernier paragraphe du texte, c'est-à-dire dans le **dénouement**: puisque tout semble avoir été décidé depuis toujours (l. 51), même le narrateur s'effaça devant l'accomplissement inexorable du destin.

À retenir

Lire et comprendre un texte

- Lire le texte plus d'une fois
- Lire avec un crayon pour annoter le texte
- Chercher le sens des mots inconnus
- Dégager le thème et l'idée directrice

La cohérence textuelle

Un texte cohérent (celui qu'on lit ou celui qu'on écrit) se lit bien et se comprend bien parce qu'il est structuré, clair, qu'il suit une direction précise. La personne qui rédige un texte cohérent a respecté les sept principes suivants.

PRINCIPES DE LA COHÉRENCE TEXTUELLE	
1 **Unité du sujet**	• S'en tenir au thème choisi, c'est-à-dire à ce dont parle le texte, ne pas faire de digression.
2 **Absence de contradiction**	• Ne pas se contredire soi-même. • Ne pas contredire l'univers que l'on évoque.
3 **Harmonisation des temps verbaux**	• Choisir un système de temps (présent, passé composé ou passé simple). • Ce choix n'exclut pas l'utilisation d'autres temps, selon les besoins du contexte.
4 **Présence d'organisateurs textuels**	• Structurer son texte à l'aide d'organisateurs textuels temporels, spatiaux et logiques.
5 **Constance du point de vue**	• Que la personne qui écrit se manifeste ou non dans son texte, qu'elle s'adresse ou non au lecteur ou qu'elle prenne ou non position sur ce qu'elle dit, elle doit conserver le point de vue (engagé ou distancié) qu'elle a adopté au départ.
6 **Reprise de l'information**	• Utiliser différentes formes linguistiques pour reprendre de l'information : un GN, un pronom ou un GAdv.
7 **Progression de l'information**	• Éviter les redites. • Introduire constamment de l'information nouvelle, sans rompre le fil conducteur du texte. • L'information nouvelle (le propos) peut se greffer au même thème que la phrase précédente ou à un thème nouveau.

15

Le résumé et
le paragraphe informatif

Objectifs

*Au terme de ce chapitre, vous devriez pouvoir répondre
aux questions suivantes :*

▪ Qu'est-ce que le sens contextuel d'un mot ? Comment
le trouver ?

▪ Comment préparer et rédiger un résumé ?

▪ Comment préparer et rédiger un paragraphe informatif ?

▪ Comment insérer dans son texte les paroles de
quelqu'un ?

▪ Que doit-on faire pour améliorer son style ?

Quel est le sens du mot *brillant* : « étincelant » ? « intelligent » ? Dans la phrase suivante, il a le sens d'« étincelant » : *Le soleil brillant les aveuglait.* Par contre, dans cette autre phrase, il est synonyme d'« intelligent » : *Elle s'entretenait avec un élève brillant.* Les mots, vous l'aurez constaté, peuvent changer de sens selon le contexte. Dans ce chapitre, vous serez appelé à chercher le sens des mots en tenant compte du contexte.

Un bon lecteur réussit à résumer le texte qu'il a lu. Cet exercice permet d'abord de vérifier s'il a bien saisi l'essentiel de l'histoire, puis de mettre à l'épreuve ses qualités de rédacteur. Nous verrons aussi comment rédiger un paragraphe informatif pour répondre, dans une forme précise, très structurée, à une question de compréhension. Des explications détaillées suivront sur la façon d'utiliser la citation et le discours rapporté indirect.

AUTRE GRAPHIE
suggérerons

Dans la dernière partie, nous aborderons la question du style. Ce dernier se développe par la pratique et par l'effort. Nous vous suggèrerons plusieurs moyens d'alléger, d'embellir et d'enrichir vos textes, notamment en utilisant le mot juste, en visant la concision et en reliant adéquatement vos idées, vos phrases entre elles.

15.1 Lecture d'un texte : *Femmes*, de Claire Martin

Choisissez un endroit calme, asseyez-vous confortablement, munissez-vous d'un crayon... et lisez, lisez avec les yeux, avec l'esprit et avec la main.

■ Pistes de lecture

Le texte que nous vous présentons est une nouvelle écrite par Claire Martin, intitulée *Femmes*. Voici quelques mots au sujet de l'auteure et du récit.

L'auteure

AUTRE GRAPHIE

naît

Claire Martin nait à Québec en 1914. Elle travaille plusieurs années à la radio avant de se tourner vers l'écriture. Sa première œuvre, un recueil de nouvelles intitulé *Avec ou sans amour*, est publiée en 1958 et reçoit le prix du Cercle du livre de France. Claire Martin a publié des romans, des nouvelles, des récits autobiographiques, etc. Dans un style toujours précis et souvent ironique, elle se révèle une fine observatrice des êtres aux prises avec les pièges et les illusions de l'amour. L'auteure a également traduit plusieurs écrivains canadiens-anglais, parmi lesquels Margaret Laurence et Robertson Davies.

Femmes

La nouvelle *Femmes* est tirée du recueil *Avec ou sans amour*. L'auteure y met en scène une femme amoureuse, son amie calculatrice et un homme qui perdra la première pour s'être laissé berner par la seconde. Dans ce récit habilement mené, le proverbe *Bien mal acquis ne profite jamais* prend tout son sens. C'est que le cœur humain, même habité par l'amour, peut aussi faire preuve de naïveté et de légèreté...

■ Première lecture

Lisez maintenant la nouvelle *Femmes* et soulignez les mots inconnus.

Femmes

La réception s'achevait et Valentine était heureuse. Cet homme, qui lui plaisait tellement, elle croyait bien lui plaire aussi. Toute la soirée elle avait senti son

•••

5 regard sur elle, un regard caressant comme les mains, et sa peau était toute chaude de cette insistance.

Comme toutes les femmes qui se sentent observées par un homme qui leur plaît, 10 elle avait de la difficulté à rester naturelle et devait se surveiller pour ne pas parler et rire trop haut. Elle devait aussi se faire violence pour ne pas passer tout son temps dans le groupe où il était et 15 elle lui en voulait un peu de ne pas la suivre quand ses devoirs de maîtresse de maison la faisaient se déplacer dans le grand salon.

Elle était heureuse et courbatue. Cette 20 contrainte que les femmes doivent s'imposer de ne pas faire le premier pas quand c'est de tourner autour d'un homme qu'elles ont envie, comme le fait si simplement la fillette autour du 25 garçonnet qui lui plaît, cette contrainte se faisait durement sentir dans tous ses muscles. Elle fut presque soulagée quand il vint prendre congé.

Elle souriait, un peu abêtie par l'effort 30 de cacher sa joie, parce qu'il disait : « Si vous êtes libre, un soir de cette semaine, et si vous le voulez bien, je viendrai vous prendre pour dîner. Après, nous irons danser. » Quand son amie 35 Mariette, passant près d'eux, jeta : « Je peux me servir du téléphone pour demander un taxi ? »

Quel damné besoin avons-nous de toujours vouloir voler son rôle au 40 destin ? Il nous arrangerait si bien les choses si nous n'étions pas sans cesse à le pousser, si nous n'étions pas toujours à parler quand nous n'avons pas la parole. Valentine dit : « Un instant, 45 chérie. » Puis : « Vous reconduiriez bien Mariette, André ? » Et voilà !

Tous deux montèrent dans la longue voiture dont le devant chromé, « le sourire du dollar », luisait doucement 50 dans la nuit, un miroir aux alouettes. André se mit tout de suite à parler avec enthousiasme de Valentine, de sa grâce, de son charme, de sa jolie taille. Mariette écoutait et se taisait.

55 — Vous ne partagez pas mon opinion ?

— Si, je la partage ! Mais personne mieux que moi ne peut apprécier les qualités de Valentine ! Je la connais depuis quinze ans. Vous me parlez de 60 sa jolie taille. Je voudrais qu'elle vous entende, ça lui ferait plaisir. Il lui a fallu tellement d'acharnement pour perdre l'embonpoint qu'elle avait accumulé durant son mariage.

65 — L'embonpoint ? Vous voulez me faire marcher ? Elle est mince comme un fil.

— Justement. Comme elle était d'ailleurs avant de se marier. Et puis, vous savez ce que c'est. Quand on a conquis un mari, 70 on oublie parfois comment on l'a conquis. On se laisse un peu aller. Quand Valentine est devenue veuve, elle n'était pas obèse, bien sûr, mais... Je lui dis souvent : « Si tu ne peux pas te marier sans grossir, mieux 75 vaut n'y pas songer. » Elle est tellement ravissante maintenant, n'est-ce pas ?

— Très.

— Même chose pour ses cheveux. Vous ne l'avez pas connue avant qu'elle les 80 fasse teindre ?

— Non. Je croyais qu'ils étaient naturellement auburn. De quelle couleur étaient-ils ?

85 — C'est-à-dire qu'autrefois ils l'étaient. Mais, les dernières années de son mariage, elle avait beaucoup blanchi. Ce n'est que depuis son veuvage qu'elle les fait teindre. Cela lui va tellement mieux. Elle paraît de quinze ans plus jeune 90 qu'elle ne l'est en réalité. Si Daniel la voyait, il ne la reconnaîtrait pas.

— Vous l'avez connu, son mari ?

— Oh ! mais très bien... le pauvre.

— Oui, évidemment, mourir si jeune.

95 — Ce n'est pas tellement cela. Je pense que Daniel ne tenait pas beaucoup à la vie. Il avait un air soulagé de la quitter qui était assez déprimant, je dois dire.

— Vraiment ? Est-ce qu'ils ne s'enten-100 daient pas bien tous les deux ?

— Pas très bien. Et pourtant Daniel était de tous les hommes que j'ai rencontrés le mieux pourvu de toutes les qualités imaginables.

105 — Il y a parfois certaines incompatibilités incoercibles. Car enfin, Valentine aussi a de très grandes qualités.

— Bien sûr. Et d'ailleurs le ménage allait très bien au début. C'est quand les affai-110 res de Daniel se sont mises à péricliter que le désarroi a commencé.

— Oui... il y a des hommes qu'une telle mésaventure aigrit à les rendre inendurables.

115 — Et les femmes aussi. Que voulez-vous, c'est humain. Valentine était

habituée à un certain luxe. J'avais cru, comme tout le monde, qu'il s'agissait d'un mariage d'amour et que ce 120 contretemps n'y changerait rien. Il y a même des couples d'amoureux que les épreuves rapprochent, dit-on. Je sais bien que pour ma part, si j'étais mariée et que mon mari vînt à perdre sa 125 fortune, je me dirais que c'est là une occasion toute trouvée de lui montrer combien je l'aime. Et ça n'est pas ça qui me ferait blanchir les cheveux. Mais Valentine est une enfant gâtée. 130 Au début de cette déconfiture, on a même raconté un peu partout qu'elle aurait, comment dirais-je, tenté de suppléer à ce que Daniel ne pouvait plus lui donner en...

135 — En ayant un ami riche ? C'est ce que vous voulez dire ?

— Mon Dieu, oui. Mais ça, je ne l'ai jamais cru.

— En tout cas, ç'aurait été au temps où 140 elle était encore un peu mince et un peu auburn.

— Ne soyez pas méchant. J'ai horreur de ça. Elle ne le mérite pas. Elle a manqué d'un peu de courage. Ça n'est 145 pas un crime.

— Et pourtant la vie qu'elle fait en ce moment doit demander beaucoup de courage. Elle travaille très fort.

— Mais elle gagne beaucoup. Il faut bien 150 faire l'un quand on veut l'autre. Quand elle a épousé Daniel, elle croyait son avenir assuré pour toujours. Mauvaise mise. Oh ! je ne suis pas inquiète pour elle. Comme elle le dit souvent, la

155 prochaine fois elle choisira un homme qui a les reins plus solides.

— Vraiment, elle dit ça ?

— Mettez-vous à sa place ! Vous ne pouvez comprendre ça. Vous remuez
160 l'argent à la pelle. Moi non plus, d'ailleurs, je ne le comprends pas. J'ai l'infirmité d'être sentimentale.

— L'argent ne vous intéresse pas ?

— Moi ? Mon pauvre ami ! Un cœur et
165 une chaumière, comme on dit. Et même un cœur tout seul.

— C'est très bien ça. Vous avez trouvé ?

— Non. Parce que, sur d'autres points, je suis très exigeante.

170 — Lesquels ?

— L'intelligence, par exemple. Je n'aimerai qu'un homme extrêmement intelligent.

— Deuxièmement ?

— Des manières raffinées. Je ne peux
175 souffrir les rustres.

— Troisièmement ?

— Un physique attrayant. Ne riez pas, j'ai cette faiblesse.

— Oui... Vous avez des exigences qui
180 feraient trembler de peur le plus vaniteux des soupirants.

— Vous pouvez parler, vous qui avez tout cela.

— Est-ce à dire que je pourrais poser
185 ma candidature ?

— Mais qu'allez-vous croire là ? Je n'ai pas oublié l'existence de Valentine et je vous assure qu'elle est suffisante pour qu'il n'en

soit pas question. L'amitié est une chose
190 que je respecte plus que tout au monde.

— Comme c'est joli ! Et si je vous disais que Valentine n'est rien pour moi. Rien du tout, je vous le jure. Si vous êtes libre un soir de cette semaine, et vous
195 le voulez bien, je viendrai vous prendre pour dîner. Après, nous irons danser.

Six mois plus tard, en allant déjeuner, André s'est trouvé face à face avec Valentine. Il l'a invitée.

200 — Vous avez l'air bien heureuse, Valentine.

— J'espère bien. C'est que je me marie, voyez-vous.

— Ah ! Je connais ?

— Oh non ! Ça n'est pas un financier.
205 C'est un peintre.

— Un peintre connu, alors ?

— Connu ? Non ! C'est un pauvre diable de peintre plein de talent, mais inconnu.

— Vraiment !

210 — Qu'y a-t-il ? Vous avez l'air tout surpris ?

— Je le suis un peu. Vous allez me trouver mufle, mais... de quoi vit-on quand on épouse un peintre inconnu ?

— De l'air du temps. Et puis je continue-
215 rai à travailler. Ça m'est bien égal. Non, jamais de pain, merci.

— Vous avez peur de grossir ?

— Comme de la peste. Figurez-vous que mon premier mari avait des goûts de
220 musulman. Je n'étais jamais assez ronde. J'avais beau me défendre. Après, j'ai eu toutes les difficultés du monde à redevenir comme j'étais.

— Vous n'avez pas eu envie de rester
225 comme il vous avait aimée ?

— Cela m'aurait semblé malsain. Comme
on dit, il faut vivre avec les vivants.

— Vous avez dû lui en vouloir ?

— À Daniel ? Le pauvre chéri, j'aurais
230 fait n'importe quoi pour lui.

— Vous vous entendiez bien ?

— Je dirais même que nous étions un
couple scandaleusement amoureux
l'un de l'autre. Même en me remariant
235 je lui garderai toujours un souvenir
reconnaissant. Je sais que je l'ai rendu
heureux. Je n'ai pas de remords.

— Vous êtes sûre de l'avoir rendu
heureux ? Il me semble que c'est telle-
240 ment difficile à savoir.

Valentine fouilla dans son sac, en retira
une carte qu'elle passa à André. C'était
une carte comme on vous en fournit
chez tous les fleuristes. Daniel y avait
245 écrit : « Tu m'as rendu le plus heureux
des hommes. »

— C'est la carte qui accompagnait les
dernières fleurs qu'il m'a offertes. Je ne
m'en sépare jamais. C'est une déclaration
250 qui peut sembler un peu déclamatoire,
mais songez qu'il allait mourir, qu'il le
savait. Quel homme merveilleux !

— Vous l'aimiez à ce point ?

— Oui ! Quand j'ai su qu'il était condamné,
255 mes cheveux sont devenus tout blancs en
quelques mois. Il ne voulait pas que je les
fasse teindre parce que c'était pour lui
qu'ils avaient blanchi. Il était devenu un
peu enfantin, comme bien des malades.

260 — Allons ! vous voilà toute triste. Dites-
moi, vous ne m'en avez pas voulu de ne
jamais vous avoir téléphoné ?

— Un peu, oui. Je peux bien vous le
dire, maintenant, il y a eu un moment
265 où j'avais presque commencé à vous
aimer. Je n'attendais qu'un peu d'en-
couragement. Ça n'est pas venu. J'ai eu
du chagrin, je l'avoue. Mais puisque
vous préfériez Mariette. À propos, ça
270 va tous les deux ? Je ne la vois plus
jamais. Quand faites-vous comme moi,
elle et vous ?

— Mariette ? Eh bien ! je pense que c'est
fini avec Mariette.

275 — En voilà une nouvelle. Depuis quand ?

— Mais, depuis aujourd'hui. Voyez-
vous, elle n'aime que les hommes extrêmement intelligents.

Source : *Femmes*, dans *Avec ou sans amour*,
Éditions Pierre Tisseyre gérées par Copibec.

▋ Deuxième lecture

Relisez le texte et notez les procédés linguistiques suivants :

- les mots ou les expressions qui ne sont pas utilisés dans leur sens habituel ;
- l'utilisation, dans la première partie du texte, du présent, du passé simple, de l'imparfait et du plus-que-parfait ;
- l'emploi fréquent que fait Mariette du pronom indéfini *on* et ses référents.

Notez également les aspects narratifs suivants :

- le dialogue utilisé comme procédé narratif dominant ;
- tous les subterfuges qu'utilise Mariette pour dénigrer son amie ;
- la facilité avec laquelle André se laisse berner ;
- les indices qui révèlent les conventions sociales régissant les rapports hommes / femmes ;
- la progression du récit.

Dégagez les informations suivantes du récit :

- le thème ;
- l'idée directrice ;
- la vraie nature du personnage de Mariette. (Est-elle, comme elle le dit, une personne sentimentale ?)

Le vocabulaire : le sens contextuel des mots

Les mots peuvent avoir des sens différents selon le contexte dans lequel ils sont employés, c'est-à-dire selon les autres mots présents dans la phrase. Ainsi, dans la nouvelle *Femmes*, lorsque Mariette affirme que Valentine « choisira un homme qui a les reins plus solides » (l. 155-156) la prochaine fois, elle ne parle évidemment pas de la santé de cet homme (sens propre), mais bien de sa situation financière (sens figuré).

La signification d'un mot peut aussi varier selon l'époque. Par exemple, si vous lisez, dans un fabliau du Moyen Âge, « Le vilain s'en fut quérir le médecin », il ne s'agit pas d'un être méchant ou malhonnête, mais bien d'un paysan.

Pour éviter les contresens ou les erreurs d'interprétation, il faut toujours tenir compte du contexte et ne pas hésiter à consulter un dictionnaire... sans compter que cela vous permettra d'enrichir votre vocabulaire.

Testez-vous   15.1

Corrigé p. 294

Donnez le sens des mots ou des expressions en caractères gras selon le contexte.

1. « Elle devait aussi **se faire violence** pour ne pas passer tout son temps dans le groupe où il était [...]. » (l. 12-14)
2. « Cette contrainte que les femmes doivent s'imposer de ne pas **faire le premier pas** quand c'est de tourner autour d'un homme qu'elles ont envie [...]. » (l. 19-23)
3. « Vous remuez l'argent **à la pelle**. » (l. 159-160)

▐ Observations au fil du texte

Si vous avez fait une lecture attentive de la nouvelle, peut-être avez-vous déjà noté les aspects suivants.

Le thème et l'idée directrice

Le thème de la nouvelle est la duperie. L'idée directrice pourrait être formulée ainsi : Un homme naïf se laisse berner et conquérir par l'amie de la femme dont il est épris.

La personnalité de Mariette

Mariette déclare à André qu'elle est une personne sentimentale. En réalité, elle est tout sauf une personne sentimentale. Rusée, calculatrice, flatteuse et menteuse, elle utilise la duperie pour arriver à ses fins. Elle biaise le récit des mésaventures de Valentine, se présente sous un jour idéalisé et fait croire à André qu'elle admire ses qualités. Son comportement va tout à fait dans le sens du thème et de l'idée directrice.

Le dialogue : quand les personnages prennent le récit en main

Le recours aux dialogues, procédé narratif qu'a privilégié l'auteure pour raconter cette histoire, contribue à rendre ce récit vivant et ses personnages réalistes. Notez que, dans le dialogue, le style se rapproche davantage de celui de la langue parlée : les phrases sont habituellement courtes et la ponctuation est variée et expressive.

La progression du récit et les noms des personnages

Valentine est nommée dès la première ligne. Qu'en est-il d'André et de Mariette ? Selon vous, est-ce intentionnel si l'auteure a glissé, entre les noms de Valentine et d'André, celui de Mariette ? Même le corps du texte semble illustrer l'habile manœuvre de Mariette : se faufiler entre Valentine et André, et briser ainsi le lien amoureux qui est en train de se tisser. Quel heureux mariage entre le fond et la forme !

15.2   Rédaction d'un résumé

Résumer un texte vous permet de vérifier si vous en avez bien saisi le sens. Cet exercice développe aussi votre capacité à dégager les étapes essentielles d'un récit, à en faire la synthèse. Il vous fait prendre conscience également de la structure d'un texte, de la nécessité d'enchaîner syntaxiquement, logiquement

AUTRE GRAPHIE

enchaîner

événements

et chronologiquement les idées, les évènements. Enfin, la rédaction du résumé exige les qualités suivantes : clarté, cohérence, précision, concision, justesse et respect du point de vue de l'auteur.

Comment rédiger un résumé

Résumez la nouvelle *Femmes* dans un texte d'environ 150 mots, en respectant les consignes suivantes.

Préparation

1 Demandez-vous d'abord : Qu'est-ce qui est le plus important dans cette histoire ? Que dois-je retenir ? Gardez à l'esprit le thème et l'idée directrice du récit : ils constituent le fil conducteur de votre propre texte, ce à quoi se rattacheront tous les éléments de votre résumé.

2 Faites un plan sommaire du texte à résumer afin de dégager les étapes principales du récit. Ce plan devrait mettre en relief : a) la situation initiale du récit, b) les faits marquants du développement, c) la situation finale du récit.

Rédaction

3 Ne vous égarez pas dans les détails, le superflu. Ainsi, plusieurs auteurs prennent le temps, au début du récit, de bien situer l'action, de camper les personnages, ce qui signifie que l'introduction peut être assez longue — mais il n'en demeure pas moins qu'il s'agit d'une introduction !

4 Rédigez le résumé dans vos propres mots (le résumé ne doit pas être un collage).

5 Racontez l'histoire comme si vous en étiez l'auteur. Évitez de commencer votre résumé par « C'est l'histoire d'un homme qui... », le pronom *C'* n'aurait alors aucun antécédent. De plus, commencer de cette façon ou par « Voici l'histoire d'un homme qui... », c'est adopter le regard distant d'un commentateur.

6 Respectez l'ordre des événements.

7 Respectez l'équilibre du texte de départ (en tenant compte non seulement de la longueur des différentes parties, mais aussi de leur importance).

8 Respectez la cohérence textuelle (voir le chapitre 14), c'est-à-dire maintenez l'unité du sujet, évitez les contradictions, conservez le même système de temps, utilisez des organisateurs textuels et conservez le même point de vue que l'auteur.

9 Puisque votre résumé se substitue au texte de départ, qu'il le remplace, il faut éviter d'y inclure des citations ou des affirmations telles que « l'auteur / le narrateur dit... ».

Exemple de résumé

dîner

Valentine était comblée. En effet, au terme d'une réception qu'elle venait de donner, l'homme qui lui plaisait, André, l'invita à dîner avant de prendre congé. Lorsqu'André raccompagna ensuite Mariette, une amie de Valentine, celle-ci, pendant le trajet, dénigra Valentine, veuve depuis quelques années : son amie se serait négligée une fois mariée, son mari aurait été malheureux à ses côtés, elle ne s'intéresserait qu'aux hommes riches. André, dont Mariette flatta ensuite l'orgueil, avoua ne plus être intéressé par Valentine et offrit à Mariette de sortir avec lui. Quelques mois plus tard, cependant, André rencontra par hasard une Valentine heureuse, à la veille de se marier, et l'invita à déjeuner. Il se rendit compte, pendant leur conversation, que Mariette lui avait menti et qu'il avait été bête de la croire. Il décida alors de rompre avec elle.

Conseils pour la **rédaction**

Préparer un plan

Prenez l'habitude de toujours faire un plan sommaire avant de rédiger quelque texte que ce soit, y compris un résumé. Jetez vos idées sur papier comme elles viennent, puis mettez-y un peu d'ordre, et le tour sera joué. Le but de cet exercice ? Si vous connaissez à l'avance votre trajet, vous courrez moins le risque de vous égarer — et d'égarer votre lecteur !

15.3 Rédaction d'un paragraphe informatif

Le paragraphe informatif en réponse à une question de compréhension

Certaines questions de compréhension, parce qu'elles nécessitent un approfondissement du texte, une réflexion poussée de la part du lecteur, exigent aussi des réponses étoffées, détaillées — et, par conséquent, très structurées. Nous vous proposons dans cette partie un modèle de réponse, le paragraphe informatif, qui satisfera à de telles exigences.

Voici un exemple de question de compréhension :

Relevez les conventions sociales que la nouvelle *Femmes* met en évidence.

Comprendre la question : la consigne et l'énoncé

Toute question comporte une **consigne** (*relevez*) et un **énoncé** qui précise ce sur quoi porte la question, ce qu'il faut chercher et où trouver l'information dans le texte (*la nouvelle* Femmes *met en évidence des conventions sociales*). Vous devrez trouver dans le texte les éléments d'information qui permettront d'illustrer l'énoncé.

Trouver la réponse

Quelle que soit la question de compréhension, vous suivez toujours la même démarche.

1 Cherchez, dans le texte, l'information qui vous guidera vers la réponse.

La réponse, il est important de le souligner, n'est pas donnée toute faite dans le texte : ce sont les informations que vous y trouverez qui vous guideront vers cette réponse. Voici donc les informations qu'il faut relever dans le récit pour répondre à la question posée.

- « Comme toutes les femmes qui se sentent observées par un homme qui leur plaît, elle avait de la difficulté à rester naturelle et devait se surveiller pour ne pas parler et rire trop haut. » (l. 8-12)
- « Cette contrainte que les femmes doivent s'imposer de ne pas faire le premier pas [...]. » (l. 19-21)
- « Elle souriait, un peu abêtie par l'effort de cacher sa joie[...]. » (l. 29-30)
- « Tous deux montèrent dans la longue voiture dont le devant chromé, "le sourire du dollar", luisait doucement dans la nuit, un miroir aux alouettes. » (l. 47-50)
- « André se mit tout de suite à parler avec enthousiasme de Valentine, de sa grâce, de son charme, de sa jolie taille. » (l. 51-53)
- « Il lui a fallu tellement d'acharnement pour perdre l'embonpoint qu'elle avait accumulé durant son mariage. » (l. 61-64)
- « Et puis, vous savez ce que c'est. Quand on a conquis un mari, on oublie parfois comment on l'a conquis. On se laisse un peu aller. » (l. 68-71)
- « Si tu ne peux pas te marier sans grossir, mieux vaut n'y pas songer. » (l. 73-75)

2 Dégagez le sens de l'information que vous avez trouvée dans le texte.

Toute réponse à une question de compréhension viendra de votre réflexion personnelle, de ce que vous aurez déduit des passages du texte qui vous ont paru révélateurs, significatifs. Dans le cas présent, vous avez pu établir les liens suivants.

- Plusieurs femmes ont une attitude contrainte par les convenances. Elles ne peuvent pas manifester ouvertement leur attirance pour un homme, faire les premiers pas vers lui ni exprimer simplement leur joie lorsqu'elles reçoivent un premier rendez-vous.

- André incarne le type d'homme qui s'intéresse surtout à l'apparence d'une femme. Quant à Mariette, à l'instar de beaucoup de femmes, elle accorde une grande importance au statut social, à la fortune d'un homme.

- Nombre de femmes, esclaves d'une mode qui les veut minces à tout prix, sont convaincues qu'elles auront plus de chance de trouver mari si elles restent ou deviennent minces. Une fois mariées, par contre, plusieurs d'entre elles s'inquièteraient moins de leur taille.

AUTRE GRAPHIE

s'inquiéteraient

Rédiger la réponse : le paragraphe informatif

La structure

Dans sa structure, le paragraphe informatif contient une idée énoncée, une ou des idées expliquées qui développent l'idée énoncée, une ou des idées illustrées faisant la démonstration de chaque idée expliquée, une conclusion. Les organisateurs textuels appropriés, tels que *d'abord, ensuite, ainsi, en effet*, relient les parties du paragraphe. Le tableau suivant présente cette structure.

Structure du paragraphe informatif	
Idée énoncée	Elle reprend l'énoncé de la question. Elle annonce donc le sujet, sert d'introduction au paragraphe.
Idée(s) expliquée(s)	Elle éclaire le sens de l'idée énoncée et, ce faisant, la développe. C'est l'idée expliquée qui contient la réponse à la question de compréhension.
Idée(s) illustrée(s)	Elle illustre l'idée expliquée, en fait la démonstration. Des exemples, des citations du texte s'imposent donc ici, accompagnés de commentaires qui les situent en contexte et en justifient la pertinence. L'utilisation d'une citation ne constitue pas, en soi, une idée illustrée. C'est vous qui devez prouver, dans vos mots, ce que vous avancez dans l'idée expliquée — et, ce faisant, utiliser certains extraits du texte.
Conclusion	Elle rappelle l'idée énoncée et fait une synthèse du développement, dont elle tire une conclusion. Il doit donc y avoir progression de l'information entre l'idée énoncée et la conclusion.

Le contenu

Dans son contenu, le paragraphe informatif doit :

- faire la preuve d'une lecture attentive et d'une bonne compréhension du texte et ne pas entrer en contradiction avec le texte ;

- apporter une réponse pertinente, c'est-à-dire bien centrée sur l'objet de la question ;
- fournir des éléments significatifs du texte en réponse à la question et non se perdre dans des détails anodins ou superflus ;
- être rédigé avec clarté et précision.

Les qualités d'énonciation

Essentiellement, le paragraphe informatif est un texte dans lequel on recherche deux qualités d'énonciation.

- Le rédacteur doit s'effacer au profit du message à transmettre. Ce message, il le communique donc en privilégiant un **point de vue distancié**, c'est-à-dire sans utiliser les pronoms *je, tu, nous* ou *vous*, et sans exprimer de commentaire ou de jugement personnels (**Valentine fut stupide de proposer à André de raccompagner Mariette*). Le texte informatif s'en tient aux faits. Le but d'un tel texte n'étant pas, soulignons-le, d'exprimer des émotions, il faut éviter les mots ou expressions qui ne conviennent pas à un point de vue distancié.
- Le **style soigné** est aussi de rigueur. Les expressions et les tournures de phrases propres à la langue parlée ne sont donc pas appropriées au paragraphe informatif.

    *Valentine et Daniel, eux autres, s'aimaient vraiment. André ignorait ça.

    (Écrire plutôt : *Valentine et Daniel s'aimaient vraiment. André ignorait cela.*)

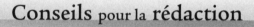

Conseils pour la rédaction

Le paragraphe informatif

Voilà, vous êtes maintenant prêt à rédiger votre paragraphe informatif. Voici quelques conseils à garder à l'esprit au moment de la rédaction.

- Respectez la structure et le contenu propres au paragraphe informatif.
- Ne confondez pas résumé et paragraphe informatif. Alors que le résumé doit rendre compte de toutes les étapes essentielles du récit, le paragraphe informatif ne cible que les passages les plus significatifs par rapport à la question posée.
- Ne confondez pas non plus conclusion du récit et conclusion du paragraphe informatif: *votre* conclusion doit reprendre l'idée énoncée et faire une synthèse du développement de *votre* texte.
- L'utilisation exclusive de la citation pour illustrer l'idée ne suffit pas pour justifier ce que vous avez affirmé dans l'explication de l'idée. L'explication

•••

ne doit pas non plus se limiter à répéter la citation comme dans le cas suivant : *Valentine cachait sa joie de recevoir une invitation* : « *Elle souriait, un peu abêtie par l'effort de cacher sa joie...* » (l. 29-30) La citation n'apporte aucune information nouvelle par rapport à l'explication. Il faut que vous ameniez, dans vos propres mots, la preuve de ce que vous avancez dans votre explication — et la citation viendra compléter votre illustration.

- Chaque fois que vous mentionnez le titre d'un roman, d'une nouvelle, d'un extrait d'œuvre littéraire, etc., vous devez mettre ce titre en relief. Voici comment faire.

  - Pour mettre en relief le titre d'une **partie d'un ouvrage**

    On utilise les guillemets pour encadrer le titre d'une partie d'un ouvrage : un article, un chapitre, un poème, une nouvelle, etc. Cela se fait autant dans un texte manuscrit (écrit à la main) que dans un texte ordigraphié (saisi à l'ordinateur).

    J'ai préféré la nouvelle « À toi » de Jean Diquot à son poème « Éternelle étreinte ».

  - Pour mettre en relief le **nom d'une publication** ou le **titre d'une œuvre littéraire**

    Dans un texte **manuscrit**, on utilise le soulignement pour désigner le titre d'un roman, d'un recueil de poèmes, de nouvelles ou de contes, ou encore le nom d'un journal, d'une revue, d'un magazine.

    J'ai relu <u>Bonheur d'occasion</u> dernièrement.

    Dans un texte **ordigraphié**, on utilisera plutôt l'italique.

    J'aimerais lire *Un ange cornu avec des ailes de tôle*, de Michel Tremblay.

Prendre un peu de recul

- **Mettez-vous à la place de votre lecteur !** Si vous avez tendance à répéter les mêmes mots pour désigner une réalité déjà mentionnée dans le texte, votre lecteur se lassera, son intérêt diminuera considérablement. Utilisez plutôt différentes formes linguistiques pour reprendre l'information.

- **Laissez le texte dormir** quelques heures avant de le corriger ou, mieux encore, quelques jours. Quand vous le relirez, votre esprit sera libéré de ce que vous **vouliez dire** et pourra mieux se concentrer sur ce que le texte **dit réellement** (ou ne dit pas). Vous verrez ainsi si le fil conducteur créé par la reprise de l'information n'est pas rompu.

- **Demandez à quelqu'un de votre entourage de lire votre texte à haute voix.** Les faiblesses relatives à la récurrence de l'information ressortiront plus clairement.

Exemple de paragraphe informatif en réponse à la question posée plus haut

La nouvelle *Femmes* met en relief plusieurs conventions sociales de l'époque. / D'abord, une femme ne peut pas faire les premiers pas vers l'homme qui lui plaît ni lui manifester ouvertement son intérêt. / C'est le cas de Valentine dont l'attitude est contrainte par les convenances : « [...] elle avait de la difficulté à rester naturelle et devait se surveiller pour ne pas parler et rire trop haut. Elle devait aussi se faire violence pour ne pas passer tout son temps dans le groupe où il était [...]. » (l. 10-14) / Ensuite, André et Mariette semblent incarner les deux pendants d'un même stéréotype : l'homme qui cherche une femme belle, la femme qui cherche un homme bien nanti. / Ainsi, dès qu'André se met à parler de Valentine à Mariette, il évoque « sa grâce » (l. 52), « son charme » (l. 53) et « sa jolie taille » (l. 53) ; Mariette, pour sa part, n'est visiblement pas indifférente, quoi qu'elle en dise, à la fortune d'André, symbolisée par « la longue voiture [au] devant chromé, "le sourire du dollar" (l. 47-49). / La nouvelle *Femmes* expose donc certaines conventions sociales qui semblaient gouverner la vie des gens de cette époque : pour les femmes, l'impossibilité de montrer leurs sentiments et la nécessité d'être belle ; pour les hommes, l'importance d'être riche.	Idée énoncée 1re idée expliquée 1re idée illustrée 2e idée expliquée 2e idée illustrée Conclusion

15.4 Comment citer un texte

Existe-t-il plus d'une façon de rapporter les paroles ou les réflexions de quelqu'un (un auteur, un narrateur, un personnage) ? Où mettre le point final après avoir utilisé une citation : à l'intérieur ou à l'extérieur du guillemet fermant ? Peut-on modifier une citation ? Comment procéder pour donner la référence ? Voilà autant de questions auxquelles nous répondrons dans cette partie.

Trois façons de citer un texte

Le tableau suivant présente les trois façons d'utiliser le discours rapporté.

CARACTÉRISTIQUES DES TYPES DE CITATION

Types de discours rapporté	Caractéristiques	Ponctuation	Exemples
1 Le discours rapporté direct	Les paroles citées textuellement sont mises entre guillemets.		

a) La citation isolée	On doit annoncer cette citation et la faire précéder d'un **deux-points**. Elle est formée d'une **phrase syntaxique autonome** et commence par une **majuscule**.	Le point appartenant aux paroles citées se met à l'intérieur du guillemet fermant.	Valentine était comblée : « Cet homme, qui lui plaisait tellement, elle croyait bien lui plaire aussi. Toute la soirée elle avait senti son regard sur elle […] et sa peau était toute chaude de cette insistance. » (l. 2-7)
b) La citation fondue	Cette citation s'intègre au fil de votre discours. Votre texte et la citation doivent former, ensemble, une phrase complète.	Le point se met à l'extérieur du guillemet fermant (et après la référence). Si la fin de la citation coïncide avec la fin de la phrase citée, on peut laisser le point à l'intérieur du guillemet fermant.	Valentine était comblée, car son attirance pour un des invités semblait réciproque ; en effet, pendant toute la soirée, « elle avait senti son regard sur elle » (l. 4-5).
2 Le discours rapporté indirect	Cette forme de citation consiste à rapporter, dans vos mots, les paroles ou les réflexions de quelqu'un.	On ne met pas de guillemets.	Valentine était comblée, car elle constatait qu'elle plaisait à l'homme qui l'attirait, comme en témoignait le regard qu'elle avait senti sur elle toute la soirée.

Conseils pour la rédaction

Citation annoncée avec élégance

Lorsque vous annoncez une citation, il faut éviter d'utiliser des formules gauches, lourdes ou superflues.

> *Quand il a constaté que Mariette l'avait berné, André a décidé de rompre avec elle, **comme en font foi ses paroles rapportées aux lignes 273 à 278** : « Mariette ? Eh bien ! je pense que c'est fini avec Mariette. […] Voyez-vous, elle n'aime que les hommes extrêmement intelligents. » (l. 273-278)*

(Ici, il faudrait supprimer tout le passage en caractères gras, qui est inutile.)

Citation longue

Une citation de plus de trois lignes doit s'inscrire en retrait du texte, à interligne simple, sans guillemets. Il est préférable d'éviter les citations de plus de trois lignes dans un paragraphe informatif de 150 mots.

Citation modifiée

Lorsqu'on cite un texte, on peut, à l'intérieur de la citation, omettre, ajouter ou modifier plusieurs mots, en respectant certaines règles. Toutefois, il ne faut pas abuser de ce procédé : une citation contenant trop de modifications devrait être remplacée par le discours rapporté indirect.

> *Mariette fut catégorique : « Je n'ai pas oublié l'existence de Valentine* **[…]**. » (l. 186-187)
> (Passage supprimé : « et je vous assure qu'elle est suffisante pour qu'il n'en soit pas question »)
>
> *Valentine affirma : « Je sais que je l'ai rendu heureux* **[son mari Daniel]**. » (l. 236-237)
> (Ajout pour éclairer le lecteur)
>
> *André décida de rompre avec Mariette en prétextant qu'« elle n'aim*[ait] *que les hommes extrêmement intelligents »* (l. 277-278).
> (Citation modifiée : dans le récit, le verbe est au présent.)

Citation isolée et majuscule

On peut supprimer les premiers mots d'une citation isolée, et donc la **majuscule**, à condition de placer, après le guillemet ouvrant, les points de suspension entre crochets. Tout ce qui reste de la citation devra aussi former une phrase syntaxique.

> *André avait donc demandé : « […] de quoi vit-on quand on épouse un peintre inconnu ? »* (l. 212-213)

Citation et syntaxe

Toute phrase, qu'elle soit de votre cru ou citée, doit respecter les règles de la syntaxe et exprimer une idée complète. Ainsi, on ne peut pas écrire :

> **Valentine avait de la difficulté à demeurer naturelle, « se faire violence pour ne pas passer tout son temps dans le groupe où il était »* (l. 13-14).

La deuxième partie de la phrase est incomplète et incompréhensible. Il faudrait plutôt écrire :

> *Valentine avait de la difficulté à demeurer naturelle* **et devait** *« se faire violence pour ne pas passer tout son temps dans le groupe où il était »* (l. 13-14).

Citation et référence

Quel que soit le type de citation (isolée ou fondue), chaque fois que vous citez un texte, vous devez en donner la référence. Celle-ci est indiquée entre

•••

> **parenthèses**, **immédiatement** après la citation. L'abréviation de « ligne »
> est un « l » minuscule suivi d'un point abréviatif (.). Il est préférable d'indi-
> quer le numéro de page lorsque vous travaillez avec plusieurs extraits d'un
> même texte.
>
> > *L'amie de Valentine expliqua ainsi le comportement de son amie :*
> > *« Elle a manqué d'un peu de courage. Ça n'est pas un crime. »* (l. 143-145)

Testez-vous   15.2

Corrigé p. 294

En cinq lignes, répondez à la question suivante en ayant recours à la citation
isolée, puis à la citation fondue. Pour quelle raison André déclare-t-il à
Valentine qu'il n'est plus avec Mariette ?

Les particularités du discours rapporté indirect

Passer du discours direct au discours indirect exige certaines modifications
du texte. Voyons plus en détail en quoi consistent ces changements.

Créer une subordonnée introduite par *que*

La phrase syntaxique rédigée en style indirect est introduite par un verbe
introducteur de parole ou de réflexion et par la conjonction *que* qui remplace
le deux-points et le guillemet ouvrant du discours direct.

Discours rapporté direct	*André a dit à Valentine : « Je viendrai vous prendre pour dîner. »*
Discours rapporté indirect	*André **a dit** à Valentine **que**…*

Changer le temps du verbe

Pour passer du discours direct au discours indirect, il faut mettre en pratique les
règles de la concordance des temps. Ainsi, puisque la phrase de notre exemple
est une matrice comprenant une subordonnée enchâssée à l'aide du subordonnant *que*, il faut choisir, pour cette dernière, le mode et le temps de verbe
appropriés. Par exemple, comme l'action d'*aller dîner* est postérieure à celle de
dire, il faut donc exprimer le futur par rapport à un fait passé à l'aide du conditionnel (voir le chapitre 11, p. 191).

Discours rapporté direct	André **a dit** à Valentine : « *Je viendrai vous prendre pour dîner.* »
Discours rapporté indirect	André **a dit** à Valentine qu'il **viendrait la prendre pour dîner**.

Changer les pronoms personnels et les déterminants possessifs

Votre ami Pierre vous a dit : « J'ai perdu mon livre. » Lorsque vous rapportez cet incident à votre sœur Barbara, comment le lui dites-vous ? *Pierre m'a dit qu'il avait perdu son livre. Je* est devenu *il* et *mon* est devenu *son*. La personne qui parlait est devenue celle dont on parle.

Changer les phrases de types impératif et interrogatif

Dans le cas des phrases de type **impératif**, c'est très simple : quel que soit le temps utilisé pour le verbe principal, on met à l'infinitif le verbe à l'impératif, en le faisant précéder de la préposition *de*.

Discours rapporté direct	*Mariette lui a dit : « Ne soyez pas méchant. »* (l. 142)
Discours rapporté indirect	*Mariette lui a dit **de** ne pas **être** méchant.* (Notez les marqueurs de négation insérés entre *de* et *être*.)

Certaines expressions **interrogatives** changent également : en passant du discours direct au discours indirect, elles deviennent des interrogations indirectes, ce qui peut modifier le choix du mot interrogatif et l'ordre sujet-verbe.

Discours rapporté direct	*Un invité a demandé : « **Qui est-ce qui** a parlé ? »* *L'hôtesse a demandé : « **Qu'est-ce qui** s'est passé ? »* *Valentine lui a demandé : « Quand **m'appellerez-vous** ? »*
Discours rapporté indirect	*Un invité a demandé **qui** avait parlé.* *L'hôtesse a demandé **ce qui** s'était passé.* *Valentine lui a demandé quand **il l'appellerait**.*

Changer les expressions de temps

Précisons d'abord que les mots *hier, avant-hier, demain* et *après-demain* ne peuvent être utilisés que par rapport à *aujourd'hui*, c'est-à-dire au moment présent. Ainsi, lorsque vous dites à un ami *Je pars demain*, vous désignez la journée après aujourd'hui. Or, si cet ami rapporte vos propos une semaine plus tard en utilisant le discours rapporté indirect, il ne peut pas dire *Il a dit qu'il partait demain*, parce que *demain* ne désigne que la journée après aujourd'hui. Il faudra donc changer *demain* pour *le lendemain*, ce mot désignant la journée qui a suivi votre conversation. Le tableau suivant présente quelques expressions de temps qui changent lorsque vous passez du présent du discours direct au passé du discours indirect.

ÉQUIVALENCE DES EXPRESSIONS DE TEMPS SELON LE TEMPS DU DISCOURS

Discours rapporté direct	Discours rapporté indirect	Discours rapporté direct	Discours rapporté indirect
Hier	La veille	Demain	Le lendemain
Avant-hier	L'avant-veille	Après-demain	Le surlendemain
Aujourd'hui	Ce jour-là, le jour même	La semaine prochaine	La semaine suivante
Maintenant	À ce moment-là	La semaine dernière	La semaine précédente
Ce matin	Ce matin-là	Cette semaine	Cette semaine-là
Ce soir	Ce soir-là	Cette année	Cette année-là

15.5 Améliorer son style

Comment écrivez-vous ? Avez-vous le souci du mot juste, de la phrase concise ? Choisissez-vous judicieusement les organisateurs textuels et les marqueurs de relation ? Dans les pages qui suivent, nous décrirons quelques-uns des procédés pouvant vous aider à améliorer votre style.

■ Le mot juste

Il arrive souvent, dans nos conversations, que nous utilisons à répétition des mots comme *chose*, *truc* ou le très populaire verbe *faire*. Ou encore, nous recourons facilement à des mots familiers comme *bouffer*. Ce manque de rigueur, excusable dans une conversation entre amis, n'est pas tolérable dans la langue écrite, qui exige un style soigné et ne saurait se contenter de l'à-peu-près ni de la familiarité. Tout rédacteur se doit d'utiliser le mot juste, le terme correct pour exprimer sa pensée — et éviter ainsi toute ambiguïté. Voici quelques conseils à suivre.

AUTRE GRAPHIE
ambiguïté

Les mots fourretout   Éliminez le plus possible les verbes *être*, *avoir*, *faire*, *trouver* et le présentatif *il y a* ; remplacez également les noms *affaire*, *machin* et *chose* par le mot approprié.

AUTRE GRAPHIE
fourre-tout

Les mots familiers   Dans un texte écrit, on doit adopter un niveau de langue neutre ou relevé. Les mots de niveau familier, marqués « fam. » dans le dictionnaire, comme *se mouiller* ne peuvent y trouver leur place. Il faut préférer un synonyme juste et approprié comme *se compromettre*. Si vous voulez reprendre un mot familier utilisé par un personnage, il faut le mettre entre guillemets pour signifier qu'il ne convient pas au niveau de langue de votre texte, ou le remplacer par un synonyme.

Les périphrases   Cherchez dans un dictionnaire l'appellation juste désignant ce que vous tentez de décrire à l'aide de plusieurs mots. Ainsi, avec un peu d'effort, les *employés du gouvernement* deviennent des *fonctionnaires* et les *personnes qui paient des impôts*, des *contribuables*.

Les fautes de synonymie   Quelle est la différence entre les adjectifs *égoïste*, *égotiste* et *égocentrique* ? Consulter un dictionnaire aide à comprendre les nuances de sens entre ces mots faussement synonymes et à choisir le plus approprié.

AUTRE GRAPHIE
dégoûter

Les paronymes   Encore une fois, la consultation d'un dictionnaire s'impose pour s'assurer que l'on ne confond pas, par exemple, *éminent* et *imminent*, *irruption* et *éruption*, *raisonner* et *résonner*, *effraction* et *infraction*, *dégouter* et *dégoutter*.

Les barbarismes   Attention aux mots déformés ou employés dans un sens impropre ! Qu'est-ce qui enveloppe votre oreiller, une *taie* ou une **tête* d'oreiller ? Êtes-vous de ceux qui inventent des formes verbales et qui écrivent **J'ai voulu m'assir à côté d'elle, mais elle s'enfuya* ?

Les solécismes   Commettre un solécisme, c'est en quelque sorte pécher contre la syntaxe. Quand vous êtes indécis, demandez-vous l'avis **de d'autres personnes* ou *d'autres personnes* ? Ainsi, la phrase **Quoiqu'il est un enfant sage, il a fait une fugue* contient un solécisme : nous devons en effet utiliser le subjonctif dans la subordonnée parce qu'elle est introduite par la conjonction *quoique*. Dans cette autre phrase, **J'ai enfin vu le spectacle que tu m'avais si souvent parlé*, il faut remplacer le pronom relatif *que* par *dont* puisque nous avons besoin ici d'un pronom complément indirect.

Les anglicismes   N'hésitez pas à consulter des ouvrages de référence pour vous assurer que votre texte ne contient pas d'anglicismes. Il existe des anglicismes orthographiques (confusion entre les orthographes française et anglaise d'un mot : *langage* n'a pas un *u* après le *g* en français), des anglicismes lexicaux (emprunt d'un mot à l'anglais : un *bum* plutôt qu'un *voyou*), des anglicismes sémantiques (utiliser un mot français en lui attribuant le sens qu'il a en anglais :

la *lumière rouge* plutôt que le *feu rouge*) et des anglicismes syntaxiques (calquer une construction de phrase propre à la langue anglaise : **aller en grève* plutôt que *faire la grève*).

Les pléonasmes Supprimez le terme qui ne fait qu'ajouter une répétition à ce qui vient d'être dit. Êtes-vous de ceux qui **prévoient d'avance* les **hasards imprévus* ?

La phrase concise

La phrase concise est celle que l'on a débarrassée des éléments superflus, inutiles. Elle contribue à embellir votre style. Ainsi, la phrase *Valentine ne pouvait cacher qu'elle avait été déçue* peut être allégée de la façon suivante : *Valentine ne pouvait cacher sa déception passée*. Voici quelques exemples dont vous pourrez vous inspirer pour alléger vos propres phrases.

- Transformer une phrase graphique en subordonnée relative

  André n'était pas très perspicace. Cet homme avait cru les calomnies de Mariette.

  *André, **qui n'était pas très perspicace**, avait cru les calomnies de Mariette.*

- Remplacer une relative explicative par un GAdj détaché

  André, qui n'était pas très perspicace, avait cru les calomnies de Mariette.

  *André, **peu perspicace**, avait cru les calomnies de Mariette.*

- Remplacer une phrase syntaxique par un adjectif ou par un GPrép

  Six mois plus tard, André découvrit que Mariette l'avait leurré. Il était stupéfait.

  *Six mois plus tard, André, **stupéfait**, découvrit que Mariette l'avait leurré.*

  *Six mois plus tard, André découvrit **avec stupeur** que Mariette l'avait leurré.*

- Transformer une phrase graphique en une subordonnée complétive enchâssée

  Mariette avait voulu le ravir à Valentine. André en était maintenant certain.

  *André était maintenant certain **que Mariette avait voulu le ravir à Valentine**.*

- Transformer une phrase graphique en une subordonnée infinitive

  Pendant sa conversation avec Valentine, son amour pour Mariette tiédit. André le sentit.

  *Pendant sa conversation avec Valentine, **André sentit son amour pour Mariette tiédir**.*

- Fusionner deux phrases après avoir transformé l'une d'elles en GN

  Valentine était heureuse. Cela se lisait sur son visage.

  ***Le bonheur** de Valentine se lisait sur son visage.*

- Utiliser l'ellipse pour éviter la répétition (ici du sujet et du verbe)

  André était naïf. Mariette était fourbe.

  André était naïf et Mariette, fourbe.

- Remplacer des marqueurs de relation par un signe de ponctuation

  Mariette s'était montrée romantique parce qu'elle voulait conquérir André.

  Mariette s'était montrée romantique : elle voulait conquérir André.

Testez-vous 15.3

Corrigé p. 294

Débarrassez les phrases suivantes de leurs éléments superflus en suivant les indications données entre parenthèses.

1. Cette nouvelle, qui a été écrite par Claire Martin, est extraite du recueil *Avec ou sans amour*. (Utilisez un GAdj détaché.)
2. André fit une proposition à Mariette. Sa proposition avait pour but de nouer des liens plus étroits avec elle. Elle était si romantique. (Enchâssez une subordonnée relative dans une autre phrase syntaxique ; utilisez un GAdj détaché.)

Les organisateurs textuels et les marqueurs de relation

Les organisateurs textuels et les marqueurs de relation sont indispensables dans un texte. Les premiers représentent d'importants points de repère pour le lecteur parce qu'ils révèlent le plan du texte, marquent les étapes de la réflexion du rédacteur, et contribuent ainsi à la cohérence textuelle (voir le chapitre 14, p. 235). Les seconds, que l'on trouve surtout à l'intérieur des phrases elles-mêmes, permettent de relier des groupes de mots et des phrases syntaxiques en indiquant les rapports de sens qui les unissent. Soulignons que la frontière entre organisateur textuel et marqueur de relation n'est pas imperméable : il arrive qu'un même mot joue simultanément les deux rôles.

Dans le premier paragraphe du texte qui suit, vous voyez en gras deux organisateurs textuels : le premier situe le lecteur dans le temps de la nouvelle, et le second marque le lien explicatif entre deux phrases. Vous notez aussi que des marqueurs de relation sont soulignés : ils mettent en évidence les liens d'opposition entre des éléments de chaque phrase.

Pendant sa conversation avec André, *Valentine*, <u>*même si*</u> *elle ignore les calomnies de Mariette, offre une tout autre image des faits concernant ses mariages passé et à venir.* **Ainsi***, elle apprend à André qu'elle compte se marier <u>non pas</u> avec un homme riche, <u>mais</u> avec un peintre inconnu ; elle continuera à travailler pour assurer leur subsistance.*

Ensuite, elle évoque l'époque où, selon son mari, elle manquait de rondeurs :
« Figurez-vous que mon premier mari avait des goûts de musulman. Je n'étais jamais assez ronde. J'avais beau me défendre. Après, j'ai eu toutes les difficultés du monde à redevenir comme j'étais. » (l. 218-223) Enfin, elle étonne André lorsqu'elle affirme que son mari et elle étaient « scandaleusement amoureux l'un de l'autre » (l. 233-234). Pour prouver ses dires, elle lui montre la carte accompagnant les dernières fleurs qu'il lui avait offertes, où il avait écrit qu'elle avait fait de lui « le plus heureux des hommes » (l. 245-246).

Testez-vous   15.4

Corrigé p. 294

Relevez les organisateurs textuels et les marqueurs de relation dans le deuxième paragraphe du texte précédent.

À retenir

Résumer un texte

- Faire un plan sommaire du récit, en trois parties
- Garder à l'esprit le thème et l'idée directrice
- Respecter l'ordre des évènements
- Respecter l'équilibre du texte de départ

- Ne pas s'égarer dans les détails, le superflu
- Respecter la cohérence textuelle
- Écrire dans ses mots à soi
- Exclure les citations

Rédiger un paragraphe informatif en réponse à une question d'information

Comprendre d'abord la consigne et l'énoncé de la question	
Trouver la réponse	Chercher dans le texte les passages significatifs en lien avec la question
Rédiger la réponse	**Structure du texte** - Idée énoncée - Idée(s) expliquée(s) - Idée(s) illustrée(s) - Conclusion **Contenu** - Bonne compréhension du texte - Réponse pertinente - Éléments significatifs - Réponse claire et précise **Qualités d'énonciation** - Point de vue distancié - Style soigné

Citer un texte

Discours rapporté direct	• Citation isolée : *Il lui a déclaré : «Je t'aime.»* (l. 14) • Citation fondue : *Touchée, elle a toutefois maintenu que «vivre ensemble serait une erreur»* (l. 3-4).
Discours rapporté indirect	Pour passer du discours direct au discours indirect, il faut souvent changer : • le temps du verbe (*aime* → *aimait*) • les pronoms personnels (*je* → *il* ; *t'* → *l'*) • les déterminants possessifs • les expressions de temps *Il lui a déclaré qu'il l'aimait.*

Écrire avec style

Utiliser le mot juste	Éviter : • les mots fourretout • les mots familiers • les périphrases • les erreurs de synonymes ou de paronymes • les barbarismes et les solécismes • les anglicismes • les pléonasmes
Rédiger des phrases concises	Utiliser : • l'enchâssement • la transformation de phrase en GN ou en GAdj • l'ellipse • la ponctuation
Assurer les liens entre les idées	• Dans la phrase (par des marqueurs de relation) • Entre les phrases (par des organisateurs textuels)

1

Les signes orthographiques

Les signes orthographiques indiquent comment se prononcent certaines lettres ; ils complètent l'orthographe des mots. Les signes orthographiques permettent aussi de différencier certains homophones (*ou / où*, *la / là*). Puisque les accents permettent de préciser la prononciation et le sens des mots, on les utilise aussi bien sur les majuscules que sur les minuscules.

Voici les signes orthographiques de la langue française :

1	L'accent aigu	´
2	L'accent grave	`
3	L'accent circonflexe	^
4	Le tréma	¨
5	La cédille	ç
6	L'apostrophe	'
7	Le trait d'union	-

1 L'accent aigu

- Il se place seulement sur le *e* fermé (*école, cinéma, thé, lavé*).

Remarques

— On ne met pas d'accent aigu quand le mot se termine par un *d*, un *r*, un *f* ou un *z* (*pied, crier, clef, nez*).

— Le *e* ne prend pas d'accent devant une consonne redoublée ou un *x* (*ellipse, effet, exiger, examen*).

— Le participe passé masculin singulier de tous les verbes du 1er groupe se termine par *é* (*aimé*).

2 L'accent grave

- Il se place sur le *e* ouvert qui est suivi d'une syllabe muette (*mère, sincère, fidèle*) ou qui forme, avec le *s* muet qui le suit, la dernière syllabe d'un mot (*procès, succès, après, très*).

- Il peut se placer sur les voyelles *a* ou *u* et servir ainsi à différencier des homophones (*à / a, là / la, où / ou*).

Remarques

— On ne met pas d'accent grave devant une consonne redoublée, un *x* ou lorsque le mot est formé de trois consonnes successives (*presser, excessif, exprimer*).

— On ne met pas d'accent à la fin d'un mot se terminant par une consonne sonore (*mer*).

3 L'accent circonflexe

- Il se place sur toutes les voyelles pour indiquer leur prononciation allongée (*pâte, fête, rôder*).

Remarques

— L'accent circonflexe peut indiquer la perte d'une voyelle ou d'une consonne de l'ancienne orthographe (*teste / tête, hospital / hôpital, isle / île*).

— Cet accent permet de différencier des homophones (*du / dû, sur / sûr, mur / mûr, notre / nôtre*).

— Selon la nouvelle orthographe, il n'est plus nécessaire de garder l'accent circonflexe sur les *i* (*maitre*, *connaitre*) et les *u* (*flute*), sauf pour distinguer les homophones (*du* / *dû*, *mur* / *mûr*).

4 Le tréma

- Il se place sur les voyelles *e*, *i* et *u* pour indiquer que deux voyelles doivent être prononcées séparément (*No/ël*, *ma/ïs*, *ha/ïr*).

Remarques

— Le tréma placé sur le *-u* de la syllabe *-gue* de certains mots entraine la prononciation de ce *u* (*aigüe*, *ambigüe*, *ambigüité* ; comparez à *bague* et à *gigue*, où le *u* ne se prononce pas).

5 La cédille

- Elle se place sous le *c* devant *a*, *o* et *u* pour indiquer que ce *c* se prononce comme un *s* (*ça*, *leçon*, *reçu*).

6 L'apostrophe

- Elle indique l'élision (la suppression) de la voyelle finale (*a*, *e*, *i*) d'un mot placé devant un autre mot commençant par une voyelle ou un *h* muet (*l'école*, *l'ami*, *s'il*, *l'histoire*, *je m'amuse*, *il s'envole*).

Remarques

— Un *h* muet n'empêche pas la liaison ni l'élision (*les histoires*, *l'histoire*), contrairement au *h* aspiré ['] qui les interdit (*les héros*, *le héros*).

— Les mots *que* (et plusieurs mots qui se terminent en *-que* comme *lorsque*, *quoique*, *quoi que*, *puisque*, *parce que*, etc.) *jusque*, *quelque* et *presque* s'élident, mais à certaines conditions.

— L'élision est interdite devant les déterminants numéraux *un*, *huit* et *onze* (*J'ai posté un colis de onze kilos*).

— On ne divise jamais un mot à l'apostrophe.

7 Le trait d'union

(les principaux cas d'utilisation)

Il sert à lier deux ou plusieurs mots :

- les noms de pays, de villes, de rues (*les États-Unis*, *Rivière-des-Prairies*, *boulevard René-Lévesque*) ;

- les mots formés avec *saint* lorsque celui-ci entre dans la composition d'un nom de fête, de monument, de ville, de rue, etc. (*la Saint-Jean-Baptiste*, *Saint-Jérôme*, *rue Sainte-Catherine*) ;

- les déterminants numéraux (*vingt-et-un*, *trente-trois*, *cent-vingt*, *deux-cent-mille*) ;

- les mots formés avec *mi*, *demi*, *semi* et *nu* (*demi-douzaine*, *nu-tête*) ;

- les mots formés avec les prépositions *avant*, *après*, etc. (*avant-dernier*, *après-midi*) ;

- avant et après le *t*, consonne euphonique (*va-t-on le lui dire ?*) ;

- entre le pronom personnel et l'adjectif *même* (*eux-mêmes*) ;

- devant *ci* et *là* joints aux diverses formes du pronom *celui* (*celui-ci*, *celle-là*) ;

- devant *ci* et *là* joints à un nom précédé d'un déterminant démonstratif (*cette maison-ci*, *ces gants-là*) ;

- entre le verbe et le sujet inversés (*viendront-ils nous visiter ?*) ;

- entre le verbe à l'impératif et le(s) pronom(s) personnel(s) complément(s) de ce verbe (*dis-le-lui sans tarder*) ;

- avec *en* et *y* placés après le verbe (*vas-y*, *prends-en*).

Remarques

— Plusieurs mots composés s'écrivent maintenant sans trait d'union (*hautparleur*, *pêlemêle*, *minichaine*, etc.). Dans le doute, consultez un dictionnaire.

2 La division des mots en fin de ligne

En français, on divise les mots entre les syllabes qui les composent. C'est pourquoi on utilise aussi le terme « coupe syllabique » pour désigner cette opération. La coupure des mots en fin de ligne s'effectue à l'aide d'un court tiret, appelé trait d'union. Voici quelques règles à respecter.

1 On peut couper...

... un mot entre deux syllabes : *rap-port*, *en-do-cri-no-lo-gie* ;

... un mot composé, mais seulement au trait d'union : *belle-sœur*.

2 On ne peut pas couper...

... un mot à l'apostrophe : (**l'-école*) ;

... un mot monosyllabique : (**pa-in*, ** po-ids*) ;

... un mot entre deux voyelles, à moins que l'étymologie le permette (**curi-osité*, mais *pro-éminent*) ;

... un mot après une voyelle initiale (**é-conomie*) ; on ne peut pas non plus renvoyer en début de ligne une syllabe muette (**ido-le*) ;

... un mot avant ou après un *x* ou un *y* placé entre deux voyelles (**ex-aminer*, **cra-yon*), sauf si le *x* se prononce *z* : *di-xième* ;

... le dernier mot d'une page, lors d'un changement de page.

3 On évite...

... de diviser une abréviation, un sigle, un symbole, un nombre, une date, un titre de civilité (*etc.*, *ADN*, *H_2O*, *20 045*, *le 25 décembre*, *Madame Tremblay*) ;

... de séparer un nombre du nom, du symbole ou de l'abréviation qui le suit ou le précède (*30 étudiants*, *2 kg*, *10 min*) ;

... de séparer un nom propre des initiales ou du titre de civilité qui le précèdent (*E. Dupont*, *D^{re} Dupuis*).

Marqueurs de relation
et organisateurs textuels

Les marqueurs de relation et les organisateurs textuels contribuent à la cohérence textuelle parce qu'ils permettent de relier les idées, les événements entre eux et de faire ressortir les liens logiques, spatiaux ou temporels qui les unissent.

Certains marqueurs ou organisateurs semblent synonymes, mais des nuances de sens les différencient. Consultez le dictionnaire pour vous assurer de bien connaitre la différence, par exemple, entre *en effet* et *ainsi*, afin d'utiliser ces mots judicieusement dans vos textes.

Par ailleurs, il importe de souligner qu'un même marqueur ou organisateur peut établir diverses relations sémantiques. Il en va ainsi des conjonctions *si* et *comme* :

Comme vous insistez, nous reporterons notre voyage.
(*comme* → cause)

Comme on fait son lit, on se couche.
(*comme* → comparaison)

Je terminais ce travail comme ton ami a téléphoné.
(*comme* → temps)

Si vous reprenez le premier chapitre, nous publierons votre roman.   (*si* → condition)

Si vous écriviez un second roman, je le lirais sans tarder.
(*si* → hypothèse)

Si l'intrigue de ce roman est bonne, le style laisse à désirer.
(*si* → concession)

Si elle doit écrire la nuit, elle boit beaucoup de café.
(*si* → temps)

Le temps	(antériorité, simultanéité, postériorité, succession des événements, etc.) lorsque, quand, tandis que, aussitôt que, dès que, sitôt que, en attendant que, avant que, après que, au moment où, alors que, à mesure que, pendant que, depuis que, comme, jusqu'à ce que, jusqu'au moment où, toutes les fois que, d'ici à ce que, puis, ensuite, après, par la suite...
La cause	car, parce que, puisque, comme, d'ailleurs, vu que, étant donné que, sous prétexte que, du fait que, à cause de (*à cause que est un archaïsme à éviter), grâce à, à la suite de, en raison de...
La manière	ainsi que, de façon à, de nature à, de cette façon, sans que...
La condition, l'hypothèse	si, à la condition de, à condition que, aussitôt que, dès lors que, dans la mesure où, au cas où, à moins que, selon que, pour autant que, pourvu que, si tant est que, moyennant que, pour peu que, suivant que, à supposer que, à moins que, en admettant que...
L'addition	et, ni, puis, et puis, ensuite, de plus, aussi, de plus, en outre, de même, par ailleurs, d'un autre côté, d'autre part, deuxièmement, en deuxième lieu, par ailleurs, également, de surcroît, et qui plus est, en plus de...

L'opposition, la concession, la restriction	mais, cependant, toutefois, néanmoins, pourtant, par contre, au contraire, en revanche, or, d'un autre côté, d'autre part, alors que, au contraire, il n'en reste pas moins que, sauf que, du moins, en dépit de, encore que, excepté que, hormis que, alors que, tandis que, bien que, quoique, même si, tantôt... tantôt, malgré, quoi qu'il en soit...
La conséquence	alors, par conséquent, en conséquence, donc, ainsi, c'est pourquoi, si bien que, de sorte que, au point que, de (telle) façon que, de manière que, de (telle) sorte que, dès lors, au point de, à tel point que, tellement que, aussi...
La comparaison	comme, de même que, ainsi que, plus... que, moins... que, autant... que...
Le but	pour, pour que, à cet effet, de peur que (but à éviter), de crainte de (but à éviter), afin de, afin que, de façon à, de (telle) façon que, de (telle) sorte que, de manière à, de (telle) manière que, dans le but de, dans ce but, en vue de, à cette fin...
L'illustration, la preuve, l'exemple	ainsi, par exemple, en effet, effectivement, notamment, entre autres, c'est ainsi que, justement, à cet égard...

Le résumé

Il est très important, dans le résumé, de bien situer le lecteur dans l'enchaînement **logique** des idées ou des évènements (par exemple, exprimer clairement les liens de cause à effet : beaucoup de récits sont en fait une succession d'actions en chaine, l'action d'une personne entrainant la réaction d'une autre personne, qui entraine à son tour...). Il importe tout autant de marquer les déplacements des personnages dans le **temps** et dans l'**espace** afin de ne pas égarer le lecteur. Souvenez-vous que les marqueurs de relation et les organisateurs textuels permettent au lecteur de bien suivre le fil de l'histoire ou la pensée d'un auteur.

Le paragraphe informatif

Le paragraphe informatif est composé de quatre parties : l'idée énoncée, une ou plusieurs idées expliquées, une ou plusieurs idées illustrées, et une conclusion. Les trois dernières parties sont habituellement introduites à l'aide d'un organisateur textuel qui signale au lecteur que : vous allez répondre à la question posée (idée expliquée), vous allez prouver ce que vous avez affirmé dans l'idée expliquée (idée illustrée), vous concluez (conclusion). Voici quelques-uns des organisateurs textuels les plus souvent utilisés pour introduire chacune de ces parties :

Idée(s) expliquée(s) :

(1re idée expliquée) *d'abord, tout d'abord, premièrement, en premier lieu, dans un premier temps, d'une part, à tel moment du récit, en ce qui concerne tel personnage...*

(2e idée expliquée) *ensuite, deuxièmement, en second/deuxième lieu, dans un deuxième temps, d'autre part, à tel autre moment du récit, en ce qui a trait à/pour ce qui est de tel autre personnage...*

Idée(s) illustrée(s) :

ainsi, par exemple, en effet, effectivement, notamment, entre autres, c'est ainsi que, justement, à cet égard...

Conclusion :

pour conclure, pour terminer, en conclusion, en guise de conclusion, bref, donc, ainsi, en somme, tout compte fait, en fin de compte, en résumé, somme toute...

Pour compléter...

Les termes et locutions parmi lesquels vous pouvez puiser pour exprimer les rapports logiques, spatiaux et temporels dans vos textes sont tellement nombreux que nous ne pouvons pas les énumérer tous ici. Cependant, comme ils appartiennent pour la plupart à la catégorie des mots invariables, nous vous suggérons de consulter les listes d'adverbes, de conjonctions et de prépositions qui figurent aux pages suivantes dans le manuel :

- adverbes simples et complexes : pages 202 à 204 ;

- conjonctions simples et complexes : pages 207, 208 et 209 ;

- prépositions simples et complexes : pages 210 et 211.

Testez-vous

Chapitre 1
La phrase et ses constituants

Testez-vous 1.1

1 (Le soir), (avant de se coucher), <u>Max</u> <u>lit quelques pages d'un roman policier</u>.

2 (En raison d'un grand besoin d'évasion), <u>Sabine</u> <u>se délecte de polars</u>.

Testez-vous 1.2

1 ^{P1mat}[Le témoin <u>espérait</u> ^{P2sub}[que le procureur ne l'<u>interrogerait</u> pas sur l'épineuse question des pots-de-vin]^{P2}]^{P1}.

2 ^{P1}[Les journalistes <u>étaient venus</u> en grand nombre]^{P1}, [car] ^{P2}[la cause <u>avait suscité</u> un vif intérêt au sein de la population]^{P2}.

3 ^{P1mat}[L'avocate de la défense <u>déclara</u> ^{P2sub}[qu'elle <u>porterait</u> la cause en appel]^{P2} [et] ^{P3sub}[que son client <u>serait acquitté</u>]^{P3}]^{P1}.

Testez-vous 1.3

1 Phrase conforme au modèle de base

2 **Il y avait**: phrase à présentatif

3 **Interdiction de diffuser**: phrase non verbale

4 **Priver**: phrase infinitive

5 **Il faudrait**: phrase impersonnelle

Chapitre 2
Les types et les formes de phrases

Testez-vous 2.1

1 **Que d'**albums a reçus le petit Jules pour Noël !

2 **Que / Combien d'**heures de plaisir l'attendaient pendant les vacances !

Testez-vous 2.2

1 Raconte-la-moi.

2 Ne me racontez pas d'histoires.

3 Ne leur racontez pas cette histoire.

Testez-vous 2.3

1 **Combien** avez-vous dépensé pour ce livre ? (interrogation partielle) Avez-vous dépensé vingt dollars pour ce livre ? (interrogation totale)

2 **Où** va-t-elle ? (interrogation partielle) Va-t-elle à la bibliothèque ? (interrogation totale)

Testez-vous 2.4

1 Je **n'**ai entendu **personne** renier ses lectures de jeunesse.

2 Nous **non plus**, nous **n'**avons **pas** oublié notre premier Salon du livre.

3 **Ne lui téléphone pas** au sujet de ce livre; **ne lui en parle pas** lorsque tu le verras.

Testez-vous 2.5

1 Des contes merveilleux, inoubliables, ont été offerts aux enfants du monde entier par les frères Grimm et Charles Perrault.

2 Plusieurs nouveaux membres ont été accueillis par cet organisme de promotion de la lecture.

Testez-vous 2.6

1 **C'est** parce qu'elle adore aller jouer dans sa tête **que** Katia écrit des livres pour les enfants.

2 Ses sujets d'histoires, elle **les** puise dans tout ce qui l'entoure.

Chapitre 3
La jonction de phrases syntaxiques

Testez-vous 3.1

1 Le poète, de même que tout écrivain, **croyons-nous**, (insertion d'une incidente) s'offre un luxe rare : le temps. Il se donne le temps de regarder le monde pour en rendre compte **;** (juxtaposition au moyen du point-virgule exprimant la complémentarité) il s'accorde le temps nécessaire pour le refaire.

2 Il a lu attentivement le poème. « C'est bouleversant ! » **s'est-il ensuite exclamé**. (insertion d'une incise)

Testez-vous 3.2

1 a) La librairie à laquelle vous pensez ne vend pas ce type d'ouvrage.
   b) L'auteure dont je parle est prolifique.

2 Seulement les cégépiens qui participent chaque année à l'atelier d'écriture.

Testez-vous 3.3

1 **qu'il fût si difficile d'écrire la première phrase d'un roman** : complétive en *que*, CI de *s'étonnait*.

2 **Que cela fût si ardu** : complétive en *que*, sujet de phrase.

3 **si elle devait reprendre le premier chapitre** : interrogative indirecte, CD de *se demandait*.

Testez-vous 3.4

1 **qu'elle ne compose de la musique** : circonstancielle corrélative exprimant la comparaison.

2 **quoique ces thèmes soient traités différemment** : circonstancielle complément de phrase exprimant la concession.

3 **de sorte que ces œuvres touchent un vaste public** : circonstancielle complément de phrase exprimant la conséquence.

Chapitre 4
Les groupes de mots et leurs fonctions

Testez-vous 4.1

cours : nom, noyau d'un GN ; **rebute** : verbe, noyau d'un GV ; **parfois** : adverbe, noyau d'un GAdv ; **Ceux-ci** : pronom, noyau d'un GN ; **dans** : préposition, noyau d'un GPrép ; **scolaire** : adjectif, noyau d'un GAdj ; **maitrise** : nom, noyau d'un GN ; **cheminement** : nom, noyau d'un GN.

Testez-vous 4.2

Le noyau du groupe de mots est en gras.

de renseignements sur le français parlé et écrit au Québec (GPrép), expansion obligatoire ;
renseignements sur le français parlé et écrit au Québec (GN), expansion obligatoire ;
sur le français parlé et écrit au Québec (GPrép), expansion obligatoire ;
le **français** parlé et écrit au Québec (GN), expansion facultative ;
parlé et écrit au Québec (GAdj), expansion facultative ;
au Québec (GPrép), expansion facultative ;
Québec (GN), expansion obligatoire.

Testez-vous 4.3

de verbes : GPrép ; **complet** : GAdj ; **qu'il peut consulter rapidement en tout temps** : subordonnée relative.

Testez-vous 4.4

1 GV dont le noyau est un verbe passif ; prédicat de la phrase. Aucune expansion.

2 GN dont le noyau est le pronom *ceux* ; sujet de la phrase matrice. Expansion du noyau : subordonnée relative complément du pronom *ceux*.

3 GV dont le noyau est le verbe *trouveront* ; prédicat de la phrase. Expansions du noyau : un GN complément direct du verbe *trouveront*, l'adverbe modificateur *aussi*.

4 GN dont le noyau est *publications* ; sujet de la phrase passive. Expansion du noyau : GVpart complément du nom *publications*.

Chapitre 5
La ponctuation

Testez-vous 5.1

(*alinéa*) On avait offert à la petite, à Noël, (*CP en milieu de phrase*) un billet pour sa première pièce de théâtre. (*fin d'une phrase déclarative complète*) On avait cependant oublié combien Québec était loin et l'hiver, (*ellipse du verbe* était) rigoureux. (*fin d'une phrase déclarative complète*) Il fallut partir de bon matin : (*annonce de la cause*) les chemins étaient enneigés et l'oncle de Clara, le météorologue attitré de la famille, (*complément du nom non déterminatif*) avait prédit une tempête, (*mise en évidence par la répétition*) tempête qui allait laisser au moins vingt-cinq centimètres de neige dans l'après-midi. (*fin d'une phrase déclarative complète*) Il avait été catégorique : (*annonce du discours rapporté direct*) « (*début du discours rapporté direct*) Je vous le dis, (*juxtaposition de deux phrases syntaxiques de même niveau*) on ne verra ni ciel ni terre. (*fin de la phrase déclarative*) » (*fin du discours rapporté direct*)

(*alinéa*) Emmitouflés sous les couvertures, (*complément du nom non déterminatif*) Clara et ses parents quittèrent le village. (*fin d'une phrase déclarative complète*) Le jour se levait à peine. (*fin d'une phrase déclarative complète*) La mère s'inquiéta tout à coup : (*annonce du discours rapporté direct*) « (*début du discours rapporté direct*) As-tu apporté les beignets et le café ? (*fin d'une phrase interrogative*) Le chat, (*mise en évidence du CI*) lui as-tu laissé assez de nourriture, (*mot mis en apostrophe*) petite ? (*fin d'une phrase interrogative*) » (*fin du discours rapporté direct*) Luttant contre le sommeil, (*complément du nom non déterminatif*) celle-ci répondit : (*annonce du discours rapporté direct*) « (*début du discours rapporté direct*) Oh ! (*interjection*) » (*fin du discours rapporté direct*) Le père dut faire demi-tour, (*complément du nom non déterminatif*) déçu de perdre quelques précieuses minutes. (*fin d'une phrase déclarative complète*) Les beignets étaient restés sur le comptoir et le chat, (*complément du nom non déterminatif*) se pourléchant les babines, semblait attristé de ce retour impromptu. (*fin d'une phrase déclarative complète*)

Chapitre 6
Les accords dans les groupes de mots

Testez-vous 6.1

Cette chanteuse ; **un** milieu ; **toute la** beauté ; **notre** langue ; **ses** chansons ; **la** fois.

Testez-vous 6.2

1 **polyvalent(s)** : on pourrait dire *très polyvalent* ou *parmi les plus polyvalents* ; **possible** : placé après *le plus*, il se rapporte au pronom impersonnel *il* sous-entendu.

2 **haut** et **fort** : invariables, car les adjectifs sont utilisés comme adverbes ; **net** : invariable, car l'adjectif est utilisé comme adverbe ; **première**, **deuxième** et **troisième** : chacun des trois adjectifs ne se rapporte qu'à une seule des réalités désignées par le nom *rangées*.

3 **mêmes** : accord avec le pronom *eux* ; **mêmes** : qualités possédées au plus haut point, accord avec *gentillesse* et *générosité* ; **même** : invariable parce qu'il a le sens de « aussi ».

Testez-vous 6.3

1 Trois **femmes**, Monique Leyrac, Renée Claude et Pauline Julien, **comptent** parmi les meilleurs interprètes des chansonniers québécois.

(Le verbe s'accorde avec *femmes*, 3ᵉ pers. plur.)

2 **Définir** le mot « chansonnier » **serait** sans doute opportun ici.

(Le sujet étant un GVinf, le verbe s'écrit à la 3ᵉ pers. sing.)

3 Ce **chanteur** ainsi que ses deux **musiciens ont été** en tournée pendant deux ans.

(Comme le sujet est formé de deux GN joints par *ainsi que* et que le second ne se trouvent pas entre virgules, le verbe se met au pluriel.)

4 Ni mon **frère** ni **moi** n'**oublierons** ce spectacle.

(Le sujet étant formé de deux éléments coordonnés par *ni* qui s'additionnent, le verbe se met au pluriel à la 1ʳᵉ pers. (qui a la priorité grammaticale), *moi*.)

Testez-vous 6.4

populaires s'accorde avec le noyau du GN sujet *boites* ; **fréquentées** s'accorde avec le noyau du GN sujet *elles* ; **libre** s'accorde avec le noyau du GN CD *que* mis pour *pays*.

Testez-vous 6.5

connues : pp employé comme adjectif ; **chanté** : pp employé avec *avoir* ; **ajouté** : pp d'un verbe pronominal ; **reprise** : pp employé avec *être*.

Testez-vous 6.6

entendu : pp avec *avoir*, le CD est placé après le verbe, invariable ; **manqué(s)** : pp avec *avoir*, *en* est CD, on peut accorder ou non ; **y compris** : pp qui joue ici le rôle de préposition, invariable ; **présentés** : pp d'un verbe occasionnellement pronominal, accord avec le

pronom CD *se* ; **dû** : pp avec *avoir*, suivi de l'infinitif *recevoir* sous-entendu après le verbe, invariable.

Testez-vous 6.7

1 **tout** : invariable, car le participe adjectif féminin *hébétée* commence par un *h* muet.

toute : accord, car l'adjectif féminin *surprise* commence par une consonne.

2 **tout** : invariable, car l'adjectif féminin *entières* commence par une voyelle.

Chapitre 7
Le nom

Testez-vous 7.1

1 Les **ongles** de la jeune femme étaient **longs** et, ma foi, quelque peu **menaçants**. Le nom *griffe* a le trait non humain. Puisque *femme* a le trait humain, il faut utiliser un nom ayant le trait humain : *ongles*.

2 **La dureté** de cet homme nous **trouble**. Le nom *dureté* ayant les traits abstrait et non comptable, il ne varie pas en nombre.

Testez-vous 7.2

élève : nom féminin, il est repris par le pronom *elle* plus loin ; ce mot est un nom épicène : il a la même forme au masculin et au féminin ; **pages** : dans le sens de *feuille*, nom féminin ; le nom masculin homonyme désigne un *jeune noble placé au service d'un seigneur* ; **livre** : dans le sens de *volume*, nom masculin ; le nom féminin homonyme désigne une unité de poids ou une unité monétaire ; **manches** : dans le sens d'*une partie d'un vêtement*, nom féminin ; le nom masculin homonyme désigne, entre autres, la partie par laquelle on tient un instrument ou un outil ; **chemisier** : nom masculin ; **vase** : dans le sens de *boue*, nom féminin ; le nom masculin homonyme désigne un récipient.

Testez-vous 7.3

mes vacances : le nom *vacance* au singulier désigne un poste vacant ; ici, on parle d'un congé ; **coraux** :

application de la règle générale : *ail* → *aux* ; **belles-sœurs** : dans les noms complexes, les noms et les adjectifs s'accordent généralement ; **Bérubé** : les noms de familles ordinaires sont invariables.

Testez-vous 7.4

le **jour** : le (masc. sing.), pointait (3ᵉ pers. sing.) ; la **femme** [...] lente dans ses gestes et dans ses pas : la (fém. sing.), se levait (3ᵉ pers. sing.), lente (fém. sing.), déjeunait (3ᵉ pers. sing.), se rendait (3ᵉ pers. sing.) ; ses **gestes** : ses (masc. plur.) ; ses **pas** : ses (masc. plur.) ; son **royaume** : son (masc. sing.) ; **celui-ci** : baignait (3ᵉ pers. sing.) ; la **brume** quasi laiteuse du matin d'été : la (fém. sing.), laiteuse (fém. sing.) ; du **matin** : du (masc. sing.) ; **été** (ce nom ne donne ses traits à aucun mot).

Chapitre 8
Le déterminant

Testez-vous 8.1

1 **L'** : réalité connue de tous **2** **le** : réalité précisée à l'aide d'un complément **3** **du** : réalité connue de tous **4** **aux** : réalité désignée par la situation de communication **5** **l'** : réalité précisée à l'aide d'un complément **6** **des** : réalité déjà évoquée dans le texte

Testez-vous 8.2

1 Ton **2** ta **3** ton **4** votre **5** leurs

Testez-vous 8.3

1 Quel **2** quelle **3** Quel **4** quelle **5** quels

Testez-vous 8.4

1 **des** : déterminant défini : *de + les* **2** **des** : déterminant défini : *de + les* **3** **de la** : déterminant défini précédé de la préposition *de* **4** **de la** : déterminant partitif **5** **du** : déterminant défini : *de + le* **6** **du** : déterminant partitif

Testez-vous 8.5

1 **des** : indéfini **2** **des** : défini : *de + les* **3** **d'** : indéfini ; *des* devient *de* (ou *d'*) devant un nom précédé d'un adjectif **4** **des** : indéfini **5** **Des** : indéfini

Testez-vous 8.6

1 **Tout** : pronom **2** **telle** : déterminant **3** **tous** : déterminant **4** **quelques** : déterminant **5** **tout** : adverbe **6** **toute** : adverbe **7** **quelque** : adverbe **8** **toutes** : déterminant

Chapitre 9
L'adjectif

Testez-vous 9.1

belle : adjectif qualifiant ; **rutilante** : adjectif qualifiant ; **mystérieuse** : adjectif qualifiant ; **meilleur** : adjectif qualifiant ; **naturelle** : adjectif classifiant ; **nouveau-né** : adjectif classifiant.

Testez-vous 9.2

1 Vos **petites** manigances n'affecteront pas le courage **inébranlable** de celui que vous appelez, à tort, votre **grand** ennemi.

2 Cette mode **impossible à suivre** fera la joie des **jeunes** filles **grandes** et **minces**.

Chapitre 10
Le pronom

Testez-vous 10.1

tu : pronom nominal qui désigne l'interlocuteur dans la situation de communication ; **Je** : pronom nominal qui désigne le locuteur dans la situation de communication ; **Il** : pronom de reprise dont l'antécédent est *mon chien* ; **Celle-ci** : pronom de reprise dont l'antécédent est *une dépression* ; **nous** : pronom nominal qui désigne le locuteur et son chien.

Testez-vous 10.2

Si **nous** avons du papier glacé ? Oui, nous **en** avons. Regardez sur cette étagère, **vous y** trouverez tout ce qu'il faut. **Vous** voyez le vendeur debout ? Demandez-**lui** de vous aider. **Je** suis désolé, vraiment je **le** suis, mais je dois d'abord répondre à ce client : **il** s'impatiente, car c'est **lui** que je devais servir en premier. **On** a pour politique : premier arrivé, premier servi.

Testez-vous 10.3

Après l'incendie, notre logement était dans un état lamentable, mais **le leur** semble avoir été épargné. Nos effets personnels empestaient aussi la fumée, alors que **les leurs** ne dégageaient aucune odeur du genre. Plusieurs **des nôtres** ne sont plus utilisables.

Testez-vous 10.4

Nous vendons des draps unis et des draps fleuris. **Ceux-là** sont en solde, mais **ceux-ci** ont un excellent rapport qualité-prix. Je peux défaire quelques emballages pour vous, **cela** me ferait plaisir.

Testez-vous 10.5

Que s'était-il passé, exactement ? On avait évoqué, derrière quelques portes closes, les noms de Rose et de Jasmine. **Laquelle** des deux était dans le jardin, ce soir-là ? **Qu'est-ce qu'**elles avaient fourni comme alibis ? **À qui** ce larcin pouvait-il bien profiter ? **Que** fallait-il déduire de cette histoire ?

Testez-vous 10.6

Le documentaire **que** (CD) nous désirons produire et **qui** (sujet) doit être tourné dans une ville **où** (CP) il ne pleut presque jamais traiterait d'un sujet sur **lequel** (CP) nous avons effectué de nombreuses recherches : les effets de la lumière sur la psyché humaine.

Testez-vous 10.7

Quel déménagement ! **Toutes** voulaient aider, mais **personne** (ou **aucune**) ne semblait avoir le sens de l'organisation. **Quelques-unes** transportaient des meubles, **d'autres** arrosaient les plantes, **plusieurs** rassuraient les animaux, **certaines** tournaient en rond dans une pièce puis dans **l'autre**.

Chapitre 11
Le verbe

Testez-vous 11.1

1 était : essentiellement attributif **2 a commencé** : transitif direct **3 bégayant** : intransitif **4 a posé** : transitif direct et indirect **5 s'est trompé** : considéré comme essentiellement pronominal, intransitif **6 désirait** : transitif direct **7 s'enfuir** : essentiellement pronominal et intransitif **8 a fallu** : essentiellement impersonnel et transitif

Testez-vous 11.2

1 sommes arrivés **2** nous sommes précipités **3** a revigorés **4** sommes revenus **5** avons sorti **6** nous sommes fait **7** sommes montés **8** avons entendu.

Testez-vous 11.3

1 aurais préféré (1er groupe) **2 appelles** (1er groupe) **3 avançais** (1er groupe) **4 avouerai** (1er groupe) **5 commençais** (1er groupe) **6 sens** (3e groupe) **7 ai appris** (3e groupe) **8 parait/paraît** (3e groupe) **9 aurait péri** (2e groupe) **10 avait bâti** (2e groupe) **11 comptait** (1er groupe)

Testez-vous 11.4

ai reçu : indicatif passé composé ; **apportait** : indicatif imparfait ; **est** : indicatif présent ; **aurais dû** : indicatif conditionnel passé ; **demandiez** : indicatif imparfait ; **rentre** : indicatif présent ; **dirai** : indicatif futur simple ; **sera revenu** : indicatif futur antérieur ; **prendrait** : indicatif conditionnel présent ; **Portez** : impératif présent.

Chapitre 12
Les mots invariables

Testez-vous 12.1

très : intensité, modificateur de l'adjectif *vieille* ; **sans doute** : probabilité, modalisateur ; **longtemps** : temps, CP ; **Quand** : interrogation portant sur le temps, marqueur d'interrogation; **vraiment**: affirmation, modificateur du verbe *faudrait*; **bientôt**: temps, CP; **trop**: quantité, modificateur du verbe *se détériore*; **Puis**: ordre des idées, coordonnant; **premièrement**: ordre des idées, organisateur textuel; **à côté**: lieu, CI du verbe *venez*; **Ici**: lieu, substitut de *cuisine*; **Alors**: lien logique, coordonnant.

Chapitre 14
La cohérence textuelle

Testez-vous 14.1

1 **métayage**: nom masculin; contrat passé entre le propriétaire d'un domaine rural et un métayer. En vertu de ce contrat, le métayer cultive le domaine du propriétaire et partage avec lui les fruits et récoltes.

2 **sordide**: adjectif; ignoble, répugnante.

protagonistes: nom masculin; les personnages principaux d'un récit, les héros.

3 **clandestine**: adjectif; qui se vit en cachette, qui a un caractère illicite.

4 **convoitée**: participe passé employé comme adjectif; désirée avec avidité.

5 **haletant**: adjectif verbal; dont le rythme est précipité.

Testez-vous 14.2

Dans la nouvelle « Continuité des parcs », dont le titre annonce que le parc est le révélateur de la continuité entre le monde de la fiction et celui de la réalité, plusieurs indices devraient inciter le lecteur du roman à faire un rapprochement entre la fiction et la réalité. Premièrement, l'homme pénètre dans un univers romanesque qui ne lui semble ni étranger ni dépaysant (l. 18-21). Deuxièmement, plusieurs éléments descriptifs relatifs à l'environnement du personnage trouvent écho dans le roman. Ainsi, le lecteur et la victime sont tous deux assis, dos à la porte, dans un fauteuil de « velours vert » (l. 17 et 86). On parle également de « grandes fenêtres » (l. 28) devant lesquelles l'homme lit et de « grandes baies » (l. 85) devant la

victime. Notons par ailleurs que l'homme lit le roman au moment du crépuscule (l. 28-29); or, l'action dans le roman se déroule aussi à la nuit tombante. Troisièmement, le lecteur du roman a un intendant, personnage dont on souligne l'absence à la fin du récit. Enfin, on peut supposer que la femme qui complote avec son amant est l'épouse du protagoniste, puisque c'est grâce aux renseignements qu'elle lui a vraisemblablement fournis que l'amant atteindra sans difficulté la victime, laquelle constitue l'obstacle à « la liberté convoitée » (l. 47-48). Tous ces indices habilement disséminés dans le récit et qui sont passés inaperçus aux yeux du lecteur du roman éclairent donc la chute étonnante de cette nouvelle.

Testez-vous 14.3

1 a) La phrase qui termine le 3e paragraphe rompt l'unité du sujet.

b) Il y a contradiction entre l'affirmation « Pourtant le lecteur de la nouvelle aurait pu relever quelques indices révélateurs » et « Ces indices étonnent le lecteur de la nouvelle »: les indices n'ayant pas été relevés par le lecteur, il n'aurait pas pu être étonné.

c) Le système de temps choisi étant le présent, le dernier verbe du texte devrait s'écrire « s'efface ».

2 Marques de modalité: *bien, l'extrême facilité, Certes, magistrale, inexorable*

Point de vue de l'auteur: il admire la nouvelle de Cortázar et la présente comme un modèle du genre fantastique.

3 Organisateurs textuels marquant le raisonnement logique: *Pourtant, mais, néanmoins.*

Organisateurs textuels établissant les étapes du texte: *Au début du récit, par exemple, Il y a plus encore, en terminant.*

4 *récit*: nom générique qui reprend *nouvelle*;
laquelle: pronom relatif qui reprend *facilité*;
aucune: pronom indéfini qui reprend (reprise partielle) *nouvelles fantastiques*;
dénouement: nom qui reprend, par association, *dernier paragraphe du texte*.

5 La première phrase pose comme thème « la nouvelle de Cortázar » et comme propos « le genre fantastique». Ce propos est repris dans la deuxième phrase par un élément spécifique caractéristique du genre fantastique: *anormal*; l'élément nouveau est établi par *rien* qui indique l'absence de tout élément anormal. La phrase suivante pose en thème un personnage de la nouvelle, *un homme*, et en propos son activité de lecture. La dernière phrase pose en thème des *passages descriptifs* et en propos leur présence dans la nouvelle. Le personnage et les passages descriptifs sont des éléments associés à l'hyperthème *la nouvelle* dans la première phrase.

Chapitre 15
Le résumé et le paragraphe informatif

Testez-vous 15.1

1 **se faire violence**: s'imposer un comportement contraire à celui que l'on aurait naturellement.

2 **faire le premier pas**: prendre l'initiative.

3 (remuer l'argent) **à la pelle**: être très riche.

Testez-vous 15.2

Voici un exemple de réponse présentant une citation fondue et une citation isolée.

André se rend compte, lors d'une conversation avec Valentine, qu'il a été très naïf d'ajouter foi aux propos de Mariette qui laissait entendre que Valentine s'était « laiss[ée] un peu aller » (l. 71) après son mariage. En effet, Valentine lui explique autrement son embonpoint d'autrefois : « [...] mon premier mari avait des goûts de musulman. Je n'étais jamais assez ronde. » (l. 219-220) Comprenant que Mariette lui avait dit des calomnies, il décide de la quitter.

Testez-vous 15.3

1 Cette nouvelle, écrite par Claire Martin, est extraite du recueil *Avec ou sans amour*.

2 André fit à Mariette une proposition qui avait pour but de nouer des liens plus étroits avec elle, si romantique. (On peut alléger davantage la phrase: André fit à Mariette une proposition pour nouer des liens plus étroits avec elle, si romantique.)

Testez-vous 15.4

Ensuite, elle évoque l'époque où, selon son mari, elle manquait de rondeurs : « Figurez-vous que mon premier mari avait des goûts de musulman. Je n'étais jamais assez ronde. J'avais beau me défendre. **Après**, j'ai eu toutes les difficultés du monde à redevenir comme j'étais. » (l. 218-223) **Enfin**, elle étonne André lorsqu'elle affirme que son mari et elle étaient « scandaleusement amoureux » l'un de l'autre (l. 233-234). **Pour preuve de ses dires**, elle lui montre la carte accompagnant les dernières fleurs qu'il lui avait offertes, où il avait écrit qu'elle avait fait de lui « le plus heureux des hommes » (l. 245-246).

Bibliographie

Bescherelle 1. L'art de conjuguer : dictionnaire de 12 000 verbes, nouvelle édition, Montréal, Hurtubise HMH, 2006, 264 p.

BOULANGER, Aline, Suzanne FRANCOEUR-BELLAVANCE et Lorraine PÉPIN. *Construire la grammaire*, Montréal, Éditions de la Chenelière, 1999, 364 p.

CHARTRAND, Suzanne-G., Denis AUBIN, Raymond BLAIN et Claude SIMARD. *Grammaire pédagogique du français d'aujourd'hui*, Boucherville, Graficor, 1999, 397 p.

CONTANT, Chantal et Romain MULLER. *Connaitre et maitriser la nouvelle orthographe – Guide pratique et exercices*, Montréal, De Champlain S.F. inc., 2005, 131 p.

DRILLON, Jacques. *Traité de la ponctuation française*, Paris, Gallimard, 1991, 472 p.

FOREST, Constance et Denise BOUDREAU. *Le Colpron : le dictionnaire des anglicismes*, 4ᵉ édition, Montréal, Éditions Beauchemin, 1998, 381 p.

GENEVAY, Éric. *Ouvrir la grammaire : interlocuteur, énoncé, communication, phrase*, Lausanne, Éditions L.E.P., Loisirs et Pédagogie, Coll. « Langue et parole », 1994, 274 p.

GOBBE, Roger et Michel TORDOIR. *Grammaire française*, Saint-Laurent, Éditions du Trécarré, 1986, 440 p.

GREVISSE, Maurice. *Le bon usage, grammaire française*, 13ᵉ édition revue et refondue par André Goosse, Paris – Louvain-la-Neuve, Éditions Duculot, 1993, 1762 p.

Petit Larousse illustré 1997, Paris, Larousse, 1996, 1777 p.

RIEGEL, Martin, Jean-Christophe PELLAT et René RIOUL. *Grammaire méthodique du français*, Paris, Presses universitaires de France, 1994, 646 p.

ROBERT, Paul. *Le Nouveau Petit Robert : Dictionnaire alphabétique et analogique de la langue française*, nouvelle édition remaniée et amplifiée sous la direction de Josette Rey-Debove et Alain Rey, Paris, Dictionnaires Le Robert, 1993, 2467 p.

ROUSSELLE, James, Dominique FORTIER, Karine POULIOT et Denise SABOURIN. *Précisions sur les contenus grammaticaux des programmes d'études en français du secondaire, Guide d'enseignement*, Anjou, Les Éditions CEC inc., 2002, 51 p.

TANGUAY, Bernard. *L'art de ponctuer*, 2ᵉ édition, Montréal, Éditions Québec Amérique, 2000, 174 p.

Vadémécum de l'orthographe recommandée, Le millepatte sur un nénufar, Réseau pour la nouvelle orthographe du français, 2005, 38 p.

VILLERS, Marie-Éva de. *Multidictionnaire de la langue française*, 4ᵉ édition, Montréal, Éditions Québec Amérique, 2003, 1542 p.

Deux organismes à connaître

Centre collégial de développement de matériel didactique (CCDMD)

Le CCDMD se consacre à l'amélioration du français au collégial. Il offre, entre autres, un répertoire des meilleurs sites Internet pour l'amélioration de la langue, des tests diagnostiques, des jeux, des exercices (avec théorie et corrigé), des stratégies d'autocorrection, un atelier d'aide, des renseignements sur l'épreuve uniforme de français, etc.

Office québécois de la langue française

Outre son important site Internet, l'Office québécois de la langue française a mis sur pied le Téléphone linguistique, il y a plusieurs années, afin de répondre aux questions qui sont fréquemment posées aux terminologues. Ainsi, environ 200 textes traitant des difficultés les plus courantes (accords, ponctuation, terminologie, etc.) ont été enregistrés et peuvent être écoutés en tout temps, et ce, gratuitement. Pour connaître le numéro de téléphone à composer selon les régions ou encore pour obtenir un exemplaire du répertoire des sujets traités, il suffit de visiter le site Internet de l'Office.

Index